핵심만 뽑아 읽는

경세제민학

지은이

헨리 조지

헨리 조지(Henry George, 1839~1897)는 미국의 토지개혁가, 저술가, 언론인. 사회가 발전해도 빈곤이 사라지지 않는 문제를 깊이 연구한 결과, 천부된 토지의 사적 소유를 인정하는 제도에 원인이 있다는 결론에 도달하였다. 해결 방안으로는 토지가치 즉 지대를 조세로 징수하는 지대조세제(land value taxation)를 제시하였다.

헨리 조지의 토지 사상은 19세기 후반에 국제적으로 엄청난 반향을 불러일으켰다. 그의 대표작 『진보와 빈곤』(*Progress and Poverty*, 1879)은 당시 성경 다음으로 많이 보급된 책이라고 평가받을 정도였다. 『진보와 빈곤』 외에도 『사회문제의 경제학』(*Social Problems*, 1883), 『노동 빈곤과 토지 정의』(*The Condition of Labor*, 1891) 등 수많은 저서와 강연, 기사를 남겼다.

옮긴이

김윤상

서울대학교 법과대학과 환경대학원, 미국 펜실베이니아 대학교(도시계획학 박사)를 졸업하였다. 공군 중위로 전역한 1976년부터 40년 넘게 경북대학교 행정학부 교수 및 석좌교수로 재직한 후, 지금은 자유업 학자로 활동하고 있다.

토지사유제, 서울중심주의, 학벌주의 등 특권적·차별적 사회 현상에 주목하면서 특히 토지 불로소득으로 인한 불평등 문제를 깊이 연구해 왔다. 최근에는 평생의 연구를 바탕으로 '좌도우기', '특권 없는 세상'을 제시하면서 화합과 평화를 추구하고 있다. 좌도우기(左道右器)란 좌파가 추구하는 평등과 복지를 우파가 존중하는 자유와 시장경제를 통해 달성한다는 뜻이다.

주요 저서로는 『이상사회를 찾아서: 좌도우기의 길』(2017), 『특권 없는 세상: 헨리 조지 사상의 새로운 해석』(2013), 『지공주의: 새로운 토지 패러다임』(2009) 등이 있고, 역서로는 『진보와 빈곤』(1997, 2016 개역), 『노동 빈곤과 토지 정의』(2012), 『국토는 국민 모두의 것입니다』(2022) 등이 있다.

번역 대본

Henry George
The Science of Political Economy
Abridged Edition
ISBN: 0-911312-48-X

Email: staff@schalkenbach.org
www.schalkenbach.org

핵심만 뽑아 읽는

경세제민학

찍은 날 2023년 6월 12일 | **펴낸 날** 2023년 6월 20일
지은이 헨리 조지 | **옮긴이** 김윤상 | **펴낸이** 홍원화 | **펴낸 곳** 경북대학교출판부
출판등록 1973년 10월 10일 ㉑97호 | **주소** 대구광역시 북구 대학로 80
전화 053-950-3830 | **팩스** 053-953-4692
이메일 press@knu.ac.kr | **홈페이지** http://knupress.com
ISBN 978-89-7180-616-6 03330

정가는 뒤표지에 있습니다. 파본은 바꾸어 드립니다.

핵심만 뽑아 읽는

경세제민학

세상을 다스리고 백성을 구하는 학문

The Science of Political Economy

A reconstruction of its principles in clear and systematic form

헨리 조지 지음 | **린디 데이비스** 축약 | **김윤상** 옮김

경북대학교출판부

머리말

헨리 조지(Henry George, 1839~1897)는 19세기 미국의 토지개혁가, 저술가, 언론인이었습니다. 40세 되던 해에 『진보와 빈곤』(*Progress and Poverty*, 1879)을 세상에 내놓으면서 단숨에 세계적 명사가 되었고, 그 후에도 평생을 토지 제도 개혁을 위해 헌신하였습니다.

1891년에는 당시의 경제학을 비판하면서 자신의 사상을 경제학 체계에 맞추어 서술하는 작업을 시작하였는데 그 결과가 바로 이 책입니다. 헨리 조지는 원고를 완성하지 못하고 1897년에 타계하였으나, 다행히도 큰아들 헨리 조지 2세(Henry George, Jr.)가 원고를 다듬어 이듬해에 출판하였습니다. 이런 배경의 이해를 돕기 위해, 헨리 조지가 쓴 서문과 큰아들이 쓴 출판 경위를 번역하여 부록에 실어 두었습니다.

원저의 제목 *The Science of Political Economy*의 'Political Economy'를 그대로 번역하면 '정치경제학'입니다. 그러나 요즘 정치경제학이라는 용어는 마르크스 경제학을 지칭하기도 하고 정치 현상에 관한 경제학이라는 의미로 쓰이기도 합니다. 이 책의 제목을 '정치경제학'이라고 하면 헨리 조지의 경제사상에 대해 오해가 생길까 우려하여 '경세제민학'(經世濟民學)이라고 하였습니다. 세상을 다스리고 백성을 구한다는 뜻인 '경세제민'은 헨리 조지의 사상과 잘 어울리는 표현입니다. 경제학도 실은 경세제민학의 줄인 말입니다. 그러나 책 내용에는 'political economy'라는 표현을 전제로 해서 서술하는 부분도 있어서 본문에서는 모두 '정치경제학'이라고 번역하였습니다.

이 책에 담긴 헨리 조지의 경제사상을 요약하면 이렇습니다. '정치경제학은 개별 경제주체가 아닌 사회 전체의 관점에서 부의 생산과 분배에 관한 자연법을 연구하는 학문이다. 자연법에 따르면 인간이 생산하지 않은 토지와 토지가치는 사적 소유 대상이 아니며, 이 자연법을 어기면 부당한 빈부격차가 발생하고 문명이 쇠퇴한다.'

책의 곳곳에서 애덤 스미스, 존 스튜어트 밀 같은 대가들을 높이 평가하면서도 미비한 부분을 예리하게 지적하고 있는 점은 매우 인상적입니다. 예를 들면 "[애덤 스미스의] 『국부론』에는 부유층을 위협할 수 있는 부분을 건드리지 않으려고 갑자기 주춤거리는 모습이 나타난다."라는 표현도 있고 "[존 스튜어트] 밀처럼 논리의 대가이자 정직한 심성을 가진 인물이 재산권의 근거를 모색하는 과정에서 이런 엄청난 모순과 혼란에 빠지게 된 이유는 무엇인가? 토지는 사유재산의 범주에 포함되어야 하며, 분배 법칙에는 지주 소득에 대한 근거가 있어야 한다고 전제하기 때문이다."라는 문장도 있습니다.

우리나라는 1960년대 후반부터 극심한 부동산 투기에 시달려 왔습니다. 오죽하면 '부동산 공화국', '영끌', '복부인'이라는 말까지 생겼을까요? 대학 재학 시절부터 이런 사회적 병폐를 보아 온 저는 30대 초반에 헨리 조지 사상을 접하고 깊이 공감하여 헨리 조지의 저서인 『진보와 빈곤』, 『노동 빈곤과 토지 정의』(*Condition of Labor*, 1891) 등을 번역하기도 하였습니다.

이 책에도 관심이 있었지만 선뜻 번역을 시작하지 못하고 있었는데, 마침 미국 헨리 조지 연구소(Henry George Institute)의 린디 데이비스(Lindy Davies) 소장이 원저의 핵심만을 발췌한 축약본이 2004년에 출판되었습니다. 저는 이 축약본을 번역하여 『축약본 정치경제학』이라는 제목으로 2010년에 출판사 <아름다운 땅>에서 출판했었습니다. 그런데 출판사 사정으로 절판되어 이번에 다시 다듬어서 출판하게 되었습니다. 재출판에 흔쾌히 동의해 준 최진혁 사장님께 감사드립니다.

2010년의 번역본을 바탕으로 새로 번역하다시피 세밀하게 검토하였는데, 적지 않게 수정하면서 번역의 어려움을 새삼 느꼈습니다. 헨리 조지는 매우 논리적이며 또 곳곳에서 쉬운 예를 들어 설명하기 때문에 그의 책은 다른 학술서에 비해 이해하기 쉽습니다. 그래도 우리말로 옮기다 보면 언어의 차이로 인해 어색한 부분이 생기는데, 저 나름으로는 우리 독자께 쉽게 전달되도록 노력하였습니다.

이 책은 원저의 축약본이지만 그래도 본문을 읽기 전에 빨리 헨리 조지의 경제사상을 파악하고 싶은 독자를 위해 핵심 문장을 뽑아 목차 바로 다음에 배치해 두었습니다. 헨리 조지의 경제사상은 제6장(부의 분배)까지만 읽어도 핵심을 충분히 이해할 수 있지만, 화폐론 부분도 번역하여 보론으로 배치해 두었습니다. 아울러 원저의 성격을 이해하는 데 도움이 되도록 원저의 저자 서문, 출판 경위, 원저와 축약 번역본의 구성을 비교하는 표를 부록으로 실어 두었습니다.

축약본 번역을 허락해 준 미국 샬켄백 재단(Robert Schalkenbach Foundation)에 감사드립니다. 이 재단은 헨리 조지의 토지 공유 사상을 전파하는 비영리기관입니다. 원고를 세심하게 검토해 준 <토지+자

유연구소>의 남기업 소장과 <희년함께>의 이성영 토지정의센터장에게 감사드립니다. 첫 번역 때 많은 도움을 받은 고영근 위원, 반영운 충북대학교 교수, 조성찬 동북아연구원 원장, 조영민 위원께 감사드립니다. 헨리 조지에 대한 변함없는 관심으로 출판을 맡아 준 경북대학교출판부에도 감사드립니다.

2023년 5월
김윤상

목차

정치경제학은 강력한 기득권과 관련된 학문이다.

정치경제학은 강력한 기득권과 관련된 학문이다. 지대, 임금, 이자를 다루고 세금과 관세를 다루고 특권, 독점권, 보조금을 다루고 화폐, 토지소유, 정부 부채를 다루고 노동조합의 이론적 근거와 자본의 결합을 옹호하는 논거를 다루는 학문이다. 현재와 같은 상황에서는 정치경제학을 그저 부지런히 연구만 하는 정도로는 부족하다. 정치경제학은 강력하고 집요한 이해관계의 영향을 받아 쉽게 억압받고 왜곡되므로, 연구만 해서 되는 게 아니라 끊임없이 경계 태세를 유지해야 한다. [총론: 23쪽]

부유층의 견해와 기대가 대학을 지배하고 있다.

불의(不義)의 내용이 무엇이든 간에 현재 대학은 자신의 존재 법칙 때문에 이런 불의를 찾아서 드러낼 형편이 못 된다. 불의는 최소한 상대적으로라도 부유층에게 유리한데, 부유층의 견해와 기대가 대학을 지배하고 있기 때문이다. 미국에서 노예 제도가 번성했던 시절에 남부 지역의 대학에 기대를 걸 수 없었음은 물론이고 북부 지역의 대학에서조차 노예 제도가 정의롭지 않다는 사실을 인정하려고 하지 않았던 것처럼, 현 상황에서 대학이 정치경제학을 진실하게 연구하기를 기대하기란 어렵다. 대학에서 정치경제학 교수직을 맡으려면,

자신에게 맡겨진 진정한 본분을 제대로 추구하지 않겠다고 암묵적으로 약속해야만 가능하다. [총론: 24쪽]

정치경제학은 인간법이 아닌 자연법을 탐구한다.

정치경제학이 학문이라면, 그리고 진지한 사람이 무시해도 좋은 학문이 아니라면, 반드시 학문의 규칙을 따라야 하고 현상의 원인을 자연법에서 찾아야 한다. 앞에서도 지적했듯이 인간법은, 예시를 위한 경우나 그 자체로 연구 대상인 경우가 아니라면, 정치경제학과 아무 관련이 없다. 정치경제학은 일시적이 아닌 영구적인 것을 탐구하며 인간법이 아닌 자연법을 탐구한다. [제2장: 61~62쪽]

인간은 이기적이라는 전제 때문에
다른 전제는 무시되고 말았다.

정치경제학의 본질에 관해 심각하고도 광범위한 오류가 존재해 왔다. 인간은 항상 최소의 노력으로 자기 욕구를 충족하려 한다는 원리 대신 인간은 이기적이라는 원리가 자리를 잡아 왔다. 정치경제학이 이기적인 인간을 대상으로 한다는 전제 때문에 다른 전제는 무시되고 말았다. 정치경제학이 인간에게 내재하는 이기심 이외의 다른 본성을 제외한다는 전제는 지금까지 진행된 수준급 연구에 완전히 스며들어 있어서 이 전제에 반대하는 사람은, 반대 근거를 논리적이고 일관성 있게 제시하지 못하는 탓도 물론 있지만, 감상주의자나 사이비 정치경제학자로 불리고 있다. [제2장: 73쪽]

부는 정치경제학의 핵심 주제를 나타내는 단어다.

부는 정치경제학의 핵심 주제를 나타내는 단어다. 정치경제학은 사회에서 부의 생산과 분배에 관한 법칙을 밝히려는 학문이기 때문이다. 그러므로 부는 가장 중요한 경제학 용어다. 부가 무엇인지 모른다면 부의 생산과 분배를 어떻게 파악할 수 있겠는가? 그러나 정치경제학이 성립된 지 한 세기가 지난 지금까지 대학에서 가르치는 어떤 정치경제학 교수도 '부가 무엇인가?'라는 질문에 확실한 답을 주지 못한다. [제3장: 85쪽]

부로 인정받는 상당 부분이 사실상 합법의 탈을 쓴 도둑질의 결과다.

빈부격차의 원인이 무엇이든 간에, '부란 무엇인가?'라는, 정치경제학의 기본적인 질문은 지배 계층의 감정과 견해에 영향을 받는 사람들에게 민감한 질문임이 틀림없다. 이러한 사회 상황에서는 부로 인정받는 상당 부분이 사실상 합법의 탈을 쓴 도둑질의 결과에 지나지 않는데, 이득을 누리는 자들에게 '그런 이득은 부가 아니다.'라고 바로 지적한다면 매우 거북해할 것이기 때문이다. [제3장: 89쪽]

특수 집단의 이익이 일반 국민의 이익을 해친다.

특수 집단의 이익이 일반 국민의 이익을 해치는데도, 그 특수 집단은 국민의 생각에 두루 영향을 미쳐서 마치 오류가 진리인 것처럼 통용되도록 만드는 힘을 가지고 있다. … 특수 집단은 그 이익이 특수한 것이기 때문에 결집력과 힘을 갖게 되고, 사회의 부를 많이 차지하기 때문에 여론을 형성할 힘도 갖게 된다. 부유해지면 사회적 존경을 받을 수 있는 여유와 교양, 환경과 조건을 갖추게 되고, 심지어 지식인조차도 부자 편에 선다. 반면, … 불의로 고통을 받는 사람들은, 바로 그 때문에 생각할 여유가 없으며 또 자기 생각을 표출할 기회도 없고 적절한 교육을 받을 수도 없고 품위를 갖추기도 어렵다. 이런 사람들은 어쩔 수 없이 문맹자, 무식꾼, 무지렁이가 되고, 자기 처지가 미약함을 알기 때문에, 부유한 사람을 지도자나 인도자로 우러러보게 된다. [제3장: 90~91쪽]

『국부론』에는 부유층을 위협할 수 있는 부분을 건드리지 않으려고 갑자기 주춤거리는 모습이 나타난다.

[애덤 스미스의] 『국부론』에는 부유층을 위협할 수 있는 부분을 건드리지 않으려고 갑자기 주춤거리는 모습이 나타난다. 스미스는 사망 직전에 출판을 원치 않는 원고를 모두 없애 버렸지만, 중농주의자가 설명하려고 시도했던 위대한 진리에 당혹해하는 흔적을 남기고 있다. 스미스는 "노동 생산물은 노동에 대한 자연적 보상, 즉 임금"이라는 사실, 그리고 토지의 전유(專有)가 노동자의 자연적 보수를 가로채는 수단이라는 사실도 분명하게 인식하였다. 그런데도 스미스는 지대에 대해서 고작 "지주도 다른 사람처럼 씨 뿌리지 않은 데서 거두는 것을 좋아한다."라고만 표현하였다. 스미스는 인간과 토지 사이의 관계라는 대단히 중요한 주제를 무시했다. 마치 자연이 모든 사람을 위해 마련한 생활과 생산의 터전을 소수가 전유하는 것이 자연 질서의 일부라고 여긴 듯하다. [제3장: 101쪽]

부유층은 실정법에서 정하는 재산권이 도덕적 권리와 모순될 수 있다는 사실을 보여 주는 이론을 깡그리 무시하고 싶어 한다.

부에 대한 혼동은, 가치를 가진 모든 것을 무조건 부라는 용어에 포함시키려는 데에서 생긴다. 그 뿌리는 교육 그리고 여론 지배층의 욕심에 있다. 부의 분배가 불평등한 사회에서 이 계층은 대체로 부유층에 속한다. 이 사람들은 자연법상의 재산권과 동등한 도덕성을 실정법상의 재산권에도 부여하고 싶어 한다. 그래서 실정법에서 정하는 재산권이 도덕적 권리와 모순될 수 있다는 사실을 보여 주는 이론을 깡그리 무시하고 싶어 한다. [제4장: 132~133쪽]

특권의 가치는 사회 발전과 더불어 오히려 증가하는 경향이 있다.

부에 속하는 물자와, 가치는 있지만 부에 속하지 않는 특권 사이에는 매우 중요한 차이가 또 하나 있다. 부에 속하는 물자의 가치는 사회 발전과 더불어 감소하거나 소멸하는 경향이 있지만, 부에 속하지 않는 특권의 가치는 오히려 증가하는 경향이 있다는 것이다. 사회 발전에 병행하는 인구 증가, 교환 확대, 기술 향상은 지속적으로 생산비를 줄이고, 그로 말미암아 기존 부의 가치는 줄어든다. 거의 모든 노동 생산물의 가치가 최근에 이런 이유로 감소해 왔다. 비싼 기계류도 새로운 발견·발명·개선으로 낙후되어 가치가 사라지고 있다. 그러나 인구가 증가하고 노동 생산력이 높아지면 특권의 가치는 엄청나게 증가한다. 이러한 특권의 예를 들자면 독점 영업권, 간선도로 토지소유권, 생활 중심지 토지소유권 등이 있다. [제4장: 148~149쪽]

토지에 대한 권리를 부정당하는 계층이 있다면 경쟁은 일방적 경쟁이 된다.

생활과 노동에 필수적인 요소, 즉 토지에 대한 권리를 부정당하는 계층이 있다면 경쟁은 일방적 경쟁이 되고, 인구 증가에 따라 그런 최하 계층은 사실상 노예 상태, 심지어 굶주리는 상태로까지 몰린다. 그러나 모든 인간에게 자연권이 보장된다면 경쟁은 모든 당사자에게 작용하여, 피고용자 사이뿐만 아니라 고용주 사이에도 경쟁이 있고, 판매자 사이뿐만 아니라 구매자 사이에도 경쟁이 있게 되므로, 아무도 해를 입지 않는다. 오히려 경쟁으로 말미암아 가장 단순하고 광범위하고 탄력적이고 세련된 협동 체제가 이룩된다. 현재의 사회 발전 단계에서 경쟁이 자유롭게 이루어진다면, 산업 간의 조화와 사회 에너지의 절약을 이룩할 것으로 기대할 수 있다. [제5장: 191쪽]

자본은 보조적일 뿐 주도적인 생산요소는 언제나 노동이다.

자본 혼자서는 아무것도 할 수 없다. 자본은 언제나 보조적일 뿐 주도적인 역할을 하지 않는다. 주도적인 생산요소는 언제나 노동이다. 생산에서 언제나 노동이 자본을 이용할 뿐, 자본이 노동을 이용하지 않는다. 이러한 관계는 문자 그대로도 타당하고, 자본이라는 용어를 의인화하여 자본 소유자를 의미할 경우에도 타당하다. 순수하고 단순한 의미의 자본가는 단지 자본을 지배하는 사람이며 노동이 생산할 수 있도록 지원하는 힘을 가지는 사람이다. 그러나 오로지 자본가라는 자격만으로 그 힘을 행사할 수는 없다. 그 힘은 노동을 통해서만 행사할 수 있다. 그 힘을 행사하려면 최소한 스스로 노동의 기능을 발휘하거나 아니면 그렇게 할 수 있는 사람에게 어떤 조건으로 자본을 맡겨야 한다. [제5장: 197쪽]

부의 분배라는 자연법에 간섭하면 사회 유기체는 죽음에 이르게 된다.

혈액이 분배 기관으로 가는 흐름을 바꾸면, 심장은 곧바로 박동을 멈추게 된다. 혈액 생산 기관은 힘을 잃고 기능이 정지된다. 심장에 구멍을 내서, 생산된 혈액을 자연스러운 분배 과정으로부터 이탈시키면 신체 조직은 신속하게 확실한 죽음에 이르게 되듯이, 부의 분배라는 자연법에 간섭하면 사회 유기체는 죽음에 이르게 된다. 도시가 쇠락하고 문명이 사멸한 이유도 여기에서 찾을 수 있다. [제6장: 211~212쪽]

생산 법칙은 물리 법칙이며 분배 법칙은 도덕 법칙이다.

학계에서는 생산 법칙과 분배 법칙을 구분하여 전자는 자연법이고 후자는 인간법이라는 식으로 정치경제학을 잘못 가르치고 있다. 이 두 법칙은 모두 자연법이다. 진정한 구분은, 생산 법칙은 물리 법칙이고 분배 법칙은 도덕 법칙이라고 해야 정확하다. 이렇게 구분하면 정치경제학은 다른 어떤 학문보다 진리를 더 잘 보여 준다. 우주의 정부는 정의에 기초를 두는 도덕적인 정부다. 이 진리를 이해하기 쉽게 표현하자면, 창조주는 정의로운 존재라는 것이다. [제6장: 215쪽]

자연법은 토지소유권을 인정하지 않는다.

[존 스튜어트] 밀처럼 논리의 대가이자 정직한 심성을 가진 인물이 재산권의 근거를 모색하는 과정에서 이런 엄청난 모순과 혼란에 빠지게 된 이유는 무엇인가? 그 이유는, 밀의 선후배를 막론하고 모든 전문 경제학자들이 분배 법칙이나 재산권의 기원에 관해 분명하고 일관되게 설명하지 못하는 이유와 같다. 어떤 전제에서 벗어나지 못하기 때문이다. 토지는 사유재산의 범주에 포함되어야 하며, 분배 법칙에는 지주 소득에 대한 근거가 있어야 한다고 전제하기 때문이다. 자연법은 토지소유권을 인정하지 않기 때문에, 이 전제를 유지하려면 어쩔 수 없이 분배와 재산권을 오로지 인간 제도에 대한 문제로 취급할 수밖에 없다. [제6장: 222쪽]

교환을 촉진하는 가장 중요한 요소는 신용이다.

교환을 촉진하는 요소 중 신뢰나 신용은 등장한 순서에서 첫째일 뿐 아니라, 과거나 지금이나 중요성에서도 첫째가 된다. 교환에서 화폐가 광범위하게 사용되고는 있지만, 신용에 비하면 비중이 크지 않다. 국제적 교환에서는 화폐가 전혀 사용되지 않으며, 모든 문명국에서는 국내에서도 엄청난 양으로 이루어지는 교환이 신용을 주고받는 식으로 이루어진다. 화폐의 첫째 용도는 교환의 매개물이라는 데 있지만 오늘의 현실에서 화폐의 가장 중요한 용도는 그렇지 않다. 가장 중요한 용도는 공통의 가치척도라는 둘째 용도다. 그뿐만 아니라, 문명 발전과 더불어 신용이 화폐로 사용되는 경향이 있다. 말하자면 신뢰가 통화로 기능한다는 것이다. 이렇게 해서 신용은 각종 상황에서 금속화폐보다 더 쉽게 통용되는 교환의 매개물이 되었다. 모든 문명국가에서 광범위하게 사용되고 있는 지폐는 실제로 신용이나 신뢰로 만들어진 화폐다. [보론: 254쪽]

총론: 이 책을 쓰는 이유

나는 이 책에서 정치경제학의 중요 원리를 명확하게 그리고 체계적으로 정리해 보려고 한다.

나의 역할은 선생이 아니라 안내자다. 독자에게 내 말을 믿으라고 하지 않을 것이고, 보려고만 하면 보이는 사실을 지적만 할 것이다. 독자에게 맹목적으로 따라오라고 요구하지 않을 것이며, 독자도 의문스러운 내용은 그냥 수용하지 말고, 스스로 확인하지 않은 결론은 인정하지 말도록 촉구하려고 한다.

내가 독자에게 겸손해 보이려고 하거나 아첨하려는 게 아니다. 정치경제학의 성격과 현재 상황 때문에 이렇게 하는 것이다.

정치경제학은 모든 학문 가운데 문명사회의 인간에게 현실적으로 가장 중요한 학문이다. 부의 본질, 그리고 부의 생산과 분배에 관한 법칙을 다루는 학문이기 때문이며, 대다수 인간의 생각과 노력 가운데 상당 부분을 차지하는 문제, 즉 먹고사는 문제를 다루는 학문이기 때문이다. 정치경제학은 정치와 법률, 사회 이론과 정부 이론, 심지어는 철학과 종교의 밑바닥에 존재하는 까다로운 문제를 연구 대상으로 삼는다. 정치경제학은 모든 문명국가의 장래를 암울하게 하는 문제를 해결해야 하는 학문이며, 우리 문명에 이미 조짐이 나타나고 있는 거대한 재앙을 피할 수 있도록 도와주는 유일한 학문이다.

정치경제학이 현실적으로 이처럼 중요하지만, 그 진정한 내용을 분명하게 이해하고 싶은 사람은 스스로 노력하는 수밖에 없다. 정치경제학에는 공인된 진리가 없고 권위 있는 학자들 사이에 일치된 합의도 없으며, 따라서 의문 없이 그냥 수용할 내용이 없기 때문이다. 다른 모든 분야에서는 그 학문을 전공하는 사람이라면 누구나 아무런 이의 없이 손쉽게 인정하는 기본 원리가 있으므로, 연구자는 안심하고 그 내용을 수용하면 된다. 그러나 정치경제학에는 오랜 연구와 교육을 진행해 왔음에도 불구하고 아직 확실한 원리가 없다. 어느 학자나 학파에서 강조하는 가르침이 다른 학자나 학파에 의해서 부정되고 있다. 복잡 미묘한 문제에 대해서만 그런 게 아니라 아주 기초적인 문제에 대해서도 그렇다. 다른 학문에서는 오래전에 해결되었을 수준의 문제도 정치경제학에서는 공인된 정답이 없이 제각기 의견을 달리하여 커다란 혼란에 빠져 있다. 가장 중요한 몇 가지 원리들에 대해서도 서로 의견이 일치하지 않는다. 예를 들어, 보호무역과 자유무역 가운데 어느 쪽이 더 번영에 도움을 주는지 여전히 뜨거운 논쟁거리다. 유체역학에서 배의 길이와 폭 가운데 어느 쪽이 더 커야 하는지에 관해서는 확실한 정답이 있듯이, 정치경제학도 이 정도 문제에 대해서는 확실한 정답을 제시해야 한다.

이처럼 정치경제학에서는 특정 권위자를 믿고 따를 수가 없지만 그렇다고 희망이 전혀 없는 것은 아니다. 각자 자신의 이성을 활용하여 정직하게 진리를 추구하면 얼마든지 확실하고도 분명한 결론에 도달할 수 있다.

정치경제학에서 일치된 학설이 없는 이유는 학문 대상의 현실적 중요성 때문이다. 현재 문명 세계에서 인간은 부를 소유하려고 엄청난 투쟁을 벌이고 있다. 그렇다면 부의 생산과 분배를 다루는 학문이 이러한 투쟁의 영향에서 벗어나기를 바란다면 오히려 이상하지 않을까? 매콜리(Thomas B. Macaulay, 1800~1859)가 잘 표현했듯이, 중력의 원리를 비판하는 것이 거대한 금전적 이익에 조금이라도 도움이 된다면 이처럼 명백한 원리조차도 아직 수용되지 않았을 것이다.

정치경제학은 강력한 기득권과 관련된 학문이다. 지대, 임금, 이자를 다루고 세금과 관세를 다루고 특권, 독점권, 보조금을 다루고 화폐, 토지소유, 정부 부채를 다루고 노동조합의 이론적 근거와 자본의 결합을 옹호하는 논거를 다루는 학문이다. 현재와 같은 상황에서는 정치경제학을 그저 부지런히 연구만 하는 정도로는 부족하다. 정치경제학은 강력하고 집요한 이해관계의 영향을 받아 쉽게 억압받고 왜곡되므로, 연구만 해서 되는 게 아니라 끊임없이 경계 태세를 유지해야 한다.

특히 오늘날 커다란 정치 문제의 밑바닥에는 예외 없이 경제 문제가 도사리고 있다. 이런 사실이 정치경제학 연구를 왜곡하고 있다. 마치 신학을 둘러싼 갈등이 세계사를 피로 물들여 왔고, 한때는 천문학에까지 영향을 주어 지구가 태양 주위를 돈다는 사실을 공식적으로 인정하지 못하도록 가로막은 것과 같다.

그리고 대학 수준의 교육기관이 겉으로는 진리를 진지하게 탐구하고 정직하게 발표하는 것처럼 보이지만, 이들 기관도 정치경제학 연구를 왜곡하는 영향력에서 벗어나지 못하고 있다. 문명 세계에 나타나고 있는 현 사회 상황을 살펴보더라도, 부의 생산에서는 몰라도 적어도 부의 분배에서는 불의가 깊고 넓게 존재한다는 사실이 너무도 명백하다. 이것을 밝히는 것이 바로 정치경제학의 임무다. 정치경제학은 성실하고 정직한 설명을 통해 이를 드러내야 한다.

그러나 불의(不義)의 내용이 무엇이든 간에 현재 대학은 자신의 존재 법칙 때문에 이런 불의를 찾아서 드러낼 형편이 못 된다. 불의는 최소한 상대적으로라도 부유층에게 유리한데, 부유층의 견해와 기대가 대학을 지배하고 있기 때문이다. 미국에서 노예 제도가 번성했던 시절에 남부 지역의 대학에 기대를 걸 수 없었음은 물론이고 북부 지역의 대학에서조차 노예 제도가 정의롭지 않다는 사실을 인정하려고 하지 않았던 것처럼, 현 상황에서 대학이 정치경제학을 진실하게 연구하기를 기대하기란 어렵다. 대학에서 정치경제학 교수직을 맡으려면, 자신에게 맡겨진 진정한 본분을 제대로 추구하지 않겠다고 암묵적으로 약속해야만 가능하다.

정치경제학을 진정으로 알고 싶어 하는 사람이 안심하고 배울 수 있는 원리를 찾기 어려운 이유가 바로 여기에 있다. 문제가 정치경제학 자체에 내재하는 게 아니라 외부 상황에 있다.

정치경제학은 전문가들에게만 맡겨 두어서는 안 되는 학문이면서, 모든 사람이 알아야 하는 학문이자 평범한 사람도 가장 쉽게 연구할 수 있는 학문이다. 정치경제학 연구에는 특별한 도구나 장치가 필요 없고 특별한 지식도 필요 없다. 또 연구 대상이 되는 현상을 실험실이나 도서관에서 찾을 필요도 없다. 연구 대상은 언제나 우리 주변에 널려 있으며 항상 우리 곁에 다가와 있다. 정치경제학의 바탕이 되는 원리는 이미 우리가 잘 알고 있는 내용이며 일상생활에서 늘 생각과 행동의 기초로 삼는 원리다. 정치경제학의 연구 과정에서는, 주로 분석 과정이지만, 우연과 본질을 구분하는 정도의 주의만 하면 된다.

이제 나는 독자와 더불어 정치경제학의 핵심 원리를 함께 찾아가려고 한다. 그러나 이전에 접하지 않았던 전혀 새로운 문제를 다루자는 것은 아니다. 정치경제 현상에 대해서는 누구나 나름대로 어느 정도 알고 있으므로, 독자 스스로 신중하고 체계적인 방법을 사용하면 된다. 천문학이나 화학, 지질학, 문헌학 따위에 대해서는 전혀 모른다고 솔직하게 말하는 사람이 많다. 그러나 정치경제 현상에 대해서는 무지를 자인하는 사람이 거의 없으며, 설령 자기들이 무지하다고 공언하더라도 내심은 그렇지 않다.

반면에, 정치경제'학'에 대해서는 아무것도 모른다고 말하는 사람이 많고 실제로 많은 사람이 모르고 있다. 하지만 이런 사람들도 임금, 가격, 이윤에 영향을 미치는 원인이라든가, 관세의 효과, 노동 절약적 기계가 미치는 영향, 화폐의 기능과 소재, 불황과 호황이 일어나는 원인 같은 문제에 관해서는 자기 견해에 상당한 자신감을 갖고 있다. 사회에서 살아가는 사람은 선하든 악하든, 옳든 그르든, 나름대로 정치경제 이론을 가지고 산다. 그런 이론이 맞는지 확인하려면 그리고 맞지 않을 경우에 올바른 이론으로 대체하려면, 이 책에서 내가 제시하는 체계적이고 신중한 탐구 방법을 사용하여야 한다.

그러나 이러한 탐구에 꼭 필요한, 기본적이며 중요한 한 가지를 독자들에게 미리 강조하고 싶다. 정치경제 연구를 시작하는 단계는 물론 그 이후의 모든 단계에서, 용어로 사용하는 단어의 의미를 분명히 정의하고 언제나 같은 의미로 사용해야 한다는 것이다.

단어는 말과 글에서 자기 생각을 다른 사람에게 전달하는 부호나 상징이다. 사람들이 상대방의 말을 서로 정확하게 이해하려면, 같은 단어에 같은 의미를 부여해야 한다. 그렇지 않으면 두 사람이 같은 장소에서 같은 바다를 바라보면서도, 한 사람은 배 세 척이 보인다고 말하고 다른 사람은 두 척밖에 없다고 말하는 경우가 생긴다. 한 사람은 배라는 단어를 사람이 타고 물에서 이동할 수 있는 것이라는 일반적 의미로 사용하고, 다른 사람은 가로돛(square rig)이 세 개 달린 이동 수단이라는 특수한 의미로 사용한다면 그렇게 될 수밖에 없다. 이런 차이는 특히 철학에서 매우 위험한 결과를 낳는다.

단어는 생각을 교환하는 수단 이상의 존재다. 단어는 생각을 가능하게 만드는 부호나 상징이기도 하다. 마치 각종 아이디어를 넣어 두는 서랍이나 정리함의 이름표와 같아서, 이름표를 보고 그 속에 들어 있는 내용물을 알게 된다. 그러므로 마음속에서 단어를 정확하게 사용하지 않는다면 생각도 정확하게 할 수 없다. 이것은 정치경제학에서 특히 중요하다. 다른 학문의 용어는 대부분 해당 학문에서만 사용한다. 가령, 화학 용어는 화학에서만 사용한다. 그러나 정치경제학 용어는 정치경제학에 국한된 단어가 아니다. 일상생활에서 사용하는 단어가 많으며, 정치경제학에서와는 다른 의미로 늘 사용하는 단어도 많다.

정치경제학을 연구하고 관련 문제를 검토하려면 부, 가치, 자본, 토지, 노동, 지대, 임금, 화폐 같은 용어에 정확한 의미를 부여하고 반드시 그 의미로만 사용해야 한다. 이러한 용어는 일상적인 의미와 항상 차이가 있고 때로는 완전히 다를 수도 있다. 그러나 우리는 이런 단어의 일상적 의미에 매우 익숙해져 있다. 또 정치경제학 용어로서 한정된 의미를 부여하더라도 일상적인 대화나 독서에서는 그런 용어를 일상적인 의미로 사용하고 받아들이는 경우가 많다.

이와 같은 이유로 정치경제학 용어는 명확성이 부족하여 사고의 혼란을 일으키기 쉽다. 뛰어난 정치경제학자도 이런 잘못을 저질러서, 자신은 물론 독자까지 혼란에 빠트리곤 한다. 이와 같은 위험이 발생하지 않도록 하려면 처음부터 끝까지 신중에 신중을 기해야 한다. 그러므로 나는 이 책에서 어떤 용어가 등장하면, 우선 정확한 정의부터 제시한 뒤, 경제학 용어로서 정의된 의미로만 사용하도록 노력하려고 한다.

단어를 정의한다는 것은 그 단어가 의미하는 것과 의미하지 않는 것을 구분하는 작업이다. 다시 말해, 우리 마음속에 단어의 경계를 분명하게 구분하여 그 단어가 항상 동일한 대상을 지칭하도록 하여 상황에 따라 의미가 가감되는 일이 없도록 노력하는 작업이다.

그래서 이 책의 앞부분에서 정치경제학의 성격과 범위를 고찰하고, 정치경제학의 기원과 의미 그리고 정치경제학의 대상이 되는 것과 그렇지 못한 것에 대해 살펴본다. 이 부분에서 혹시 내가 다른 정치경제학자보다 독자에게 부담을 더 준다고 하더라도, 내가 주제에서 빗나가고 있다고 생각하지 않기를 바란다. 험난한 상황이 닥쳐도 견고하게 버틸 수 있는 석조 건물을 지으려면, 애초에 암반층을 깊이 파서 기초공사를 튼튼히 해야 한다는 점을 이해해 주기 바란다.

제1장

인간과 문명

1. 인간과 세계

나는 세계라는 용어를, 모든 존재를 포괄하는 총체 또는 체계라는 철학적 의미로 사용한다. 세계는 인간이 인지하는 대상이며, 인간 자신도 세계의 일부를 이루고 있다. 세계는 세 가지 요소로 구분할 수 있다.

① 느끼고 지각하고 생각하고 의도하는 요소. 이를 '마음', '영혼', '정신'이라고 부른다.

② 질량과 무게, 면적과 형태가 있는 요소. 이를 '물질'이라고 부른다.

③ 물질에 작용해서 움직임을 일으키는 요소. 이를 '에너지'라고 부른다.

사실, 물질과 분리하여 에너지를 직접 인지할 수는 없다. 물질도 에너지가 어느 정도 작용하지 않으면 인지할 수 없고, 마음이나 정신 역시 물질과 에너지가 결합하지 않으면 인지할 수 없다. 육체적 생명이 시작된 이후에야 의식이 시작되며, 과거에 의식했던 것을 회상하는 기억은 그보다 훨씬 뒤에 나타나기 때문이다. 그리고 물질은 단지 에너지의 한 형태일 수도 있고, 에너지는 마음 또는 정신의 발현일 수도 있다. 심지어 물질 이외의 요소는 물질 자체나 그 물질에 내재하는 힘에서 나온다고 생각하는 사람도 있다. 세 요소가 바탕에서는 하나일 수도 있겠지만, 우리의 사고 속에서는 독립적이고 분리 가능한 요소로 구분된다. 인간으로서는 세 요소 가운데 느끼고, 지각하고, 생각하고, 의욕하는 요소인 정신이 순서상 맨 처음이다. 인간의 의식 속에서 이 요소가 먼저 등장하며 또 이 요소를 통해서만 다른 요소를 의식할 수 있기 때문이다. 인간의 의식과 기억이 미치는 한, 모든 동작과 행위는 이 요소에 기인하는 것으로 우리는 의식한다.

인간은 의식을 통해 여러 가지 사실을 알게 된다. 자신이 육신을 가지고 있고 자신과 비슷한 존재와 함께 살고 있으며 평면처럼 보이는 지구 표면 위에 존재한다는 사실, 구름이 가리지 않는다면 낮에는 태양이, 밤에는 달과 별이 하늘에서 빛을 낸다는 사실 등. 그러나 직접적인 의식을 넘어, 이 세상이 어떤 곳이며 우리와 어떤 관계인지에 대해서는 개인이 알기 어렵고, 이런 점에서는 동물과 다를 게 없다. 그래도 인간은 여러 세대를 거치면서 관찰하고 성찰한 자료를 축적하고 체계화함으로써, 단순한 감각만으로는 알 수 없는 사실도 이성을 통해 이해하게 된다.

이렇게 축적된 지식을 통해 우리는, 지구가 가만히 있는 것처럼 보이지만 사실은 끊임없이 운행한다는 사실, 지구가 인간에게는 거대해 보이지만 우주의 천체나 공간과 비교하면 해변의 모래알에 지나지 않는다는 사실을 알게 된다. 인간은 쉬지 않고 움직이는 지구라는 이름의 배에 영문도 모른 채 승선한 여객과 같다. 하늘 저 멀리 보이는 비슷한 배에 생물이 있는지도 잘 모른다. 우리 위로는 굉장히 거대한 존재가 있고, 우리 주변에 또는 아래로는 굉장히 미세한 존재가 있다. 망원경과 현미경을 통해 놀라운 존재를 수없이 확인할 수 있다.

지구의 표면을 덮고 있는 대기를 바다에 비유한다면, 우리 인간은 깊고 깊은 해저에 존재하는 셈이다. 이런 바닷속에 잠겨서 살아 숨 쉬고 있다. 만약 우리 몸속에 있는 폐가 공기의 흡입과 배출을 멈추거나 우리 몸이 대기의 압력에서 벗어난다면 죽을 수밖에 없다.

천문학적인 관점에서 볼 때 지구는 아주 작고 그중에도 인간이 사용하는 공간은 지구 전체가 아니라 표면 일부에 불과하다. 지구의 지름은 대략 8천 마일(약 12,800km)이지만 인간이 활동하는 영역은 얼마 되지 않으며, 지구를 사과에 비유한다면 아주 얇은 껍질만큼도 안 된다. 게다가 지표면 가운데 4분의 3은 바다여서, 사람이 항해할 수는 있어도 거주할 수는 없다. 나머지 상당 부분도 얼음 때문에 접근할 수 없다. 연구에 따르면 지구에는 영상, 영하 수천 도가 넘는 곳도 존재한다. 그러나 인간은 98도(섭씨 약 36.7도) 정도의 체온을 유지해 주어야 하며, 체온이 위아래로 7도(섭씨 약 3.9도) 이상 벗어나면 죽고 만다. 또한 지표면의 평균 기온이 몇 도만 벗어나는 상태가 지속되어도 인간이 살 수 없다.

그리고 우리 주위의 모든 것은 끊임없이 변화하고 움직인다. 인간도 마찬가지다. 인간의 신체는 사실 가스버너의 불꽃과 같다. 버너의 불꽃은 연속적이고 일정한 형체가 있지만, 가스 입자가 계속해서 흐르기 때문에 그렇게 보일 뿐이다. 흐름이 끊기는 순간 그 형체는 흔적도 없이 사라진다. 인간에게서 분명하고 확실한 것은, 이름을 붙일 수는 있어도 쉽게 설명하거나 정의하지 못하는 그 무엇, 물질이 변화하고 흐름이 이어지는데도 인간에게 일정한 얼굴과 형체를 부여하는 그 무엇이다.

이 모든 점에서 인간은 지구 표면에 서식하는 다른 동물과 다름없다. 신체로만 보면 인간은 그저 동물일 뿐이며 그것도 매우 열등한 동물에 불과하다. 인간이 스스로 옷을 지어 입을 능력이 없다면, 현재 거주하고 있는 많은 지역에서 살 수 없게 되고, 그저 지구상에서 쾌적하고 온화한 일부 지역에서만 살 수 있게 된다.

그러나 인간은 동물 이상이다. 신체적 조건은 동물보다 나을 것이 없고, 어떤 면에서는 오히려 뒤지지만, 정신적 조건은 절대 우월해서 동물의 범주를 훨씬 뛰어넘어 지배자가 된다. 동물과 인간을 분명하게 가르는 차이점은 오직 인간만이 생산자이자 제작자라는 점이다. 가장 고등한 동물과 가장 열등한 인간 사이에는, 단순히 정도 차이가 아니라 종 자체의 차이가 존재하는 이유가 바로 여기에 있다. 이 차이점은 인간이 동물과 연결되어 있음에도 불구하고 창조주의 형상을 따라 창조되었다는 성경의 선언을 뒷받침해 준다.

인간은 미개인이라 할지라도 과일과 채소를 재배하고 동물을 길들이고 사육한다. 음식을 요리하고 무기를 만들며 거처를 마련하고 옷을 지어 입는다. 자신을 치장하고 소유물을 장식한다. 그림을 그리고, 색칠하고, 조각하고, 연주한다. 인간 이외에 어떠한 동물도 불을 사용하거나 음식을 요리하지 않으며, 도구를 만들거나 무기를 만들지 못한다.

물론, 다람쥐도 도토리를 저장하고, 새도 둥지를 지으며, 비버도 댐을 만든다. 벌도 집을 지어 꽃에서 얻은 꿀을 저장한다. 그러나 인간이 발휘하는 능력에 비할 바가 아니다. 인간은 생각을 거쳐 의식적으로 목적에 맞는 수단을 찾아낸다. 인간은 노력에 노력을, 시도에 시도를 거듭하여 변형하고 고안하고 실험하고 모방한다.

자연은 인간 이외의 모든 생물에게는 맹목적 본능을 부여하여 각 생물이 적절한 시점, 적당한 계절에 필요한 것을 구할 수 있도록 해 두었다. 그러나 자연이 인간에게 부여한 본능은 단지 어미가 갓난아이에게 젖을 물리고 아기가 젖을 빠는 정도다. 이와 같은 예외를 제외하면, 자연은 인간을 간섭하지 않고 내버려 둔다. 그러나 인간에게는 그보다 훨씬 높은 이상을 추구하는 힘이 있다. 그 힘을 통해 생산하고, 제작하고, 일을 꾸민다. 지구가 존재하기 이전의 과거를 밝혀내고, 지구가 소멸된 이후의 미래를 내다본다. 수습공이 스승의 작업을 배울 때와 같은 호기심으로 자연이 벌이는 쇼를 바라본다. 조수와 바람이 일어나는 원인을 캐고 태양과 별을 탐구한다.

인간은 이성을 부여받은 대신 본능을 거의 박탈당한 존재이며 또 생산하는 존재라는 점에서 다른 동물과 구별된다. 인간도 동물처럼 식량이 필요하다. 그러나 동물은 단순히 자연에서 취할 뿐이므로 구할 수 있는 식량이 제한적이지만, 인간은 식량을 생산하는 힘을 이용하여 없던 식량도 만들어 낼 수 있다. 이와 같은 능력은 식량 이외에 다른 물자 조달이나 욕구 충족에서도 마찬가지다. 인간도 어쩌면 동물적인 힘으로 말이나 개만큼 달리거나 강을 건널 수 있을지도 모른다. 그러나 인간은 생산하는 능력을 이용하여 억센 날개를 지닌 새보다 더 빠르고 안전하고 쉽게 대륙과 대양을 오가고 있다.

2. 더 거대한 리바이어던

우리가 아는 한, 인류는 과거에도 현재와 다르지 않았다. 짐승과의 차이점도 같았고, 동일한 기본적 욕구를 느꼈고, 동일한 기본적 충동에 따라 움직였고, 동일한 기본적 능력을 갖추고 있었다.

그러나 문명의 혜택을 누리고 있는 현재의 인류는 과거와 비교하여 도구와 무기에서, 교통수단의 편리성에서, 병의 치료에서, 예술에서, 활용할 지식의 양에서 매우 높은 수준의 삶을 영위하고 있다. 부족의 전통에서 벗어나지 못하고 지리적으로도 부근의 산이나 바다에 의해 제약되어 있었던 과거의 인류와 비교하면 현격한 차이가 난다.

인간이 채집하고 만들고 알고 행하는 능력을 확장해 온 과정을 분석해 보면, 문명은 개별 인간이 달라진 결과가 아니라 많은 사람이 개인적인 능력을 결합한 결과임을 알게 된다. 오늘날 증기선은 하루 500마일(약 800km) 이상을 항해하여 대서양을 횡단하고 있지만, 그것이 현재의 인간이 통나무와 가죽으로 만든 배를 타고 다닌 조상에 비해 육체적으로나 정신적으로나 조금이라도 우월하다는 증거는 결코 아니다. 선박 기술이 놀랍게 진전한 것은 인간 본성이 발전했기 때문이 아니라 공동 목표의 달성을 위해 각 개인이 기울인 노력을 더 폭넓게 결합하였기 때문이다.

이처럼, 우리 시대의 문명이 이룩한 다양하고 훌륭한 발전은 모두 개인의 노력을 널리 결합한 결과다. 인간 개개인의 능력은 보잘것없고, 인생은 아주 짧다. 만일 수명이 17년에 지나지 않는 매미처럼 인간도 고립되어 다음 세대와 단절되어 산다면 무슨 발전이 가능할까? 인간이 저마다 파편화된 삶을 살아간다면 각자 평생 얻는 지식은 그 사람만으로 끝나고 다음 세대는 앞 세대가 출발했던 위치에서 다시 시작해야 한다.

그러나 인간은 고립된 개인이 아니다. 인간은 사회적 동물이고, 다른 사람과 함께 살아가면서 협동하는 존재다. 인간이 지식과 능력을 크게 늘릴 수 있는 것은 바로 이런 특성 덕분이다. 인간이 자라면서 자립 능력을 갖추고 높은 자질을 발휘할 때까지 시간이 오래 걸리는 것도 일반 포유류 수준의 가족 관계를 훨씬 뛰어넘는 사회관계를 형성하기 때문이다. 또 이런 관계 이외에도, 인간은 공통의 욕구, 비슷한 인식 능력을 갖춘 다른 이성적인 존재와 더불어 살면서 언어를 발전시켜 공동의 노력을 결합해 낼 수 있다. 그 결과, 인간은 아무리 원시인이라고 해도 짐승 수준을 뛰어넘는 힘을 가지며, 개인은 사회라는 더 큰 존재, 그 자체로 생명과 개성을 가진 존재의 일부가 된다.

인간은 사회라는 더 큰 존재를 통해 문명의 진보를 이룩하는 능력을 확대하였다. 개인은 이러한 사회 속에서 원자 같은 존재에 지나지 않는다. 문명 발달이란 더 많은 협동이 이루어지는 것을 의미하는 동시에 획득·저장한 지식이 더욱 증대되는 것을 의미한다. 예를 들어 보자.

17세기 영국 스튜어트(Stuarts) 왕조가 자행한 폭정에 항거하는 봉기가 일어난 시기에, 철학자 홉스(Thomas Hobbes, 1588~1679)가 왕이 휘두르는 절대 권력에 근거를 제공하려고 집필한 유명한 저서가

『리바이어던』(*Leviathan*)이다. 책은 이렇게 시작한다.[1]

> 신이 세상을 창조하고 다스리는 방식이 자연이다. 인간은, 다른 경우도 그렇듯이, 자연을 모방하여 인공적인 동물을 창조할 수 있다. … 그리하여 인간은 커먼웰스(Commonwealth) 또는 국가, 라틴어로는 키비타스(civitas)라고 부르는 거대한 리바이어던을 창조하였다. 이것은 일종의 인조인간이며 몸집이 크고 힘이 강하며, 자연인(국민)을 보호하고 지키는 것이 목적이다. 주권은 인공적인 영혼으로서 몸 전체에 생명력과 움직임을 부여한다. 고위 관리를 비롯한 사법·행정 관료들은 인공 관절이다. 모든 관절과 팔다리는 보상과 처벌을 통해 주권이라는 중추에 연결되어 각자의 임무를 수행한다. 마치 자연인에게 필요한 신경 작용과 같다. 모든 구성원의 부와 재산은 이 인조인간의 힘이다. 인조인간에게 부여된 기본 임무는 살루스 포퓰리(salus populi), 곧 국민 안전이다. 인조인간이 알아야 할 사항을 제시해 주는 조언자는 기억력에 해당한다. 형평과 법은 인공적인 이성과 의지다. 평화는 건강이고, 소요는 질병이며, 내란은 죽음이다. 마지막으로, 당초 각 부분을 결합하여 정치체를 형성한 계약과 협약은 창조주가 세상을 창조하면서 '사람을 만들자.'라고 선포한 창조 명령과 다름없다.

홉스가 든 비유를 좀 더 확장해 보자. 사람들이 물질적 욕구를 충족하기 위해 형성하는 사회 제도는 문명 발달에 따라 통합의 정도가 더 높은 제도로 발전해 간다. 개인이 모여 하나의 거인이 된다는 비유는, 단순한 정치적 통합일 경우보다 이런 경우에 더 분명하고 적절하다. 정치보다 더 큰 구조를 형성한다는 점에서 '더 거대한 리바이어

---

1 리바이어던은 구약성서 욥기 41장에 나오는 바다 괴물 이름이며, 홉스는 국가라는 거대한 창조물을 이 동물에 비유하였다.

던'(Greater Leviathan)이라고 부를 수 있다.

더 거대한 리바이어던과 정치 구조의 관계는 신체에서 무의식적인 기능과 의식적인 행위의 관계와 같다. 더 거대한 리바이어던은 협약이나 헌장으로 만들어지는 게 아니라 저절로 자라난다. 인간 본성이나 사물의 이치에 내재하는 자연법에 따라 사람이 자라고 나무가 자라는 것과 같다. 더 거대한 리바이어던이 성장하기 위해서는 시간이 걸리기도 하고 정치 작용의 방해를 받기도 하지만, 결국 자연법에 따를 수밖에 없다. 자연법은 정치로부터 독립적이며 국경과도 무관하다.

사회 속에서 인간이 물질적 욕구를 충족하기 위해 형성하는 이러한 자연스러운 제도나 장치를, 수단과 목적 및 부분과 전체의 조합을 우리는 정치경제(political economy)라고 부른다. 개인 또는 가족이 고차적인 인간, 즉 더 거대한 리바이어던 속에 자리 잡는 과정이 바로 소위 '문명'의 시작과 발전이다.

3. 문명의 의미

문명(civilization)이라는 단어는 시민이라는 뜻의 라틴어 키비스(civis)에서 왔다. 이 단어는 원래 시민으로 함께 살아가는 상태라는 의미였다. 시민 관계라는 개념은 평화와 우호를 바탕으로 하며 상호 의무, 상호 권리, 상호 봉사를 포함하는데, 이는 시민이 사회의 필수적 구성원이라는 사실에서 비롯된다. 개별 구성원이 서로 관계를 맺으면서 이룩하는 사회 전체는 정치체(body politic)나 정치공동체(political community)로서 흔히 국가라고 부른다. 국가와 인간의 유사성에 주목한 홉스는 국가를, 개개인의 통합으로 구성되는 더 크고 더 강한 인간이라는 의미에서 '리바이어던'이라고 불렀다.

그러나 문명이라는 단어에 담긴 의미는, 정치적 관계와 비슷한 점이 있긴 해도, 완벽히 일치하지는 않는다. 문명은 시민과 국가의 관계에 비해 더 깊고, 더 넓고, 더 긴밀한 관계이자 그에 선행하는 관계다.

문명과 국가가 서로 관련이 있는 것은 분명하지만, 문명이 먼저이고 국가는 그다음이다. 정치체, 곧 조직적인 국가가 성립하고 발전하려면 그 전에 문명이 존재해야 한다. 따라서 국가의 성격, 곧 국가의 법률과 제도의 내용은 그 바탕을 이루는 문명의 특징을 반영한다. 각 문명에는 공통적인 특성도 있지만 개별적인 특성도 있다. 예를 들어, 고대 문명과 현대 문명을 구분하고 아시아 문명과 유럽 문명을 나누기도 하며, 이집트 문명, 아시리아 문명, 중국 문명 등으로 구분하기도 한다. 사람이 서로 닮은 것처럼 여러 문명은 공통점이 많지만, 사람마다 특징이 다르듯이 각 문명도 저마다 다른 특징이 있다.

그런데 문명을 대분류하든 소분류하든, 개별 문명을 구분하는 경계선은 정치체를 구분하는 경계선과 같지 않다. 미국과 캐나다는 분명히 서로 다른 정치체지만 동일한 문명이다. 인도가 대영제국 여왕을 받든다고 해서 인도 문명이 영국 문명으로 대체되는 것도 아니고, 반대로 요크셔(Yorkshire)나 켄트(Kent)에 자리 잡은 영국 문명이 인도 문명으로 대체되는 것도 아니다. 충성하는 대상이 바뀌면 국적은 바뀌지만 그렇다고 문명이 바뀌는 것은 아니다. 의식적인 신체 운동을 일으키는 밑바닥에 무의식적인 운동이 존재하듯이, 문명은 정치체의 밑바닥에 깔려 있다.

경제체(body economic), 산업체(body industrial)는 협동을 통해 성장하면서 인간에게 필요한 물자를 공급하고 욕구를 충족시키는데, 이것이야말로 문명을 구성하는 실체다. 경제체는 더 거대한 리바이어던으로서 항상 정치체인 리바이어던보다 우선하며 언제나 그 바탕이 된다. 정치체인 국가는 경제체 발전의 부산물이다. 정치체는 경제체의 한 부분이며, 경제체가 발생하고 성장함에 따라 정치체의 필요성이 점차 대두된다. 정치체는 경제체에 대한 의존 관계를 벗어날 수 없다.

그렇다면 왜 우리는 크고 앞선 경제체를 그보다 작고 뒤진 정치체의 일부로 여기는지, 그리고 정치체에서 경제체가 파생된다고 여기는지 의문을 가질 수도 있을 것이다. 그것은 인간 지식의 성장에 관한 중요 원리 때문이다. 자연스러운 순서에서 맨 앞에 온다고 해서 항상 가장 먼저 이해되는 것은 아니다. 인간의 눈이 안쪽이 아닌 바깥쪽으로 향하고 있듯이, 인간의 마음이 세계를 인식할 때에는 사물의 근본보다 표면 구조를 먼저 관찰하기 쉽다.

정치체가 경제체에서 비롯되고 또 경제체에 의존하지만, 보이지도 않고 소리도 없는 경제체보다는 정치체가 우리 눈에 더 잘 드러나고 소리도 더 크다. 그래서 인류가 지적으로 발달하는 과정에서 정치체가 경제체보다 먼저 주목받고 명칭도 먼저 생겨난 것이다. 그러나 이들 용어에 내포된 사상의 역사를 추적하는 작업은 이 정도로 하고, 인간이 경제체에 어떻게 통합되며, 경제체가 어떻게 성장하는지를 살펴보기로 하자.

4. 문명의 기원

개, 고양이, 말, 돼지와 가깝게 지내 보면 이런 동물이 우리와 닮은 점이 많다는 사실을 알게 된다. 사랑과 증오, 희망과 공포, 자긍심과 수치심, 욕망과 가책, 허영심과 호기심, 관용과 탐욕 등 인간의 모든 감정이, 또는 적어도 그 싹이 이런 동물에도 있음을 알게 된다. 심지어 인간의 약점이나 취향까지도 공유하는 것처럼 보인다. 담배를 씹고 술을 좋아하는 염소가 있는가 하면, 수레 타기를 즐기고 불 속으로 신나게 뛰어드는 개도 있다.

그러나 인간과 하등 동물 간에는 분명히 다른 점이 있다. 그 하나는 인간은 '만족하지 않는 동물'이라는 점이다. 이것이 그 자체로 근원적·본질적 차이점인지는 확신하기 어렵다. 그게 본질적 차이라기보다는 인간이 동물에게는 없는 우수한 이성을 타고난 결과라고 생각하고 싶다. 동물의 욕구도 자주 충족시켜 주면 적어도 어느 정도까지는 증가한다는 사실을 우리는 알고 있다. 말의 자연적인 식성은 풀이면 족하지만, 설탕 한 덩어리를 줘 보면 다시 설탕을 먹으려고 온다. 또 겨울에 도시 번화가에서 꼬리만 내놓은 채 따뜻한 옷을 입고 있는 귀여운 애완견은, 자신은 옷을 어떻게 입는지 어떻게 만드는지 모르면서도 옷을 좋아하는 것처럼 보인다.

한편, 인간도 자신이 구할 수 있는 가장 좋은 것을 가지게 되면, 더 나은 것을 구하는 방법을 새로 알기까지는 그 정도로 만족하기 마련이다. 내가 아는 어느 미녀는 무도회나 오페라에 갈 때 엄청나게 비싼 보석으로 치장하고 자기 마부에게도 화려한 모자를 쓰게 하며 마차 바퀴에 자전거 타이어를 쓸 정도인데, 과거 한때는 가장 커다란 소원이 겨우 욕조를 교체하고 조리대를 수리하는 정도였다고 한다.

이처럼 동물에 대한 이해가 높아질수록 동물과 인간 사이에 분명한 정신적인 경계선을 긋기가 어렵다는 것을 알게 된다. 그러나 한 가지 명백하고 본질적인 차이가 있다. 동물에게는 없고 인간은 가지고 있는 것, 그것은 결과로부터 원인을 찾고 원인을 통해 결과를 예측하는 능력이다. 이러한 사고력, 통찰력, 인과관계 추적 능력이 바로 이성이 아닐까? 이성의 존재 여부는 인간과 짐승 사이의 명백한 차이이며, 양적 차이가 아닌 질적인 차이다. 이성으로 말미암아 인간은 물질세계에서 짐승을 다스리는 지배자가 된다.

여기에 문명 발생의 기원이 있다. 결과에서 원인을 찾고 원인에서 결과를 연결 짓는 능력으로 인간은 세상 돌아가는 이치를 더욱 확연하게 알게 된다. 이 능력으로 주변에 있는 사물 사이의 연계성과 인간이 미치지 못하는 현상의 의미를 이해하게 된다. 현재의 삶을 살면서도 과거를 엿보고 미래를 예측한다. 오관으로 감지한 것만이 아니라 초감각적인 것도 분별한다. 세상 그 자체와 세상에 존재하는 모든 것을 탄생시킨 어떤 힘을 희미하게나마 인식한다. 자신이 틀림없이 죽는다는 사실을 알고 또 그 이후에 다시 살 것임을 믿는다.

모든 동물 가운데 인간만이 인과관계를 연결 짓는 능력을 부여받았기 때문에 진정한 의미에서 생산자는 오직 인간뿐이다. 아무리 미개한 인간도 생산자이며, 인간은 세상에 홀로 존재한다고 해도 생산하려고 노력한다. 또 인간을 생산자로 만드는 이성의 작용으로 말미암아 인간은 교환도 한다. 경제체가 발전하는 것은 교환 능력 덕분이며, 또 문명이 발달하는 것도 기본적으로 교환 능력 덕분이다.

이 세상에 최초의 인류인 남녀 한 쌍만 존재한다면, 교환의 힘이 수준 높은 형태로 발휘될 수 없다. 그러나 인구가 늘어나면 욕구 충족을 위한 협동이 시작될 것이다. 처음에는 자연적인 친근감을 통해 시작되겠지만 점차 이성을 통해 동물이 알 수 없는 사실, 즉 자신이 덜 필요한 것을 더 필요한 것과 바꾸면 만족도가 훨씬 높아진다는 사실을 알게 될 것이다.

사람 사이에 교환이 이루어지면 경제체가 형성되기 시작하고 그 가운데 문명이 싹튼다. 여기저기에서 시작한 교환이 여러 중심지에서 발전해 나가면서 교환망이 확대된다. 각자 필요와 욕구에 따라 서로 연결됨에 따라 여러 곳에서 경제체가 형성되고 성장하기 시작한다. 이러한 경제체는 나름대로 특징을 지니고 있지만, 그 차이는 마치 사람의 얼굴이나 목소리에서 나타나는 특징처럼 아주 미세해서 상대적으로만 구별할 수 있을 뿐이다. 차이를 느낄 수는 있어도 표현하기는 어려울 정도다.

우리는 어떤 종족은 미개하고 또 어떤 종족은 문명화되었다고 말하지만, 이런 표현은 단지 상대적일 뿐이다. 완전히 미개한 종족을 찾으려면 전혀 교환이 이루어지지 않는 곳으로 가야 한다. 그런데 이런 종족은 현재 존재하지 않으며, 우리가 알고 있는 범위 내에서는 과거에도 존재하지 않았다. 한편 완전히 문명화된 종족을 찾으려면 교환이나 무역이 절대적으로 자유로운 곳, 인간의 욕구 충족을 위해 교환이 최고 수준으로 발전한 곳으로 가야 한다. 그러나 불행히도 이런 종족 역시 아직은 존재하지 않는다.

5. 지식과 기량

문명인과 미개인을 비교하면 물질적 욕구 충족 능력의 차이가 눈에 가장 잘 띈다. 그러나 더 본질적인 것은 지식의 차이이다. 통나무배 대신 대형 선박이, 투박한 오두막 대신 현대적인 빌딩이 등장한 것은 지식을 더 많이 활용한 덕분이다.

이렇게 지식이 늘어난 것은 각 개인의 지적 능력이 향상되어서가 아니라 여러 개인의 능력이 더 큰 규모와 더 넓은 범위에서 협동했기 때문이다. 지식 체계는 경제체라는 통합적 사회체제의 한 부분 또는 한 측면이다. 여러 사람의 지식을 결합하면 대형 선박과 현대적인 빌딩이 탄생하지만, 개인이 고립되어 있다면 미개인 수준의 도구와 건축 이상이 나올 수 있을지 의문이다.

인간에게 체화된 지식을 기량(skill)이라고 부른다. 어른으로 성장하여 새로운 것을 배우려고 애쓰다 보면, 기량을 체득하는 것이 얼마나 더디고 고통스러운지를 알게 된다. 자전거 타는 법을 예로 들어 보자. 처음에는 손과 발, 그리고 팔과 다리가 각각 따로 놀기 때문에, 배우는 사람이 의식적으로 장애물을 재빨리 피하려고 노력해도 충돌하는 수가 많다. 그러나 계속해서 노력하면, 근육의 움직임에 관한 지식이 의식 영역에서 잠재의식 영역으로 전달되어 필요한 수정이 자동으로 일어난다. 자전거 타는 연습을 많이 하다 보면 근육이 적절하게 움직이는 데 필요한 지식이 잠재의식 속에 완벽하게 저장된다. 그래서 결국에는 다른 생각을 하거나 지나가는 사람과 풍경을 보면서도 쉽게 탈

수 있다. 이처럼, 힘들여 습득한 지식이 기량으로 전환된다는 것이다.

기량은 체화되어 인간 존재의 일부가 되기 때문에 사람이 가장 오래 보유하는 지식이지만 다른 사람에게 전달하기는 곤란하다. 자전거 타는 법이나 타자기 다루는 법을 설명해 줄 수는 있지만, 배우는 사람이 기량을 습득하려면 직접 연습하는 수밖에 없다.

문명 발전이 개인의 기량 습득 능력의 향상을 의미하지 않음은 분명하다. 고대 유물을 보면, 수천 년 전 사람들의 기예가 현대인과 다름없는 수준임을 알 수 있다. 오늘날 우리가 형편없는 미개인이라고 생각하는 사람들을 봐도 역시 그렇다. 호주 원주민은 부메랑을 잘 던져서 문명인의 감탄을 자아낸다. 그러나 유럽인도 충분히 연습하면 원주민들만큼 부메랑을 잘 다룰 수 있고 미개한 부족의 다른 기량도 익힐 수 있다. 미국 원주민은 말과 총기를 유럽인에게서 입수했지만 말 타는 솜씨나 사격하는 솜씨는 대단하다.

문명인이 미개인보다 뛰어난 분야는 기량이 아니라 다른 사람에게 전달할 수 있는 지식이다. 이런 지식은 사람의 의지에 직접 반응하는 신체 기관의 동작과는 무관하기 때문에, 기량처럼 개인에게 체화되지는 않는다. 이런 지식은 의식적인 기억 기관에 저장되었다가 그 사람의 일부가 되며, 이런 지식이 모여 지식 체계를 구성한다. 지식 체계는 문명이 발달하면서 엄청나게 커진다. 지식은 구두로 전달되기도 하지만, 문서나 책 같은 매체를 통하면 영구히 저장되어 더 널리, 더 쉽게 전달될 수 있다. 개인의 기억이나 말보다 더 우수한 방법으로 지식을 저장하고 전달하는 능력으로 인해, 사회체나 경제체의 지식 총량은 개인의 통합과 결합을 통해 엄청나게 증대한다.

체계적 지식 가운데 가장 초기에 이루어진 예로는 천문학을 들 수 있다. 처음에는 육안 외에는 아무런 관찰 장비도 없고 기억 외에는 아무런 기록 장치도 없이 천체의 움직임을 매일 밤 관찰했을 것이다. 이 시기의 관찰자는 지식을 습득·저장하는 능력마저도 겨우 일부분만 발휘할 수 있었을 것이다. 문명이 초기 단계를 지나기까지는 물질적 필요를 충족하는 데 필요한 지식과 기량을 습득하기 바빠서 다른 지식을 취득하는 데 바칠 수 있는 에너지가 많지 않았기 때문이다.

이러한 초기 천문 관찰자와 거대한 현대식 천문대의 천문학자를 한번 비교해 보자. 천문학이 발전해 온 오랜 세월 동안 투입된 지식과 기량, 실험과 사색, 노력을 생각해 보라. 천문대 건물과 장비만 해도 엄청나지 않은가! 거기에는 거대한 렌즈, 육중하면서도 조작이 쉬운 망원경, 각종 정교한 측정 장비, 대수표와 계산기, 온갖 관측 기록과 천문도가 있다. 또 오늘날 선진 천문대에는 다른 지역의 관측원과 통신할 수 있는 전보와 전화도 있고, 근무자가 일에 정신을 집중할 수 있도록 해 주는 편의시설도 마련되어 있다. 이런 모든 사정을 생각해 보면, 인간의 상호 협동이 천체 관측이라는 특수 분야에까지 큰 혜택을 준다는 사실을 깨달을 수 있다.

제 2 장

정치 경제학 이란?

1. 자연법

우리 주변에서 일어나는 여러 현상 사이의 관계에는 두 종류가 있다. 여러 현상이 같이 존재하는 동시 관계(coexistence)도 있고 순서에 따라 발생하는 연속 관계(succession or sequence)도 있다. 변화하는 현상이 시선을 쉽게 끌기 때문에, 두 관계 가운데 연속 관계가 눈에 더 잘 띈다. 태양이 떠오르면 날이 밝아지고, 태양이 지면 날이 어두워진다. 낮이 지나면 밤이 오고, 밤이 지나면 낮이 온다. 봄 다음엔 여름이, 여름 다음엔 가을이, 가을 다음엔 겨울이 오고, 다시 겨울은 봄으로 이어진다. 싹이 돋으면 잎이 피고, 짙은 구름이 끼면 비바람이 닥친다.

그러나 인간은 현상 간의 연속 관계를 인식하는 정도만으로는 만족하지 못한다. 이성의 특성상 인간은 필연적으로 왜 어떤 현상이 다른 현상의 뒤를 이어 발생하는지 알고 싶어 한다. 연속 관계가 있으면 인과관계(consequence)를 찾고 싶어 한다는 것이다.

연속 관계와 인과관계의 의미를 분명히 해 둘 필요가 있다. 매우 신중한 학자들도 가끔 둘을 혼용하여, 정확한 논리가 필요한 경우에도 사고의 혼란을 일으키는 수가 있기 때문이다.

연속 관계란 그저 순서대로 발생하는 관계인 반면, 인과관계란 한 현상이 다른 현상에서 비롯되는 관계다. 인과관계는 단순히 순서상의 연속이 아니라 한 현상이 다른 현상으로 이어지는 필연적 연속임을 의미한다. 두 현상이 원인과 결과로 연결되는 관계라는 것이다.

우리가 자연에서 관찰하는 연속 현상에는 가변성 연속과 불변성 연속이 있다. 가변성 연속은 선행 현상이 나타난다고 해서 다른 현상이 반드시 뒤이어 나타나지는 않는 현상이고, 불변성 연속은 선행 현상에 뒤이어 다른 현상이 반드시 나타나는 현상이다. 불변성 연속 관계를 인과관계라고 할 수 있으며 이런 원인 현상과 결과 현상 간의 관계를 자연법(law of nature)이라고 부른다. 이 용어는 매우 중요하므로 경제학 문헌에서 흔히 보이는 혼동을 막으려면 분명하게 정의해 두어야 한다. 그래서 이 용어의 사용에 앞서 완전한 이해를 위해, 그 용어가 지금까지 어떻게 사용됐는지를 살펴보기로 하자.

우리가 결과라고 생각하는 현상에서 출발하여 그 원인을 찾다 보면, 우리가 처음 찾아낸 원인이 또 다른 선행 원인의 결과임을 알게 되는 경우가 많다. 그래서 다시 그 선행 원인을 탐구하여 전 단계의 인과관계를 찾게 된다. 그리하여 결국에는 일련의 인과관계를 일으킨 어떤 궁극적인 원인에 도달하게 된다.

미지의 대상을 알려고 할 때 사용하는 유일한 방법은, 이미 아는 것에서 출발해서 추론을 통해 모르는 것으로 나아가는 방법이다. 인간이 가장 잘 아는 대상은 감각과 행위의 주체인 자신이다. 우리는 인체의 장기, 팔다리, 체력과 구분하여 이것을 '자아'(ego)라고 부른다. 자아로 말미암아 인간과 외부 자연이 구별된다. 탄생으로 등장하여 사망으로 사라지는 것처럼 보이는 이것을 자아라고 인식한다. 감각기관을 통해 들어오는 느낌을 수용하는 주체도 이것이고, 거울 속에 있는 자신을 보면서 상상력을 동원해 스스로에 대해 생각하는 주체도 이것이다. 자아는 이처럼 감각을 통해 인지되는 외부 현상에 대해서 추론할 뿐만 아니라 자기 자신의 힘과 활동에 대해서도 추론한다. 그리하여 내부 세계와 외부 세계를, 물질과 에너지만이 아니라 정신까지도 포함하는 일체를 인식하게 된다.

인간이 가장 쉽게 인식하는 인과관계는 자기 자신에 관한 것이다. 머리를 긁거나 다리를 때리면 그 결과를 느끼게 된다. 또 물을 마시면 목마름이 해소된다. 이처럼 인간 의식을 통해 인과관계를 파악하는 것이 가장 알기 쉬운 예다. 이 수준을 넘어서면 의식 밖에서 나타나는 현상의 인과관계도 확실하게 설명할 수 있게 된다. 돌을 던져 새를 맞히자 새가 땅에 떨어졌다고 가정하자. 새가 추락했다는 결과는 눈으로 보아서도 알며 추락한 새를 집어 들 때의 촉각을 통해서도 안다. 돌이 새를 맞힌 것은 손과 팔이 동작했기 때문이다. 그리고 손과 팔이 동작한 것은 의지의 작용 때문인데, 이것은 자신의 의식을 통해 직접 안다.

인과관계가 여러 단계라고 하더라도 반드시 최초 원인이 있다. 이를 단순히 '원인'(cause)이라고 부르기도 하고 '충분한 이유'(sufficient reason)라고 부르기도 한다. 인과관계를 찾아가면 최종적으로 정신적인 요소인 의지의 작용에 도달한다. 무언가 선행하는 요소가 만들어낸 결과가 있을 때, 궁극적인 원인을 찾을 때까지 멈추지 않는 게 인간 이성의 특징이다. 앞에서 든 새의 예에서, 인과관계의 연쇄에서 중간 단계를 생략하고 결과에서 궁극적인 '원인' 또는 '충분한 이유'로 바로 연결한다면, 새가 추락한 것은 내가 돌을 던져 맞혔기 때문이라고 할 수 있다. 다른 식으로 표현하면, 내가 새를 맞히려는 의지를 효과적으로 작용시켰기 때문이라고 할 수 있다.

그러나 나는 내 의지의 작용이 어떤 동기나 욕구에서 비롯되었음을 의식을 통해 안다. 그리고 이미 알고 있는 사실로부터 내가 밝히고 싶은 사실을 설명하는 추론 방식으로, 다른 유사한 욕구에서 비롯된 유사한 행동도 설명하게 된다.

사람은 어릴 때부터 현상의 원인을 욕구에서 비롯된 의지의 작용에서 찾으려는 경향이 강하다. 예를 들어 어린애들의 대화, 민속 설화, 동화 등에서 무생물을 마치 인간처럼 의지를 가진 듯이 표현하는 경우가 많다. 해가 미소 짓는다, 구름이 위협한다, 바람이 이런저런 목적이나 의도를 가지고 분다는 것처럼 단순한 비유가 아니라 자연 현상에 대해서도 의지가 진짜 원인인 것처럼 이야기한다.

이런 초기 인식에는 도덕적 요소가 들어 있는데 그 역시 정신에 속한다. 어린애가 의자나 돌부리에 걸려 넘어졌을 때도 엄마가 못된 의자나 고약한 돌부리라고 야단치는 척하며 아이를 달랜다. 아이를 달랠 때, 마치 짐승이 말하고 나무가 생각하는 것처럼 이야기해 준다. 그러나 동물에게는 추론 능력이 없고 막대기나 돌멩이에 의지가 있을 리 없다. 그래서 원인을 더 찾게 되고 결국에는 어떤 정신적인 원인을 찾고서야 만족하게 된다. 그런 과정에서 인간이나 짐승의 의지 대신 어떤 초자연적인 존재를 통해 결과를 설명함으로써, 원인을 찾아 나선 이성을 잠시나마 만족시키기도 한다. 예를 들면, 강, 산, 호수, 바다, 나무, 계절 등에 영혼과 요정, 천사와 도깨비, 특별한 신이 깃들어 있다고 설명하기도 한다.

그러나 인간의 사고가 이 단계에 이르면 사물의 질서와 관계를 파악하는 능력이 성숙하게 된다. 여러 현상을 충분히 이해하려면 통일적인 의지나 종합적인 의도가 존재한다고 가정할 수밖에 없음을 알게 된다. 모든 것을 포괄하는 체계, 의인화된 자연, 모든 사물과 현상을 낳는 커다란 의지, 모든 것이 비롯되는 최초의 원인을 상정한다는 것이다. 원인을 찾으려고 노력하는 이성을 가진 사람은 이런 결론을 피할 수 없다.

목적과 수단이 잘 맞아 단번에 기원과 원인을 짐작할 수 있는 사례로는 집, 옷, 도구, 장신구, 기계 같은 인공물이 있다. 이 경우에는 목적과 수단 사이의 연계가 분명하므로 혼동할 여지가 없다. 또 무인도처럼 보이는 섬에 옷이나 브로치, 반지, 도끼, 활이 있거나 요리한 흔적이 있다면, 이는 인간이 존재했다는 분명한 증거다. 마치 로빈슨 크루소가 모래 위에서 발자국을 발견한 것이나 다름없다.

우리가 알고 있는 한, 인간은 생각을 통해 목적과 수단을 연계시키는 힘을 가진 유일한 동물이다. 그런데 우리 주위를 잘 관찰해 보면, 이 세상 자체가 사람처럼 목적과 수단을 연계시키는 능력을 보여 주는 생생한 사례라는 점을 알게 된다. 그리하여 인식할 수 있는 모든 현상 속에서 어떤 체계를 파악하고는 이를 의인화하여 자연이라고 부른다. 자아는 자연에서 제외되지만, 그 신체적·정신적 구조는 자연에 포함된다.

인간의 이해력을 넘는, 따라서 뭐라고 정의할 수 없는 어떤 존재에 대해 이름을 붙이기가 어려울 때 우리는 흔히 자연이라고 부른다. 그러나 인간의 보편적이고 분명한 인식에 따르면, 자연이라고 부르는 것과 신이라고 부르는 것 사이에는 분명히 차이가 있다. 마치 선박이나 기계 자체와 이를 가능하게 한 의지 사이에 차이가 있는 것과 마찬가지다. 인간 사고의 바탕에는 포프(Alexander Pope, 1688~1744)의 시와 같은 점이 있다.

모든 것은 거대한 전체의 한 부분일 뿐,
자연은 그 몸이요 신은 그 영혼이네.

'자연법'이라는 용어는, 자연은 가장 높은 존재의 의지가 드러난 모습이라는 인식에서 나왔다고 생각한다. 자연법이란 어떤 현상 속에 존재하는 절대로 변하지 않는 관계, 곧 철저한 분석 끝에 '항상 성립한다.'라고 확인할 수밖에 없는 관계를 의미한다. 자연법이 절대로 변하지 않는 관계를 나타내는 용어이기는 하지만, 때로는 이를 넘어 근원적인 의지를 나타내는 수도 있다. 존 스튜어트 밀(John Stuart Mill, 1806~1873)은 어려서부터 분석법 훈련을 받아서 신학적 편향에서 벗어나 있었던 사람인데도 이렇게 표현했다.

'자연법'이라는 표현이 과학에서 흔히 쓰이는데, 법이라는 단어에는 그 본래 의미, 곧 최고 상위자가 표현한 의지라는 뜻이 내포되어 있다. 이 경우에 최고 상위자는 우주를 다스리는 통치자를 말한다.

우리가 자연에서 늘 동일하게 나타나는 현상을 접하게 되면 어떤 의지의 힘이 작용했을 것으로 인식하게 된다. 예를 들어, 돌도 사과도 언제나 땅으로 낙하한다. 직각삼각형에서 빗변을 제곱한 값은 밑변과 높이를 각각 제곱한 값을 더한 결과와 같다. 기체는 늘 일정한 비율로 결합한다. 자석의 다른 극은 서로 당기고 같은 극은 서로 민다. 일정한 연령에 이르면 이가 나고 나중에는 상하고 빠진다. 이런 절대 변하지 않는 수많은 현상이 존재하는 이유는 이들이 자연의 질서나 체계에 속하기 때문이라고, 줄여서 표현하자면 '자연법' 때문이라고 할 수밖에 없다.

개나 소도 때로는 깊이 생각하는 것처럼 보이기도 한다. 그러나 설령 개나 소가 이런 문제에 관심을 두고 자기 생각을 표현할 수 있다고 하더라도, 그저 불변의 현상이 존재한다는 정도일 것이다. 그러나 인간은 이성을 부여받았기 때문에, 현상 뒤에 숨어 있는 원인을 탐구하게 된다. 문명인이든 미개인이든 인간은 현상 밑바닥에 있는 원인을 찾게 된다. 중간에 있는 원인에 만족하지 않고 어떤 의지나 목적을 발견할 때까지 계속한다. 이는 피할 수 없는 인간의 보편적 본성이다. 인간을 짐승과 구분해 주는 이성의 특징 또는 원리가 그렇기 때문이다.

야만인이 특정한 자연물과 부적을 숭배하고 주문과 요술을 믿는 것은 영혼의 존재를 인정하기 때문이다. 철학이 괴상한 형태의 종교로 변하는 경우가 있는데, 그런 때에도 밑바닥에는 "태초에 하나님이 하늘과 땅을 창조하셨다."라고 성경이 표현했던 그 근원적인 의지에 대한 믿음이 존재한다.

인간이 이성으로 결과에서 원인을 추적할 때 결국 의지나 정신에 도달해야만 만족하게 된다. 그러나 이성만으로는 그 이상 더 나아갈 수 없다. 어떤 현상이 다른 현상과 항상 같이 발생한다거나 때로는 이들이 항상 선후 관계를 갖는 이유는 무엇인가? 이슬람교에서는 "신의 의지"라고 답할 것이다. 우리 서양의 문명인은 "자연법"이라고 답할 것이다. 이 두 가지 답은 서로 표현이 달라도 내용은 같다.

2. 학문과 자연법

학문이라는 단어가 오늘날 심하게 오용되고 있다. 전문 지식이 있는 체하는 사람들이 학자라고 자칭하기도 하고, 제대로 검증되지 않은 억측을 학문이라고 말하기도 한다. 그러나 학문에 대한 정의는 분명하고 의미가 명확해서 오해의 소지가 없다. 진정한 의미의 학문은 현상과 원인을 연계하는 자연법에 관한 지식이다.

진정한 학문은 인간법과 무관하다. 연구 대상이 인간법이어도 자연법에서 원인을 찾는 경우에만 학문이 될 수 있다. 법률학이나 입법학이 있을 수 있지만, 이는 문법학, 언어학, 심리학과 다름없다. 이런 분야가 학문인 이유는 인간법, 관습, 사고방식의 근원이 되는 자연법을 탐구하기 때문이다. 자연법은 배후에 존재하면서 인간의 의지를 외부에 표현하는 데 영향을 줄 뿐 아니라 인간 내면에 자리 잡은 의지 그 자체에까지 영향을 준다.

인간법은 인간이 만드는 것이고, 인간의 모든 약점과 결점이 들어 있다. 인간법은 위반에 대해 제재가 있어야 효력을 갖는다. 위반을 제재하지 않는다면 입법부나 군주가 정한 내용은 법이 될 수 없다. 또 인간법은 인간에게만 적용된다. 그것도 모든 시대와 장소에서 적용되는 게 아니다. 정치권력이 지배권을 행사하는 특정 시대, 특정 장소에 사는 사람에게만 적용된다. 또 이런 사람 모두에게 적용되는 게 아니라 일부에게만 적용되는 게 보통이다. 일정한 정치적 경계 내에 있는 지역에만 적용될 뿐 아니라, 지역 내에서도 끊임없이 개정된다.

반면 자연법은 사물의 자연 질서에 속한다. 자연법은 위반해도 제제가 없다. 아니, 위반 자체가 불가능하다. 인간이 세상을 창조할 수 없듯이 자연법에 대항하거나 거스를 수 없다. 자연법이 미치는 영향력은 우리가 세 들어 사는 지구뿐만 아니라 지구를 포함하는 태양계에도 미치며, 관찰이나 추론으로 이해하는 범위의 우주 전체에도 미친다.

자연법과 인간법의 차이를 재차 강조해 둔다. 정치경제학 연구를 시작하는 단계에서 확실하게 이해하여 마음에 새겨 둘 필요가 있기 때문이다. 정평 있는 경제학 저술에서조차 정치경제학 법칙으로 자연법과 인간법을 뒤섞어 놓기 때문에 더욱 그렇다. 사례를 구체적으로 열거할 필요는 없다고 생각한다. 대학에서 기초 교재로 사용하는 유명 경제학 교과서를 어느 것이든 들추어 보면 얼마든지 알 수 있기 때문이다. 대학에서 정치경제학이라고 가르치는 내용이 스스로 증언하고 있음을 보이기 위해 하나만 인용해 보자.

메이슨과 레일러((Mason and Lalor)가 지은 『정치경제학 입문: 16개 정의와 40개 명제』(*The Primer of Political Economy in Sixteen Definitions and Forty Propositions*)가 좋은 사례다. 경제학자들의 가르침을 간결하게 정리한 이 책은 교육기관에서 널리 채택되어 온 교과서다. 16개 정의 가운데 첫째 정의와 그에 대한 설명은 다음과 같다.

> [정의 1] 정치경제학은 부의 생산, 교환, 분배 법칙을 가르치는 학문이다. 이 세상에 존재하는 것은 모두 법칙의 지배를 받는다. 인간이 만드는 법칙이 인간법이다. 그 밖의 모든 법칙은 자연법이다. 아이들을 학교에 보내 교육해야 한다는 법은 인간법이다. 아이들이 자라고, 일찍 사망하지 않는다면 성인

이 되고, 서서히 늙어 가다가 마지막에 죽는다는 법칙은 자연법이다. 사과가 나무에서 떨어지고 지구가 태양 주위를 도는 것도 자연법에 따른 것이다. 부의 생산, 분배, 교환을 규정짓는 법칙은 두 법칙 모두에 걸쳐 있다. 그러나 더 중요한 법칙은 자연법이다.

이 책에는 자연법과 인간법 사이의 핵심적 차이점이 알기 쉽게 설명되어 있다. 그러나 경제학에 두 법이 같이 들어 있다는 표현은 문제다.

필라델피아에 공부보다 메기 낚시와 개구리 잡기를 더 좋아하는 아이가 있었는데, 시험에서 "명사(noun)에 대해 설명하라."라는 문제가 나오자 이렇게 답했다고 한다.

명사에는 세 종류가 있으며 때로는 종류가 더 많다. 고유명사, 보통명사, 왕개구리.[2] 그 외에 다른 명사도 있다. 고유명사는 가장 고유한 명사이고 보통명사는 가장 보통인 명사다. 왕개구리는 큰 명사다. 다른 명사는 쓸모없는 명사다.

이 교과서는 인간법과 자연법을 혼동하고 '법칙'의 정의도 모호하지만, 무엇보다도 일반 경제학 저서에 나타나는 맹점을 잘 보여 주는 좋은 사례다. "이 세상에 존재하는 것은 모두 법칙의 지배를 받는다."라고 할 경우, 법칙은 자연법에 한정된다. 그런데 이 교과서는 생산과 분배와 교환을 규율하는 정치경제학 법칙 가운데 일부는 자연법이고, 일부는 인간법이라고 말한다. 천체 움직임을 규율하는 법칙을 가르치는 학문인 천문학 가운데 일부 법칙은 교황과 의회가 제정한 법이라

2 필라델피아에서는 속어로 '왕개구리'를 'bloody noun'이라고 불렀다고 한다.

고 주장하는 것과 같다.

이 입문서에서 다루는 여러 경제학 서적에는 이와 같은 오류가 이 책처럼 명백하게 드러나지 않는다. 그런 서적은 논리성이 부족하고 쓸데없이 분량이 많아 독자의 주의력을 흩어 놓기 때문이다. 이런 책을 읽고 그 진정한 의미를 파악하기는 매우 어렵다. 독자들은, 심오한 학식을 갖춘 저자를 자신이 제대로 이해하지 못한다고 자책하면서 책 읽기를 포기하는 게 보통이다. 학교에서 정치경제학이라고 가르치는 책에도, 대체로 학문이라고 해도 좋은 내용이 들어 있는 것은 사실이다. 그러나 상당수 정치경제학 문헌에는 그렇지 못한 요소도 많이 있다. 백여 년 전 튀르고(Anne Robert Jacques Turgot, 1727~1781)는 이렇게 지적했다. "학자란 편견 없는 사람에게는 너무나 명백하게 보이는 사실을 흐릿하게 만드는 기술을 발휘하는 사람이다."

18세기 위대한 프랑스 학자 튀르고가 지적한 내용을 좀 더 인용해 보자. 19세기 정치경제학 교수들이 쓴 저서에, 특히 최근 저서에는, 이런 예가 넘쳐 나기 때문이다.

> 이런 기술은 처음에는 별로 눈에 띄지 않는다. 그러나 본론으로 들어가면 설명을 복잡하게 늘어놓거나 예외에 불과한 사실을 논하고 있으며, 핵심 문제와 아무 관련이 없고 그 해결에도 아무 도움이 되지 않는 주제를 다룬다. 간단히 비유하자면, 기하학자가 삼각형에 대해 해설하면서 우선 단순한 흰색 삼각형에서 시작해야 푸른색 삼각형, 붉은색 삼각형을 이해할 수 있다고 주장하는 것과 같다.

정치경제학이 학문이라면, 그리고 진지한 사람이 무시해도 좋은 학문이 아니라면, 반드시 학문의 규칙을 따라야 하고 현상의 원인을 자연법에서 찾아야 한다. 앞에서도 지적했듯이 인간법은, 예시를 위한 경우나 그 자체로 연구 대상인 경우가 아니라면, 정치경제학과 아무 관련이 없다. 정치경제학은 일시적이 아닌 영구적인 것을 탐구하며 인간법이 아닌 자연법을 탐구한다.

3. 정치경제학의 의의와 범위

의의

애덤 스미스(Adam Smith, 1723~1790)는 18세기 끝 무렵 정치경제학 연구에 지대하게 공헌했기 때문에 정치경제학의 아버지로 불리는 게 이상하지 않다. 스미스는 자신이 쓴 위대한 저서의 제목을『국가의 부의 본질과 원인에 관한 연구』(*An Inquiry into the Nature and Causes of the Wealth of Nations*)라고 붙였다. 그 이후로 이런 연구 분야를 영미권에서는 정치경제학, 독일에서는 국민경제학이라고 불러 왔다.

용어 자체는 그다지 중요하지 않다. 그 의미를 올바로 이해하기만 하면 된다. 그러나 '정치경제학'이나 '국민경제학'이라는 용어는 말할 것도 없고 '국부'라는 용어마저도 연구 대상이 무엇인지 이해하는 데 어려움을 준다. 정치경제학이라는 용어를 사용하기 시작한 당시에는 자연법과 인간법 사이에 명확한 구분도 없었고, 경제체와 정치체 사이의 구분도 분명하지 않았으며, 심지어는 부의 생산과 분배는 군주나 국가가 법으로 정한다는 생각이 유럽에서는 상식이었고 사려 깊은 사람들도 그렇게 생각했다.

'정치경제학'이라는 용어는 자연권 또는 자연 질서를 주창한 프랑스 학자들이 통용시켰다. 오늘날의 관점으로는 최초의 단일세주의자라고 부를 수 있는 학자들이다.[3] 이들은 정치경제학이라는 용어를

3 헨리 조지는 토지의 지대를 조세로 징수하고 다른 모든 세금을 면제하자고 했다. 그런 의미에서 당시 헨리 조지가 제시한 조세를 단일세(single tax)라고 불렀다.

사용하여 자신의 연구 분야를 정치학과 구분하면서 자신을 '경제학자'(economists)라고 불렀다. 애덤 스미스도 경제학자라는 용어를 "프랑스의 위대한 학자와 천재로 구성된 소집단"에 대해서만 사용하였다. 그 뒤로 이 집단은 거의 무시되고 말았지만, "고매하고 고결한 학문"을 지칭하는 정치경제학이라는 용어는 그대로 존속하였다. 그리하여 애덤 스미스 때부터 이 용어가 부의 본질, 부의 생산과 분배 법칙을 다루는 지식 분야를 표현하는 용어로 보편화되었다.

정치경제학의 직접적인 연구 대상은 정치체가 아니라 사회체(body social)나 산업체(body industrial), 즉 내가 경제체(body economic)라고 하는 그것이다. 출생이나 귀화 따위를 통해 소속이 결정되는 정치적 국가가 아니라, 서로 의존하면서 삶을 영위하는 경제 공동체가 연구 대상이다. 경제체에서는 개인이 필요 물자를 스스로 조달하는 게 아니라 타인과의 협동을 통해 조달한다. 그러나 경제 분야에서 협동한다고 해서 특정 국가의 국민이 되는 것은 아니다. 문명 세계의 일원이 될 뿐이다. 이런 세계에서는 정치적 국가 구분이나 민족 구분은 아무 의미가 없다. 도형의 색깔이 형태와 무관한 것이나 마찬가지다.

개인이나 가족 같은 경제 단위에 대한 경제학은 정치경제학이 아니며, 그런 경제학이 다루는 법칙도 정치경제학과는 무관하다. 그저 개인이나 가족의 행동에 관한 법칙일 뿐이다. 개인이나 가족에 관한 경제학에서는 사회 차원에서 부의 생산을 다룰 수 없다. 이런 경제학에서는 농업이나 기계에 관한 물리 법칙을 다룰 수는 있어도, 경제적 의미에서 부의 분배는 다룰 수 없다. 가족 사이에 부를 나누는 문제는 개인이나 가족의 생활에 관한 법이 적용될 뿐, 사회에서 공동 노력을 통해 이루어지는 결과를 분배하는 법칙과는 무관하다. 인류가 성장하고 발전하는 자연스러운 과정에서 경제 단위가 공동의 노력을 통해 물질적 욕구를 충족하는 관계가 형성될 때라야 비로소 정치경제학에서 탐구하는 법칙이 나타나기 시작한다.

정치경제학의 탐구 대상인 체제나 제도는 신체에 영양을 공급하는 방식과 유사하다. 가장 단순한 단세포 생물은 세포가 직접 영양을 흡수하고 소화하여 욕구를 충족시킨다. 그러나 사람과 같은 고등 동물은 수많은 세포가 신체 조직과 기관 속에서 협력하면서 음식물을 섭취, 소화, 흡수하여 각 세포에 영양을 공급하고 전체 조직을 유지하는 등 다양하고도 복잡한 기능을 수행한다. 뇌와 위, 손과 발, 눈과 귀, 이와 머리카락, 뼈와 신경, 동맥과 정맥을 비롯한 신체 각 부분이 모두 세포로 구성되어 있지만, 각 세포가 스스로 영양을 공급하지는 못한다. 뇌의 지휘 아래 다리와 감각기관의 도움을 받아 손으로 음식을 집어 입에 넣고 이로 씹어서 목구멍을 통해 위장으로 보낸다. 창자의 도움을 받아 음식물을 소화하여 온갖 영양물질이 함유된 액체로 바꾸고, 폐를 통해 산소와 결합하고 심장 박동의 힘으로 동맥과 정맥 체계를 통해 몸 전체에 공급한다. 이렇게 해서 신체 각 부분과 세포에 필수 영양소를 공급한다.

부와 경제체 사이의 관계는 피와 신체 사이의 관계와 같다. 피가 생산·분배되는 방법을 이해하면, 힘과 기능을 갖춘 신체 전반을 상당 부분 이해하게 된다. 그와 마찬가지로, 정치경제학을 이해하면, 여러 부분으로 구성되어 힘과 기능을 갖춘 사회체 전반과 그 작동 법칙을 상당 부분 이해하게 된다.

범위

정치경제학의 범위를 개략적으로 표현하자면 문명인이 살아가는 방법을 가르치는 학문이라고 할 수 있다. 앞으로 부의 생산과 분배를 다루게 되면 이런 표현이 적절하다는 사실을 더 잘 이해할 수 있을 것이다. 하지만 개인이 생계를 꾸려 나가는 것과는 다르다는 점을 우선 지적해 둔다.

사람이 살아가는 방법은 하나가 아니다. 사람이 자연으로부터 손쉽게 구할 수 없는 물자에 대한 욕구를 충족하는 방법에는 두 가지가 있다. 첫째 방법은 스스로 일하는 것이고 둘째 방법은 절도, 곧 남이 일한 결과를 가로채는 것이다. 그러나 인류 전체를 생각하면 물질적 욕구를 충족하는 방법은 단 하나, 바로 스스로 일하는 것뿐이다. 인류 전체가, 아니 어느 정도 규모를 갖춘 집단이라면, 물질적 욕구를 절도로 충족시킬 수는 없기 때문이다. 물질적 욕구를 충족하는 원초적이고도 유일한 방법은 노동밖에 없다. 절도는 아무것도 생산하지 않고 단지 이미 생산된 것을 분배하는 과정을 변경할 뿐이다. 그러므로 진정한 정치경제학이라면 절도를 연구 대상으로 삼지 않는다. 다만, 각종 절도가 자연스러운 분배를 왜곡하고 부의 생산을 방해한다는 사실 정도는 연구 대상에 포함될 수 있다.

정치경제학은 충족하려는 욕구의 종류와도 관련이 없다. 간단히 비유하자면, 항해학은 선박이 해상을 이동하는 방법을 연구할 뿐이지, 배가 해적선인지 선교용 선박인지, 승객이 무슨 기대를 품고 항해하려는 것인지 묻지 않는 것과 같다. 정치경제학은 도덕학, 윤리학이 아니며 정치학도 아니다. 정치경제학은 정치체의 유지와 영양 공급에 관한 학문이다.

정치경제학이 도덕학과 윤리학의 내용에 밝은 빛을 비추고 강한 근거를 제공하지만, 그렇더라도 정치경제학의 고유한 임무는 옳은 것과 틀린 것의 차이를 설명하려는 것도 아니고 이것보다 저것이 좋다고 설득하려는 것도 아니다.

4. 정치경제학의 연구 대상과 기본 법칙

연구 대상

매우 정교하게 짜인 현대 문명에서 부가 생산·분배되는 복잡한 현상을 제대로 이해하는 것은 쉽지 않다. 이런 현상을 설명한다면서 혼란만 보태는 여러 서적처럼 어중간하게 출발해서는 곤란하다. 그러나 가장 중요한 원리들을 찾아낸 뒤에 그 핵심을 따라가면서 골격을 파악한다면 그리 어려운 일도 아니다. 아주 복잡한 기계를 잘 이해하려면, 우선 기계 작동이 어떻게 시작해서 어떻게 마무리되는지를 알아야 하며, 세세한 부분은 기계의 기초 개념과 목적을 이해한 뒤로 미뤄도 된다.

도시에서도 자전거를 보기 어려웠던 시절, 벽촌에서 근무하던 어느 선교사가 친구로부터 자전거 한 대를 선물 받았다. 그런데 조립되지 않은 부품 상태로, 사용 설명서도 없이 배달되었다. 선교사 자신이나 주변의 누구도 그 물건이 어떤 용도로 사용되는지를 짐작하지 못했기 때문에, 여러 부품을 조립한다는 것은 꿈도 못 꿀 일이었다. 그러나 결국 안장에서 힌트를 얻어 하나씩 추측해 나갔다. 몇 달 뒤 설명서가 별도로 배달되었을 때 선교사는 이미 해변에서 자전거를 잘 타고 있었다.

정치경제학의 연구 대상은 문명사회에서 부가 생산·분배되는 방대한 현상 전체이며, 거대한 공장과 비슷하지만 훨씬 더 거대한 체계 또는 조직이다. 이런 현상에 내재하는 자연법을 이해하려고 어중간하게 시작하면 혼란이 빚어지게 된다. 혼란을 피하려면 오로지 과학적 방법을 사용해야 한다.

정치경제학의 연구 대상은 그 양태가 매우 다양하고 관계가 매우 복잡하지만, 분명한 것은 인간의 욕구에 의해 촉발되는 의지 작용에서 비롯된다는 사실이다. 의지 작용의 수단은 자연이 인간에게 공급하는 물질과 힘 그리고 이들을 지배하는 자연법이며, 그 목적은 인간의 물질적 욕구를 충족하는 것이다. 현대 문명에서 부의 생산과 분배에 관한 모습은 다양하다. 그러나 이 모든 활동이 지향하는 목적은, 자연이 공급하는 물질과 힘을 대상으로 하여 그 위치·형태·관계를 바꾸어 인간의 욕구를 최대한 충족하는 것이다.

정치경제학의 연구 대상은 물질적 만족을 목표로 삼는 인간 행동이다. 정치경제학이 탐구하는 법칙은 자연에 존재하는 물질과 힘에 관한 법칙도 아니고, 그 위치·형태·관계에 변화를 일으키는 법칙도 아니며, 오로지 인간 자신의 본성에 관한 법칙이다.

정치경제학의 관점에서 보면 세계를 구성하는 근원적인 요소는 인간과 자연이다. 인간은 어떤 행위를 주도하는 능동적 요소이고, 자연은 인간 행위의 대상이자 행위에 반응하는 수동적 요소이다. 두 요소의 상호작용에 따라, 정치경제학에서 연구 대상으로 삼는 모든 현상이 발생한다.

인간의 힘이 가미되어 생긴 물자와 자연적으로 존재하는 물자의 차이는, 피라미드와 산의 차이만큼이나 분명하다. 모든 인공물은 기존의 재료가 있어야 생산된다. 또 인간의 모든 동작도 기존의 에너지가 있어야 할 수 있다. 외부 자연이 제공하는 원료를 모두 제거하면 무엇이 남을까? 남는 것은 형체도 실체도 없고 물질세계에 직접 힘을 미칠 수도 없는 어떤 요소다. 그러나 이 요소는 동작을 일으켜 물질을 원하는 형태로 바꾸는 그 무엇이다. 피라미드가 생겨난 것도 같은 이치다.

인류가 처음 세상에 등장했을 때도 에너지나 물질의 총량은 증가하지 않았고, 이 점은 오늘날도 변함없다는 사실에 주목해야 한다. 인간이 물질세계에 어떠한 변화를 일으키더라도 물질과 에너지 총량은 증가하지도 감소하지도 않는다. 인간의 행위는 단지 이미 존재하는 물질의 위치나 관계만 조금 변경할 뿐이다. 인간이 물질세계에서 하는 행위는, 아니 인간 존재 자체도, 기존의 물질이 있어야 가능하다.

석탄, 상품, 승객을 싣고 달리는 증기 기관차 역시 이미 존재하는 물질을 새로운 형태로 변형한 것에 지나지 않는다. 우리가 보고 듣고 느끼며, 맛을 보고 무게를 가늠하고, 측정하고 실험할 수 있는 모든 대상은 인간 이전에 이미 존재했던 물질이다. 기술자의 두뇌 속에 있는 어떤 요소가 기존의 물질과 에너지를 기관차라는 특정한 형태, 위치, 기능으로 전환한다. 이 요소는 갓난아기가 달을 향해 손짓하고 아이들이 진흙으로 파이를 만드는 원인이 되는 것, 곧 인간 내면에 자리 잡은 의식적인 의지다. 이런 의지는 물질의 형태를 변화시켜 욕구를 충족하도록 만드는 기본적인 동인이자 능동적인 요인이며, 이것이 정치경제학의 연구 대상이다. 인간의 의지는 일정한 방식을 통해서만 작용할 수 있으며, 그 과정에서 일정한 순서를 따른다. 이런 방식과 순서를 우리는 자연법이라고 부른다.

기본 법칙

인간의 모든 행동의 동기는 욕구이고 목표는 욕구 충족이다. 인간이 추구하는 목표는, 무언가를 획득하려는 경우든 회피하려는 경우든, 욕구 충족이라는 용어 하나로 통일할 수 있다.

인간의 욕구에 순위를 매긴다면 동물적 욕구가 1순위이자 가장 중요하다. 동물적 욕구가 충족된 이후라야 그보다 더 높은 수준의 욕구가 발생하게 된다. 물질적 필요, 특히 인간의 의식주를 충족시키기 위한 학문을 부차적이고 저급한 학문으로 여기는 사람도 있지만, 이는 건축 설계자가 건물의 기초보다 외장이 더 중요하다고 여기는 것과 다를 바 없다.

예를 들면, 공기에 대한 욕구는 아마도 인간의 모든 욕구 가운데 가장 기본적인 것이라고 할 수 있다. 정상적인 상황에서라면 이 욕구가 쉽게 충족되기 때문에 잘 의식하지 못할 뿐이다. 그래서 이런 욕구는 실제적 욕구라기보다는 잠재적 욕구라고 할 수 있다. 그러나 어떤 사람에게 공기를 차단해 보라. 즉시 공기를 얻으려는 욕구가 가장 강력해지고 다른 욕구는 안중에도 없어질 것이다. 이런 사정은 음식에 대한 욕구도 같다. 음식에 대한 욕구를 충족해야 생명과 건강을 유지하고 질병과 고통을 피할 수 있다. 이런 욕구는 인간이나 짐승이나 마찬가지다. 이와 같은 일차적 욕구는 가장 먼저 충족되어야 하는 욕구이며 인간의 다양한 욕구 밑바닥에 있는 기본적인 욕구다.

짐승의 욕구는 상대적으로 적고 고정되어 있으나 인간의 욕구는 무한한 것 같다. 인간은 만족하지 못하는 동물이어서, 정상적인 상황에서는 욕구 충족 능력에 따라 욕구도 끝없이 증가한다. 인간이 가진 욕구에는 주관적인 것과 객관적인 것이 있다. 전자는 인간의 마음, 곧 사고의 주체에 관한 것이고, 후자는 외부 세계, 곧 사고의 대상에 관한 것이다. 또 욕구를 비물질적인 것과 물질적인 것으로 나눌 수도 있다. 전자는 사고나 감정처럼 감각으로 인지할 수 없는 것이고, 후자는 물체나 에너지처럼 감각으로 인지할 수 있는 것이다.

어떤 욕구든 행동하지 않으면 충족할 수 없다. 그런데 한 행동이 한동안 지속되면 의식 속에서 어떤 불편하고 지루한 느낌이 일어나게 된다. 이런 느낌이 생기는 데는 육체노동으로 에너지가 소모된다는 이유보다 더 깊은 이유가 자리 잡고 있다. 한번 시도해 본 사람은 다 알겠지만, 바닥에 편안하게 누워 움직이지 않고 무언가를 골똘히 생각하고만 있어도 벌목할 때처럼 상당히 지친다. 생각이 저절로 떠올라서 방향도 없이 서로 충돌하고 갈등을 일으킬 때도, 생각이 어느 한 방향으로 계속될 때도, 사람은 몹시 지치게 된다.

근본 원인이 무엇이건, 물질적 욕구를 실현하기 위한 의식적인 의지, 곧 노동이 어느 정도 지속되면 그 자체로 고되고 지루한 게 사실이다. 그리고 이 사실만이 유일한 이유인지 아니면 인간의 직관과 결합해서 그런지는 몰라도, 인간은 항상 최소의 노력으로 자기 욕구를 충족하려고 한다. 이 점은 우리 자신의 감정과 행동을 보아도 알 수 있고, 다른 사람의 행동을 유심히 관찰하여도 알 수 있다.

그렇다고 해서 인간이 항상 최소의 노력만으로 욕구를 충족한다는 말은 아니다. 물체는 직선으로 움직이는 성향이 있다는 물리 법칙에도 불구하고, 물체가 항상 직선운동만 할 수는 없는 것과 같다. 다만 운동이 최소저항선을 추구한다는 물리 법칙처럼 인간도 자기가 처한 물리적·사회적·인간적 조건 아래서 최소의 노력을 들여 욕구를 충족하는 방법을 추구한다는 것이다.

인간에게 나타나는 이러한 성향은 보편적이고 예외가 없으므로 절대 변하지 않는 자연법이라고 할 수 있으며, 각종 추론을 위한 근거로 삼아도 좋다. 정치경제학의 기본 법칙은 바로 이 자연법이다. 이 법칙은 정치경제학에서 연역과 설명의 근거로 삼는 확실한 중심 법칙이다. 이 법칙이 없으면 정치경제학이 성립될 수 없다. 정치경제학에서 이 법칙이 차지하는 위치는 물리학에서 중력 법칙이 차지하는 위치와 같다. 이 법칙이 없다면 질서는 사라지고 혼란만 존재하게 된다.

그러나 이 점을 분명히 이해하지 못했기 때문에, 정치경제학의 본질에 관해 심각하고도 광범위한 오류가 존재해 왔다. 인간은 항상 최소의 노력으로 자기 욕구를 충족하려 한다는 원리 대신 인간은 이기적이라는 원리가 자리를 잡아 왔다. 정치경제학이 이기적인 인간을 대상으로 한다는 전제 때문에 다른 전제는 무시되고 말았다. 정치경제학이 인간에게 내재하는 이기심 이외의 다른 본성을 제외한다는 전제는 지금까지 진행된 수준급 연구에 완전히 스며들어 있어서 이 전제에 반대하는 사람은, 반대 근거를 논리적이고 일관성 있게 제시하지 못하는 탓도 물론 있지만, 감상주의자나 사이비 정치경제학자로 불리고 있다.

저명한 정치경제학자들은 인간의 이기심이 연구의 기본 전제로 삼을 만큼 보편적이라고 생각했고, 또 이런 전제를 독자에게 충분히 납득시켰다고 생각할 것이다. 그러나 진정한 정치경제학에는 이러한 전제가 필요 없다. 정치경제학 전체 구조에서 기초가 되는 기본 전제는 인간이 이기심에 휘둘리는 존재라는 전제가 아니라, 인간은 무슨 욕구든 최소의 노력으로 충족하려고 한다는 전제다. 이러한 정치경제학 기본 법칙은 모든 다른 자연법과 마찬가지로 최고의 위치를 차지한다. 이 법칙은 중력 법칙과 마찬가지로 인간이 이기적이든 아니든 영향을 전혀 받지 않는다. 그저 사실이 그럴 뿐이다.

5. 정치경제학 연구 방법

인간의 이성이 진리에 도달하는 방법은 두 가지다. 첫째는, 개별적인 것에서 일반적인 것으로 추론해 올라가서 마침내 변하지 않는 모습의 자연법에 이르는 방법이다. 이런 방법을 귀납법이라고 한다. 반면에, 언제 어디서나 타당한 자연법을 알고 있다면, 진리 판단을 위한 쉽고도 강력한 방법이 있다. 일반적인 것에서 개별적인 것으로 추론해 내려가는 방법, 곧 연역법이다. 일반 법칙, 즉 자연법이라고 부르는 불변성 연속 관계 또는 인과관계를 이미 알고 있는 경우에는, 어떤 지식의 진위를 판단할 때 일반 법칙에 부합하는지를 검토하기만 하면 된다.

두 방법의 순서를 정한다면 귀납법이 먼저이고 연역법이 나중이다. 귀납법은 인간 이성을 사실 탐구에 적용하는 일차적 방법이고 연역법은 이차적 방법이다. 인간 이성의 범위 내에서는 귀납법으로 발견한 사실이 있어야 연역법을 적용할 수 있다. 연역법을 안전하게 적용하려면 귀납법을 통해 알게 된 사실에 기초를 두어야 한다. 따라서 연역법에서 기본 전제의 타당성이 의심되면 귀납법을 통해 증명해야 한다. 두 방법 모두 과학적 탐구에 적용할 수 있다. 귀납법은 자연법을 모색하는 단계에서 적용하고, 연역법은 일단 자연법을 발견한 이후에 적용한다. 연역법은, 도출된 결론을 검증하는 경우가 아니라면, 귀납법 같은 힘든 작업 없이 일반 원리로부터 구체적인 사실을 도출하는 지름길이다.

두 가지 기본적 추론 방법을 결합한 방법도 있다. 자연과학에서 진리 발견을 위해 가장 효과적이라고 알려진 방법이다. 귀납법을 통해 어떤 자연법이 십중팔구 확실하다고 추정될 경우에, 일단 그런 법칙이 존재한다고 가정한 다음, 그 법칙으로부터 연역된 결론과 구체적인 사실이 일치하는지를 검증하는 방법이다. 이와 같은 방법을 잠정적 연역법(tentative deduction) 또는 가설법(hypothesis)이라고 한다. 고전파 정치경제학의 연역법에서 채택한 전제 중에는 기존의 사회 제도를 합리화하기 위해 정치경제학을 동원하려는 것은 아닌지 귀납법으로 입증할 필요가 절실한 것도 있다. 반면, 연역법이 적절히 적용된 부분에는 귀납법이 필요 없다. 연역법은 타당성이 입증된 지식으로부터 새로운 지식을 찾아가기 위해 인간이 활용할 수 있는 가장 강력한 수단이기 때문이다.

고전파 정치경제학에서 확실한 전제에서 출발하여 연역법을 적용한 경우에는 오류가 발생하지 않았다. 고전파 정치경제학의 전체 구조를 불안정하게 만든 오류는 더 깊은 곳에 조용히 자리 잡고 있었다. 전제에 대한 귀납적 추론이 불충분했다는 점이다. 그런데도 전제에 내재된 오류를 해결하려는 연구가 없었다. 귀납법을 중시하는 학파조차도 연역법에서 기초로 삼을 만한 확실한 일반 원리란 있을 수 없다고 생각해 왔다. 그 때문에, 예를 들어 자유무역과 보호무역 가운데 전체 부를 가장 잘 증대시킬 수 있는 것은 어느 쪽인지, 가장 좋은 토지소유 제도는 어떤 것인지, 가장 좋은 조세 제도는 어떤 것인지, 산업별 또는 직종별 노동조합에 대한 규제에서 정부 간섭의 한계는 어디까지인지 등의 질문을 받아도 정답을 제시하지 못했다. 그저 장소와 시대에 따라 가장 좋은 제도가 달라지므로 구체적인 연구가 필요하다고 대답했을 뿐이다.

그러나 정치경제학이 학문이라면 학문적인 방법을 따라야 한다. 정치경제학에 관한 자연법이 발견되면 그 순간부터 연역법을 적용해야 하고, 귀납법은 연역법으로 얻은 결론을 검증할 경우에만 사용하면 된다. 정치경제학에서 연구 대상으로 삼는 구체적인 사실은 너무도 방대하고 복잡해서 직접적인 귀납법을 통해 그 질서와 관계를 발견하는 것은 불가능하기 때문이다.

정치경제학에서는 '모든 인간은 이기적인 존재다.'라는 잘못된 전제를 둔다. 그러나 진정한 정치경제학이 전제하는 자연법은 그렇지 않다. 이 전제는 참이 아니다. 인간의 이기적 성품 이외의 다른 성품을 제거해 버리고서 소위 '경제인'(economic man)을 구성해 보면 인간이 아니라 괴물이 된다.

참된 정치경제학에서 진정한 전제는 '인간은 항상 최소의 노력으로 자기 욕구를 충족하려 한다.'라는 것이다. 욕구가 이기적이든 아니든, 선하든 악하든 무관하다.

이 전제는 너무나 확실한 자연법이며, 외부 자연에 관한 어떠한 법칙, 예를 들어 중력 법칙보다 범위가 더 넓다. 외부 자연에 관한 법칙은 오직 객관적으로만 파악할 수 있지만, 인간이 최소의 노력으로 자기 욕구를 충족하려고 한다는 자연법은 주관과 객관 양면에서 파악할 수 있다. 주관적으로는, 인간 자신이 자연에 포함되기 때문에, 자기 감정을 인식하고 자기 행동에 내재된 동기를 분석하는 귀납적 추론을 통해 인간은 최소의 노력으로 자기 욕구를 충족하려 한다는 자연법에 이르게 된다. 객관적으로는, 다른 사람의 행위를 관찰하여 귀납적 추론을 통해 같은 법칙에 이르게 된다.

이렇게 이중으로 입증된 자연법에서 출발하는 방법을 사용하면 정치경제학은 근본 법칙을 올바로 파악할 수 있는 진정한 학문이 된다. 자연법을 전제하고 연역법을 통해 일반적인 지식에서 구체적인 지식을 도출해 낼 수 있다.

이처럼 정치경제학은 연역적 방법을 주로 사용하면서 귀납법으로 검증한다. 그러나 일반적인 연구에서 가장 유용한 수단은 가설법이다. 이 방법은 '가상의 실험'(mental experiment) 또는 '상상 속 실험'(imaginative experiment)이라고 부를 수 있는데, 상상으로 여러 조건을 분리·결합·제거해 보면서 기존 원리의 타당성을 검증한다. 이것은 가장 흔한 추론 방법이며, 우리가 어려서부터 친숙한 방법이다. 이 방법은 정치경제학의 위대한 작업 도구로서, 이 방법을 활용할 때는 우리가 가정하는 원리가 타당한지에만 주의하면 된다.

6. 학문인가, 기술인가?

학자들 사이에는 정치경제학 연구 방법 이외에 정치경제(political economy)를 학문(science)으로 보아야 하는지 기술(art)로 보아야 하는지에 관해서도 의견이 분분하다.[4] 학문으로 보아야 한다는 사람도 있고 학문인 동시에 기술로 보아야 한다는 사람도 있다. 또 본질적으로는 비슷한 구분이지만, 추상적·이론적·사변적 정치경제와 구체적·규범적·응용적 정치경제로 나누는 사람도 있다.

그러나 정치경제가 학문인 이유에 대해서는 이미 언급했기 때문에 길게 논의할 필요는 없겠다. 다만 체계적인 지식을 학문과 기술로 구분할 경우에는, 학문은 자연법에 관한 것이고 기술은 자연법을 이용해서 바라는 목적을 달성하는 방법에 관한 것이라는 점만 알면 된다.

정치경제학이라는 것이 과연 존재하는지, 다시 말해 경제에 관한 자연법 지식이 학문이라고 부를 정도로 내용이 충실하고 잘 정리되어 있는지에 대해서는 논란이 있을 수 있다. 그러나 우리가 살아가는 세계에서 모든 영역이 법칙의 지배를 받는다는 사실을 인정한다면, 정치경제학도 학문이 될 수 있다는 사실에는 이견이 있을 수 없다.

---

4 영어의 political economy를 정치경제'학'으로 번역하면 우리는 당연히 학문이라고 받아들이지만, 영어로는 학문을 의미할 수도 있고 아닐 수도 있어서 이런 논란이 생긴다. 헨리 조지가 책의 제목에 'science'라는 단어를 넣어, 제목을 *The Science of Political Economy*라고 명시한 것도 학문이라는 의미를 명확히 하려는 의도였을 것이다. 행정학이라고 번역하는 public administration에 대해서도 학문인지 기술인지에 대한 논란이 있었다.

정치경제학을 체계화한 후에는, 다시 말해 부의 생산과 분배를 지배하는 여러 자연법을 찾아 연계시킨 다음에는, 이를 바탕으로 하여 인간법과 관습이 경제에 미치는 영향을 연구할 수 있을 것이다. 그렇다고 해서 이런 지식을 정치경제 기술이라고 부르는 것은 적절할 것 같지 않다. 천문학이라는 학문을 항해나 측량 기술에 응용하지만, 이를 천문 기술이라고 부르지 않으며, 화학을 다양한 기술에 응용하지만 이를 화학 기술이라고 부르지 않는 것과 마찬가지다. 정치경제학도 정치를 비롯한 다양한 분야에 응용할 수 있지만, 그렇다고 해서 이런 응용을 정치경제 기술이라고 부를 수는 없다.

그런데도 일부 학자들처럼 정치경제를 학문과 기술로 구분한다면, 정치경제 기술은 부를 최대한으로 생산하고 최대한 공정하게 분배하는 기술이며, 빈곤 자체와 빈곤에 대한 두려움을 제거하여 가장 가난하고 약한 사람들을 고단한 생존 경쟁에서 구제해 주는 기술이다. 혹 정치경제 기술이라는 것이 있다면 그것은 경제 공동체에 속한 모든 구성원에게 혜택을 골고루 나눠 주는 고귀한 기술이어야 하기 때문이다.

마술에는 백색 마술과 흑색 마술이 있다고 생각하는 사람이 있다. 백색 마술은 고통을 경감하고 선한 결과를 목표로 삼는 기술이고, 흑색 마술은 이기적이고 악한 결과를 목표로 삼는 기술이다. 이런 관점에서 정치경제를 보면 백색 정치경제와 흑색 정치경제가 있다. 부의 생산·분배 법칙에 관한 지식이 다수를 희생시켜 소수를 부유하게 만드는 데 사용되거나, 심지어 불의를 조장하는 데 사용되어 정의로운 개혁을 저지하거나 지체시킨다면, 그런 정치경제 기술은 흑색 기술이다.

우리는 지금까지 정치경제학은 부의 본질 및 부의 생산과 분배에 관한 법칙을 탐구하는 학문이라는 고전적인 정의를 채택하였고, 정치경제학의 특징과 범위를 살펴보았다. 앞으로는 다음과 같은 순서로 논의를 진행하려고 한다. ① 부의 본질, ② 부의 생산 법칙, ③ 부의 분배 법칙. 이 작업이 끝나면, 내가 알고 있는 진정한 정치경제학에 필요한 모든 것을 다루는 셈이다.

제 3 장

정치 경제학의 발전과 붕괴

1. 부의 의미에 관한 혼동
2. 혼동의 원인
3. 정치경제학의 발생
4. 정치경제학의 변천 I
5. 정치경제학의 변천 II
6. 정치경제학의 붕괴

1. 부의 의미에 관한 혼동

정치경제학의 목적은 사회에서 부(富, wealth)의 생산과 분배를 지배하는 법칙을 탐구하는 데 있다. 그러므로 정치경제학 공부를 시작할 때는 가장 먼저 사회 또는 공동체의 부의 본질을 이해하고 정치경제학 용어로서 부가 무슨 의미인지를 분명하게 확정해야 한다.

일상생활에서 '부'라는 단어는 매우 흔하게 사용되며, 누구나 일반적으로 알고 있는 정도의 의미로 사용하면 충분하다. 그러나 부를 정치경제학 목적으로 명확하게 정의하여, 부에 포함되는 것과 포함되지 않는 것을 판별하려면 막막하고 당황스러워진다.

이것은 이상한 일이 아니다. 좁은 범위의 경제에서 사용하던 단어를 넓은 범위의 경제로 이전하여 사용하는 데서 생기는 자연스러운 결과다. 우리가 보통 대화에서 일상생활이나 개인 사이의 관계에 관해 언급할 경우의 경제는 개별경제이지 정치경제가 아니다. 개별경제는 개별 주체의 관점에서 보는 경제인 반면, 정치경제는 사회 전체 또는 사회적 유기체의 관점에서 보는 경제다.

부라는 단어의 원래 의미는 풍족함, 풍부함이다. 복리 또는 복지를 증진하는 물자를 소유한다는 의미다. 건강, 힘, 부는 복리 또는 복지를 구성하는 3요소다.

사회 구성의 단위인 개인의 경제에서는, 개별 소유자를 풍족하게 할 수 있는 소유권 또는 외부 물자에 대한 지배권 등 욕구 충족에 기여하는 모든 것을 부로 간주한다. 설령 다른 개인으로부터 이전되는 것이라고 해도 무방하다. 그러나 사회 전체 또는 사회적 유기체를 위한 경제에서는 전체의 풍족함이 늘어나지 않는다면 부가 아니다. 가령, 채권은 채권자에게는 부가 되지만, 채권자와 채무자가 같이 소속된 사회 전체로 보면 부가 아니다. 또 개인은 강도나 도박을 통해 부를 늘릴 수도 있지만, 강도가 있으면 피해자가 있고 따는 사람이 있으면 잃는 사람이 있으므로, 사회 전체의 부는 증가하지 않는다.

따라서 일상적인 부의 의미에 익숙한 사람이 경제학 용어로서 부라는 단어를 사용할 때, 특별히 주의하지 않으면 혼동하게 되는 것은 그다지 놀랄 일이 아니다. 그러나 이상한 것은 경제학 용어로서 부의 의미에 관한 부정확성과 혼란이 전문 경제학자들이 쓴 저서에서 더 두드러지게 나타난다는 점이다.

근대 정치경제학의 아버지라고 불리는 애덤 스미스(Adam Smith, 1723~1790)도 국가의 부 또는 경제적 의미에서 부의 본질을 명확하게 정의했다고 할 수 없고 완벽한 일관성을 유지하지도 않았다. 그 이후에 스미스로부터 영향을 받은 많은 경제학자가 쓴 저서에서도 부의 의미를 분명하게 하기는커녕 오히려 혼란을 가중했고, 심지어 최근의 정평 있는 저서에서는 용어 정의에 대한 시도를 아예 포기한 것처럼 보인다.

저명한 정치경제학자 상당수는 부를 정의하지 않고 그냥 넘어간다. 마르크스(Karl Marx, 1818~1883)의 『자본론』도 그렇다. 오늘날 학계에 영향력이 큰 오스트리아학파에서 자주 인용하는 뵘바베르크(Eugen Von Böhm-Bawerk, 1851~1914)의 책도 마찬가지다. 그 외에도 많은 저자들이 부를 정의하지 않은 채로 그냥 논의를 전개하고 있다. 너무 혼란스럽고 일관성이 없어서 인용하거나 요약하기도 어려울 정도다. 이 가운데에는 페리(Arthur L. Perry, 1830~1905) 교수가 『정치경제학의 요점』(*Elements of Political Economy*, 1866)에서 솔직하게 피력한 아래 견해에, 명시적으로 표현하지는 않아도, 동조하는 사람들도 많다.

> 부라는 단어는 정치경제학에서 독이다. 늪처럼 짙은 안개를 뿜어내어 학문 전체를 뒤덮는다. 그 의미가 명확하지 못하고 사람마다 다르게 생각하기 때문에 학문적인 목적에 맞지 않는 단어다. 단어 자체를 정의하는 것이 거의 불가능하고, 따라서 다른 용어를 정의하는 데에도 별로 쓸모가 없다. … 지금까지 부라는 단어가 제대로 정의된 적이 없다. 만일 부를 정의하는 것이 선결조건이라면 정치경제학은 온전하게 성립되기조차 어렵다. … 사람들이 끝없이 생각하고 말하고 글 쓰고 논쟁하더라도, 단어에 대한 정의를 명확하게 해서 모두가 같은 대상에 대해 같은 단어를 사용하지 않는다면, 성과도 발전도 거의 없을 것이다. 정치경제학이 여태껏 그다지 빠른 진전을 보이지 못한 가장 커다란 이유는 바로 여기에 있다. 나는 이 단어를 학술적 목적으로 사용하려고 애써 봤지만 아무리 다듬고 설명을 붙여도 뜻을 이룰 수 없었다. 다행히도 이제 이 단어를 사용할 필요가 없게 되었다. 정치경제학이 부라는 단어를 전문 용어로 쓰지 않음으로써 족쇄에서 벗어나 활동이 비교적 자유로워졌다.

부는 정치경제학의 핵심 주제를 나타내는 단어다. 정치경제학은 사회에서 부의 생산과 분배에 관한 법칙을 밝히려는 학문이기 때문이다. 그러므로 부는 가장 중요한 경제 용어다. 부가 무엇인지 모른다면 부의 생산과 분배를 어떻게 파악할 수 있겠는가? 그러나 정치경제학이 성립된 지 한 세기가 지난 지금까지, 대학에서 가르치는 어떤 정치경제학 교수도 '부가 무엇인가?'라는 질문에 확실한 답을 주지 못한다. 심지어 '부는 물질인가 아닌가?', '부는 인간 외부에 존재하는가, 아니면 인간도 부에 포함되는가?'에 대해서도 분명한 답을 주지 못한다. 이러한 의문에 대해서는 어떤 수준의 합의도 존재하지 않는다. 최근 가장 평판이 높은 대학에서 가르치는 강의 내용을 보더라도 이런 의문에 답하려고 노력하지 않으며, 이제 부의 경제적 의미는 그저 사회를 구성하는 개별 단위에게 가치 있는 것이라는 정도로 축소되고 말았다.

핵심 주제나 핵심 단어를 제대로 정의하지 못하면 어떠한 학문이든 심각한 문제에 부닥치게 마련이다. 진정한 학문이 갖춰야 할 첫 번째 필수적인 요소가 빠져 있기 때문이다. 그로 말미암아 수준급 교육기관에서 정치경제학을 연구하고 가르치는 사람조차 정치경제학을 포기할 지경에 이르고 말았다. 이런 사실은 일반인에게는 그다지 분명하게 보이지 않을 것이다. 책마다 이런 단어에 담긴 의미가 계속 변하면서 감추어져 있기 때문이다.

2. 혼동의 원인

정치경제 현상을 연구하는 학문을 의미하는 용어가 그리스어에서 왔다는 점을 감안하면 영어로는 '폴리티코 이코노믹'(politico-economic)이라고 표현하는 게 적절하다. 그러나 이 표현은 영어권 사람이 반복해서 사용하기에는 너무 길고 낯설다. 그래서 줄여서 '이코노믹'(economic)이라는 표현을 사용하게 되었다. 그러므로 오늘날 정치경제학 교수들이 쓴 『경제학의 요점』(*Elements of Economics*)이라든가 『경제학의 원리』(*Principles of Economics*) 등을 사람들은 정치경제학 서적이라고 여기게 된다. 그러나 꼼꼼히 뜯어보면 이러한 책 가운데 상당수는 정치경제학 서적이라기보다 차라리 '교환학'(science of exchanges, science of exchangeable quantities) 정도로 부르는 편이 훨씬 더 낫다. 내용도 정치경제학과 상당히 다르고 오히려 수학과 더 유사하다고 할 수 있다. 이런 학문에서는 개별 단위의 부와 사회 전체의 부를 구분할 필요도 없고, 진정한 정치경제학이 대답해야 할 도덕적 질문을 불편하게 생각하는 학자라면 질문을 쉽게 피해 갈 수도 있다.

현재 대서양 양안의 많은 주요 대학에서 가르치고 있는 내용은 제대로 된 정치경제학이 아니다. 그 내용은 고작 웨이틀리(Richard Whately, 1787~1863) 대주교가 이름 붙인 "시장학"(catallactics) 또는 멜버른 대학의 헌(Hern) 교수가 이름 붙인 "재산관리학"(plutology) 정도에 지나지 않는다. 이런 내용을 경제학이라고 할 수는 없다. 경제학이라는 용어는 오랜 시간에 걸쳐 정치경제학과 동일한 의미로 사용되어 왔기 때문이다.

고대에는 정치경제학이 무시되었는데, 현대 경제학자들은 그 이유를 노예 제도로 말미암아 노동을 천하게 여겼기 때문이라고 설명해 왔다. 그러나 이런 설명은 노예 제도가 정치경제학 발전을 가로막은 더 직접적인 이유를 간과하고 있다. 노예 반란을 일으켜 십자가에서 처형된 주동자들을 제외하고 고대 사회의 사상가 가운데 자기 이름이나 가르침을 후대에 전할 수 있었던 계층은 부유층에 국한되었을 것이다. 이들은 노예를 통해 부유하게 된 계층이었다. 특권과 부가 불공평하게 분배된 사회 상황에서는, 예수에 대한 제퍼슨(Thomas Jefferson, 1743~1826)의 다음과 같은 표현이 모든 도덕학자 또는 경제학자에게도 적용된다. "예수가 살던 나라에서 권력과 부를 장악한 지식 계층은 예수로 말미암아 기득권이 손상될 것을 우려하여 예수의 반대쪽에 섰다."

수준급 정치경제학이라면 무엇보다도 '부란 무엇인가?'라는 질문에 답할 수 있어야 한다. 이러한 질문은 지배 계층이 예외 없이 노예주였던 사회에서는 너무도 민감한 질문이어서 어떤 저명한 철학자도 제대로 다루지 못했다. 그 가운데 가장 뛰어난 철학자, 예를 들면 지적 거장이었던 아리스토텔레스(Aristotle, B.C.384~B.C.322)도 부는 "가치가 금전으로 평가되는 모든 것"이라고 말했고, 로마 법학자 울피아누스(Domitius Ulpianus, ?~228)도 부는 "사고팔 수 있는 것"이라고 말했다. 이 점에서 요즈음 학자들도 다를 바 없다. 당시에는 재산 관리나 교환에 관한 경제학은 있었을지 몰라도 정치경제학은 존재하지 않았고 존재할 수도 없었다.

개인적인 부와 사회적인 부의 차이점을 인정하지 않으려는 이런 태도는 정치경제학 발전을 가로막는 원인이 되어 왔다. 노예 제도가 철폐된 이후에도 사정은 달라지지 않았다. 사실 노예 제도는 사회의 부를 증가시키지 않으면서 개인의 부만 증가시키는 여러 수단 가운데 하나일 뿐이다. 현대 문명에서는 노예 제도가 차지하는 중요성이 사라졌지만, 같은 효과를 가진 다른 수단이 그 자리를 대신하고 있다. 빈부격차의 원인이 무엇이든 간에, '부란 무엇인가?'라는, 정치경제학의 기본적인 질문은 지배 계층의 감정과 견해에 영향을 받는 사람들에게 민감한 질문임이 틀림없다. 이러한 사회 상황에서는 부로 인정받는 상당 부분이 사실상 합법의 탈을 쓴 도둑질의 결과에 지나지 않는데, 이득을 누리는 자들에게 '그런 이득은 부가 아니다.'라고 바로 지적한다면 매우 거북해할 것이기 때문이다.

존 스튜어트 밀(John Stuart Mill, 1806~1873)은 『정치경제학 원리』(*Principles of Political Economy*) 서문에서 이렇게 쓰고 있다.

> 한 시대를 풍미하는 보편적인 믿음, 자질과 용기를 갖춘 사람조차도 비상한 노력을 기울이지 않으면 극복할 수 없는 믿음이, 다음 시대에는 전혀 말이 안 되는 것으로 판명되는 경우가 흔히 있다. 과거에 그런 내용을 믿었다는 사실을 상상하기조차 어려울 지경이다. 돈과 부를 혼동하는 것도 이런 사례에 속한다. 너무 터무니없어서 진지한 견해라고 인정하기조차 어려울 정도다. 어른이 말 한마디면 바로잡아 줄 수 있는 천진난만한 어린이의 생각과 같다. 그러나 이런 혼동이 널리 인정되었던 시기에 살았다면, 그 누구도 자신이 혼동하지 않았을 것이라고 자신하기 어렵다.

사실 누구도 자신하기 어렵다!

중상주의나 보호무역은 불합리한 제도지만, 어린이 같은 천진난

만한 생각에서 나왔다고 볼 수는 없다. 이런 불합리가 힘을 갖는 데는 다른 이유가 있기 때문이다. 어린 학생들도 공깃돌이나 팽이를 주고받는 작은 거래에서 많이 주고 적게 받는 걸 이익이라고 생각하지 않는다. 원시인이라도 자신에게 세금이 부과될 때 자기 부가 늘어난다고 생각할 만큼 어리석지는 않다. 어린이라도 1,000원어치 금이 1,000원어치 상품보다 더 귀중하다고 생각하지 않는다. 이 정도는 아무리 나이가 어려도 오해하지 않는다. 그런데도 이런 생각이 힘을 얻고 지속되는 이유는, 특수 집단에 얽혀 있는 이해관계가 너무나 크기 때문이다. 그래서 사회의 부를 희생시켜서라도 개인의 부를 늘리기 위해 인위적으로 거래를 제한하려는 것이다.

특수 집단의 이익이 일반 국민의 이익을 해치는데도, 그 특수 집단은 국민의 생각에 두루 영향을 미쳐서 마치 오류가 진리인 것처럼 통용되도록 만드는 힘을 가지고 있다. 이는 분명한 사실이며, 이 점을 간과하고는 어느 시대를 그리고 그 시대의 역사를 이해할 길이 없다. 국민 전체의 이익에 보탬을 주지 않고 특수 집단만 부유하게 해 주는 어떤 원인이 존재하며, 그로 말미암아 소수가 명시적인 합의 없이도 사실상 단결된 사고나 행동을 전개하기 때문에, 특수 집단이 사람 수에 비해 큰 영향력을 발휘하게 된다. 이런 특수 집단과 일반 국민 사이의 관계는 정규군과 일반 군중 사이의 관계에 비유할 수 있다. 특수 집단은 그 이익이 특수한 것이기 때문에 결집력과 힘을 갖게 되고, 사회의 부를 많이 차지하기 때문에 여론을 형성할 힘도 갖게 된다. 부유해지면 사회적 존경을 받을 수 있는 여유와 교양, 환경과 조건을 갖추게 되고, 심지어 지식인조차도 부자 편에 선다. 반면, 다수의 것을 빼앗아 소수에게 주는 불의로 고통을 받는 사람들은, 바로 그 때문에 생각할 여유가 없으며 또 자기 생각을 표출할 기회도 없고 적절한 교육을 받을 수도 없고 품위를 갖추기도 어렵다. 이런 사람들은 어쩔 수 없이 문맹자, 무식꾼, 무지렁이가 되고, 자기 처지가 미약함을 알기 때문에, 부유한 사람을 지도자나 인도자로 우러러보게 된다.

불의와 불합리는 같은 현상을 다른 각도에서 본 것에 지나지 않는다. 올바른 이성에 비추어 정의롭지 않은 것은 합리적이지도 않다. 그러나 다수를 도탄에 빠뜨리고 소수를 부유하게 만드는 불의는 사회 권력의 중심을 이동시켜 여론과 교육을 담당하는 사회 기관을 장악한다. 불의로 부유해진 계층은 영향력과 전파력을 키우게 되고, 이런 상태가 오래 지속되면 결국에는 불의가 사회 깊숙이 뿌리를 내리게 된다. 여론, 신념, 사고 습관은 사회 환경의 영향을 받아 형성되므로, 결국에는 이런 현상이 불의하지 않다고 확신하게 된다. 철학자조차도 이런 현상을 자연 질서의 일부라고 인식하게 된다.

총알처럼 신체와 공존할 수 없는 이물질도 제때 빼내지 않으면 인체가 나름대로 적응하기 시작하며, 인체가 이물질에 완전히 적응하는 경우도 드물지 않다. 내가 방금 어떤 분과 대화를 나누었는데, 이분도 오랜 기간 몸속에 총알이 박힌 채 살고 있다. 뇌 속에 총알이 박힌 채 여러 해 생존한 사람도 있다고 한다.

철학 체계 속에 이물질이 하나 들어오면 대학교수라는 사람들은 철학 체계를 이물질에 적응시키려는 노력을 시작한다. 때로는 이런 노력이 성공을 거두어 심각한 이물질을 포함하는 철학이 오랫동안 인정을 받는 일도 드물지 않게 발생한다. 이물질을 철학 체계에 적응시키려면 조작과 혼동을 통해 논리를 이리저리 비트는 작업을 먼저 해야 하는데, 오히려 그게 자기네의 지적 우수성을 나타내는 것으로 착각하기도 한다. 마치 발 대신 손으로 보행을 하는 사람, 신체를 부자연스럽게 꼬는 사람, 말로써 이런저런 억지 논리를 만들어 내는 방법을 터득한 법률가 따위가 갖는 자부심에 비유할 수 있다.

그리스도가 자신의 철학을 간결하면서도 심오하게 표현한 '하나님 나라' 또는 '공의로운 세계' 같은 말씀에 담긴 의미를 어린이는 알아도 소위 지혜와 분별을 갖추었다고 인정받는 사람은 잘 모른다. 보통 사람들에게는 기쁨으로 다가오는 말씀이 서기관과 바리새인에게는 한낱 어리석은 말장난에 지나지 않는다.

다시 본래의 주제로 돌아가자. 유능한 학자라고 해도 부를 분명하고 일관되게 정의하지 못한 채 정치경제학 체계를 일관성 있게 보이려고 하다 보면, 오히려 독자들을 혼란스럽게 만들고 부를 제대로 정의해야 할 필요성을 느끼지 못하게 만드는 데 일조할 뿐이었다.

이 사실은 경제학적 부를 정의하는 여러 저서를 검토하면 금방 드러난다. 경제학 용어인 부를 일상적인 의미처럼 '교환할 수 있는 모든 것'이라고 잘못 정의하여 혼란을 보태고 있으며, 그 결과 정치경제학의 학문적 가능성을 망치고 있다.

거대한 금전적 이익의 힘은 인간의 사고에 영향을 주고 특히 사회적 영향력이 큰 사람들의 사고에 영향을 주는데, 이런 현상은 그 원인을 제거하지 않고는 쉽사리 사라지지 않는다. 원인이란 노력 없이 부를 획득하는 힘을 부여하는 사회 제도다. 미국에서 노예 소유를 통해 얻는 금전적 이익은 그다지 크지 않았다. 그래도 노예 관련 이해관계가 미국 전역에 심대한 영향을 주었기 때문에, 남북전쟁이 발발하기까지 '노예 제도 철폐론자'(abolitionist)라는 말은 북부의 선량하고 인정 많고 지적인 사람들에게조차 사악하고 음산한 어감으로 인식되었다. 남북전쟁을 둘러싼 쟁점이 노예 제도 하나만은 아니었지만, 노예 제도의 금전적 이익이 지금도 있다면, 이런 인식이 사람들 생각 속에 여전히 남아 있을 것이다. 그러나 노예 소유의 이익이 노예 해방 이후 사라지자마자 여론에 대한 이런 영향력은 흔적도 없이 사라져 버렸다. 이제는 심지어 남부에서조차 어느 설교자, 교수, 정치인도 노예 제도를 옹호하거나 지지하려고 애쓰지 않으며, 이제는 노예 해방을 부르짖다가 폭도들에게 맞아 죽을 뻔했던 개리슨(William L. Garrison, 1805~1879)의 동상이 보스턴에 건립될 정도로 바뀌었다.

3. 정치경제학의 발생

애덤 스미스의 『국부론』

전문 경제학자들은 부의 본질에 관한 혼란을 점점 더 심하게 만들어 왔다. 애덤 스미스가 쓴 위대한 저서와 후학들이 쓴 저서를 비교해 보면, 제목만 살펴보아도 대단히 중요한 차이점을 발견할 수 있다. 흔히들 그냥 지나치지만, 스미스 저서 『국부론』의 세부 제목은 '국가의 부의 본질과 원인에 관한 연구'(an inquiry into the nature and causes of the wealth of nations)로서, 그냥 '부'가 아니라 '국가의 부'라고 명시하였다.

이 제목은 책의 내용을 잘 나타내 주고 있다. 그런데도 이 책을 바탕으로 하여 근 100년 동안 연구하고 이론을 발전시켜 온 후학들은 '국가의'(of nations)라는 표현에 주목하지 않았고 그 의미를 이해하지도 못했다. 후학들은 스미스가 다루었던 주제이자 정치경제학에서 다루는 고유한 주제인 국가의 부를 일반적인 부와 다를 바 없다고 가정한 것 같고, '국가의'라는 표현은 그저 영국, 프랑스, 네덜란드 따위와 같은 정치 단위를 의미한다고만 생각했다.

그러나 확실한 것은 스미스가 그 본질과 원인을 캐려고 한 '국가의 부'는 일상적 의미의 부와 다르다는 사실이다. 일상적 의미의 부는 개인을 부유하게 만드는 모든 것이지만, 국가의 부는, 생산하면 사회 전체의 부가 증가하고 파괴하면 사회 전체의 부가 감소하는 성격의 부다. 그런 까닭에 스미스는 '국가의'라는 수식어를 붙여 일상적 의미로 쓰이는 부와 구분한 것이고, 이때 국가는 정치 단위인 국가가 아니라 사회 또는 사회적 유기체라는 의미다.

스미스가 부라는 용어를 정의하지 않았다는 비판도 있기는 하지만, 이것은 과장된 이야기다. 스미스의 저서 도입부 가운데 첫 번째 단락에서부터 국가의 부가 의미하는 바를 설명하고 있다. 부라는 단어를 오직 "정치경제학에서 다루는 고유한 연구 대상"이라고 하면서 이렇게 설명하였다.

> 어느 국가에서든, 연간 노동은 국가가 연간 소비하는 필수품과 편의품을 제공하는 근원적인 공급원이다. 이런 물품은 노동의 직접 생산물과 그 생산물로 구입한 타국의 생산물로 구성된다.

또 스미스는 도입부의 끝 문장에서 "실질적인 부는 한 사회에서 토지와 노동이 만들어 낸 연간 생산"이라는 표현도 쓰고 있다. 그 밖에도 책 전체에 걸쳐 여러 곳에서 사회의 부, 국가의 부, 실질적인 부는 토지와 노동이 만들어 낸 생산이라고 언급한다.

이처럼 저서의 도입부와 중요 부분에 나타난 개념이 스미스의 마음속에 있었던 부의 개념이었고, 국가의 모든 부를 노동과 결부시킨 것도 이런 생각에 충실했기 때문이다. 그러나 국가의 부를 이렇게 이해하면서도 자기 마음속에 있는 다른 개념과의 관계를 분명하게 밝히지 않았기 때문에 혼동을 일으켜, 개인적 자질과 부채까지도 부에 포함시키는 오류를 범하고 말았다.

케네와 중농주의자

프랑스 철학자 케네(François Quesnay, 1694~1774)는 애덤 스미스보다 28년 앞선 1694년 6월 4일에 파리 부근 메르씨(Mercy)에서 태어나 농장 노동자로 인생을 시작하였다. 나름의 장단점이 있는 학교 교육의 영향을 전혀 받지 않고 독학으로 읽기를 배웠다. 한때 외과 의사 밑에서 도제로 있다가 결국 독립해서 망테(Mantes)에서 병원을 개업하여 생계를 유지하였다. 그곳에서 노아유(Marcel de Noailles)를 알게 되었는데, 노아유가 케네를 왕비에게 소개했고 왕비는 다시 왕에게 추천했다. 결국 파리에 정착하여 궁내 의사가 되었다가 나중에 왕의 주치의가 되었다. 궁내에서 일어나는 복잡한 사정으로부터 초연하게 지내는 가운데 루이 15세(Louis XV, 1710~1774, 재위 1715~1774)의 깊은 신임을 얻게 되었고 왕의 주치의로서 왕과 개인적으로 친밀한 관계를 유지했다. 왕은 케네에게 귀족 신분을 부여하여 문장을 하사하고, 궁내에 거처를 마련해 주면서 "왕의 사상가"(King's Thinker)라고 불렀고, 왕립 인쇄소에서 케네가 쓴 저서를 출간해 주었다. 왕의 사상가는 베르사유 궁전의 거처에서 인간 정신이 추구할 수 있는 가장 위대한 목적을 위해 유능한 인재를 모았다. 케네가 추구한 위대한 목적은 인간의 법이 창조주가 의도한 자연 질서에 따르도록 함으로써 인간 세상에 자유를 확립하고 빈곤을 몰아내는 일이었다.

이 인재들이 이해한 가장 중요한 원리는, 복잡한 문명사회에서는 흔히 잊히기도 하지만, 탐구하는 사람들에게는 한낮에 떠 있는 태양처럼 명확한 내용이었다. 사람에게 필요한 모든 물자를 얻어 내는 유일한 원천은 토지라는 사실, 그리고 토지에서 필요 물자를 획득하는 유일한 수단은 노동이라는 사실이다. 그리고 모든 실질적인 부는 토지에 노동을 가하여 얻게 된다는 사실도 이해하였다. 그리하여 모든 부는 토지에 노동을 가해서 나오는 결과 내지 생산물이라는 사실을 알게 된 것이다.

그뿐만 아니라 진정한 정치경제학의 중심 원리도 이해하였다. 그 중심 원리의 내용은, 인간이 모여 사회 유기체를 형성하면 자연히 이를 유지하기 위한 비용이 발생하며, 이 비용을 자연스럽게 충당할 수 있는 기금도 아울러 발생한다는 것이다. 이 기금은 어느 누구의 정당한 소유도 침해하지 않는 가운데 마련할 수 있고 사회에 필요한 모든 비용을 충당할 수 있다. 그뿐만 아니라, 이렇게 기금을 마련하면 개인에 대한 중대한 침해와 국가에 대한 심각한 재난을 예방하는 효과까지 있다.

케네와 그 문하생들은 이 기금을 '순생산물'(produit net)이라고 불렀는데 이는 순생산, 잉여 생산, 잔여 생산이라는 뜻이다. 이렇게 부른 이유는, 생산 결과에서 생산에 투입된 노동 대가를 모두 지불하고 토지에 남은 혹은 토지와 결부된 부분이기 때문이다. 이 명칭에 상응하는 영어 단어는 '렌트'(rent)다. 이 용어는 리카도 시대부터 정치경제학에 사용된 특정한 의미의 지대를 일컫는다.

순생산, 곧 경제 지대라는 표현에 담긴 참다운 의미와 의도를 이해한 중농주의자에게 정치경제학의 진정한 체계가 열렸다. 이 체계는 조화로운 질서이자 자비로운 목적을 가진 체계다. 중농주의자들은 참다운 정치경제학으로 가는 열쇠이자, 이것 없이는 참다운 정치경제학이 될 수 없는 열쇠를 찾았다. 그런데 스미스 이후의 경제학계에서는 이 열쇠를 부정했기 때문에 거의 백 년이란 시간이 지나면서 '음울한 학문'(the dismal science)으로 전락하였고, 이제는 무능을 드러내고 버림받는 지경으로 내몰리고 말았다.

그런데 중농주의자에게도 문제는 있었다. 관찰이 불완전했을 뿐 아니라 고질적인 사고 습관에 젖어, 경제 지대는 토지 용도가 무엇이든 발생한다는 사실을 인식하지 못했다. 그들은 의심할 수 없는 자연법칙을 모색하면서 농업이야말로 지주에게 불로소득(unearned increment)인 지대를 가져다주는 유일한 산업이라고 생각하게 되었다. 그러다 보니 작물을 재배하는 농업은 원료의 형태를 바꾸고 제품의 위치와 소유자를 바꾸는 제조업 및 상업과는 크게 다르다고 보았다. 그러나 상공업이 농업과 다른 점은, 농업이 활용하는 자연의 재생산 원리를 용도를 달리해서 적용했다는 것뿐이다.

중농주의자들은 농업만이 유일한 생산적 산업이라고 규정하고는, 나름대로 매우 합리적인 설명이라고 생각하였다. 농업 이외의 산업은 유용하기는 하지만 생산과는 무관한 불모 산업이라고 보았다. 농업 이외의 산업은 순생산물, 곧 불로소득을 만들어 내지 못하고 단지 이미 존재하는 원료에 대해 형태, 장소, 소유자만 변경함으로써 원료와 동일한 가치를 환원할 뿐이라고 생각했다.

이것은 심각한 오해였으며, 이로 말미암아 전체 이론 체계가 완전히 불신받게 되었다.

그러나 이를 치명적인 실수라고 할 수는 없다. 이런 오류에도 불구하고 중농주의자들이 제안한 구체적인 정책은 달라지지 않았기 때문이다. 케네의 추종자들은 농업이 (어업과 광업을 포함하여) 유일하게 생산적인 산업, 곧 부의 총량을 증가시키는 노동 투입이라고 주장했다. 공업과 상업은 유용하기는 하지만 생산하지는 못하며, 부의 총량을 증가시키지 않는 가운데 부의 형태와 장소 등만을 변화시킨다고 하였다. 그렇다고 해서 중농주의자들이 다른 산업을 제약해야 한다고 주장한 것은 아니다. 스미스를 추종했던 영국 자유무역론자도 중농주의자에는 미치지 못했다. 중농주의자가 주창한 구체적인 개혁안인 단일세(single tax)는 자유무역 원리에서 나오는 완전한 논리적 결론, 곧 무역의 자유만이 아니라 모든 형태의 생산에서의 자유, 모든 생산에 필수적인 자연 요소의 사용에 관한 완전한 자유에 도달할 수 있는 유일한 방법이다. 중농주의자는 '레세페르!'(Laissez faire!, 방임하라!)라는 구호를 사용한 원조인데, 이 구호는 영어 사용권에서 아주 왜곡해서 사용하고 있다. 이 구호는 원래 '레세페르 레세알레!'(Laissez faire, laissez aller!, 길을 열어 주고 방임하라!)에서 나온 것으로서 그 기원은 중세 때 시합의 시작을 알리는 신호였다고 한다. 이 프랑스 구호의 정신에 가장 가까운 모토를 만들자면 '특혜 없는 공정한 사회'(A fair field and no favor) 정도가 되지 않을까 생각한다.

애덤 스미스와 중농주의자

애덤 스미스는 '국가의 부'라는 용어를, 토지에서 노동에 의해 생산된 인간 생활의 필수품과 편의품이라는 의미로 대체로 일관되게 사용하였다. 부는 사회에서 만들어 내는 총생산을 말하며, 이때 생산이란 물질적 결과물 일체를 나타낸다. 예를 들어 농산물, 공산물, 광산물, 수산물, 수렵물 따위다. 중농주의자들이 부라고 할 때 의미한 것도 바로 이것이며, 때로는 이를 토지와 노동의 총생산이라고 표현하기도 했다.

그러나 이것은 일상적으로 사용되는 부라는 단어의 일차적 또는 근원적 의미이기도 하다. 스미스가 1759년 『도덕 감정론』(*Moral Sentiments*)과 함께 발행했던 『언어의 초기 형성에 관한 고찰』(*Considerations Concerning the First Formation of Languages*)을 보면, 스미스는 단어의 의미를 그 최초의 용법에 이르기까지 찾아 올라간다는 것을 알 수 있다. 그렇다면 스미스는 부를 생각할 때마다 그 원래의 진정한 의미는 토지에 노동을 투입하여 발생하는 필수품과 편의품이라는 점을 인식했을 것이다.

스미스와 중농주의자 사이에는 이런 차이가 있다. 중농주의자는 물질적 존재가 아니거나, 토지로부터 생산되지 않은 것은 사회적 부의 범주에 포함되지 않는다고 명백하고 일관되게 주장했다. 반면, 스미스는 개인적인 자질이나 채무도 부의 범주로 분류하여 일관성을 훼손하였다. 이는 아마도 스미스의 연구는 중농주의자들보다 훨씬 좁은 주제를 택했기 때문인 듯하다. 스미스는 중상주의와 보호무역 체제의 불합리성을 입증하는 것을 중심 과제로 설정했다. 이 과제만 해도 쉬운 일은 아니었기 때문에 그 범위를 넘는 문제에 대해서는 다소간 소홀했던 것으로 보인다. 국가의 부가 귀금속으로 이루어졌다고 여기던 당시의 지배적 관념을 부정하는 데 신경을 쓰다 보니까, 무엇이 부이고 무엇이 부가 아닌지를 구분하는 문제에는 그다지 집중하지 않았다. 상업에 대한 정부 규제를 비판하는 점에서는 중농주의자와 의견이 같았지만, 거기서 그치고 말았다. 반면 중농주의자는 모든 생산물에서 세금을 철폐해야 한다는 원칙을 끝까지 밀고 나가면서 실천적인 제안을 도출하였다. 한편, 스미스는 단일세를 제안하지는 않았지만,

중농주의자처럼 농업만이 유일하게 생산적인 산업이라고 주장하는 오류를 범하지는 않았다. 스미스는 자연 질서의 존재를 인식했다. 이 질서는 정의 관념과 일치한다는 점도 인식했다. 그러나 발전하는 사회에 필요한 물질적 비용을 이 질서 속에서 충당할 수 있다는 점은 인식하지 못한 것으로 보인다.

『국부론』에는 부유층을 위협할 수 있는 부분을 건드리지 않으려고 갑자기 주춤거리는 모습이 나타난다. 스미스는 사망 직전에 출판을 원치 않는 원고를 모두 없애 버렸지만, 중농주의자가 설명하려고 시도했던 위대한 진리에 당혹해하는 흔적을 남기고 있다. 스미스는 "노동 생산물은 노동에 대한 자연적 보상, 즉 임금"이라는 사실, 그리고 토지의 전유(專有)가 노동자의 자연적 보수를 가로채는 수단이라는 사실도 분명하게 인식하였다. 그런데도 스미스는 지대에 대해서 고작 "지주도 다른 사람처럼 씨 뿌리지 않은 데서 거두는 것을 좋아한다."라고만 표현하였다. 스미스는 인간과 토지 사이의 관계라는 대단히 중요한 주제를 무시했다. 마치 자연이 모든 사람을 위해 마련한 생활과 생산의 터전을 소수가 전유하는 것이 자연 질서의 일부라고 여긴 듯하다.

스미스는 그야말로 팔방미인이어서 인간적인 신중함과 학자적인 신중함을 함께 갖춘 사람이었다. 기존의 잘못된 사회 제도를 유지하려는 사람들의 분노를 자극하지 않는 가운데 학문을 수행한 것을 보더라도 알 수 있다. 그러나 『국부론』을 주의 깊게 읽어 보면 그 속에 개혁적인 정서가 충만해 있음을 알 수 있다. 자유와 정의를 추구하는 사람들은 아직도 이 책에서 근거를 찾아 이론적 무기를 삼을 수 있을 정도다. 그러나 스미스는 대학교수, 공작을 가르치는 개인 교사,

보수 많은 정부 관리를 지냈고, 타계할 때는 글래스고 대학(Glasgow University)에서 최고 명예직인 렉터(Lord Rector)로 추대된 사람이다. 적어도 현재로서는, 케네가 실패한 부분에서 스미스는 성공하였다. 그래서 오늘날 우리에게 '정치경제학의 아버지'로 알려진 사람은 케네가 아니라 애덤 스미스가 되었다.

4. 정치경제학의 변천 I

졸저 『진보와 빈곤』(*Progress and Poverty*, 1879) 초판이 샌프란시스코에서 저자 출판 방식(author's edition)으로 나왔을 때, 대지주인 빌(Edward Fitzgerald "Ned" Beale, 1822~1893) 장군이 나를 찾아와서, 책을 읽고 지적인 즐거움을 얻었다고 이야기했다. 자신이 대지주이면서도 이 책을 편안한 마음으로 읽었다고 하면서 그 이유가, 내 책을 정작 읽어야 할 사람들은 책에 대해 들어 보지도 못할 것으로 확신했기 때문이라고 솔직하게 털어놓았다.[5]

애덤 스미스가 쓴 『국부론』도, 정도가 더 심하기는 하지만 사정은 비슷했다. 『국부론』을 초기에 접한 소수는 이 위대한 저서를 그저 사고의 지평을 넓혀 주는 지적 업적이라고만 생각했다. 사람들은 이 책이 특권 이익에 커다란 영향을 미칠 수 있다고 우려하지 않았다. 대중적인 언론이 존재하지 않았던 당시에 이런 종류의 책은 상류층만 접할 수 있었다. 명목상 영국 평민을 대표하는 하원도 대지주가 지명한 사람들로 채워져 있었다. 영국을 지배하고 있던 소수 귀족의 힘은 프랑스 절대군주 아래의 소수 귀족보다 훨씬 강했다.

스미스는 지주 세력의 반발을 일으키지 않았다. 보호무역에 반대하는 스미스가 추구한 새로운 학문은 당시 교양 계층의 편견을 자

---

5 『진보와 빈곤』의 핵심 내용은, 토지는 사유 대상이 아니며 이미 사유화가 정착한 사회에서는 지대를 환수하고 다른 세금을 감면해야 한다는 것으로서, 지주의 입장에서는 환영할 내용이 아니다.

극하기는커녕 오히려 호감을 샀다. 『국부론』 같은 책을 읽는 유일한 독자층이었던 이 계층은, 당시 영국 상황에서 무역업자에 대해 분노 섞인 경멸감을 가지고 있었다. 무역업자들이 '타고난 국토 소유자'(Born masters of the soil)라고 불리던 대지주와 권력을 분점하려고 했기 때문이다.

더 중요한 사실은 스미스가 중농주의자보다 더 낮은 차원에서 정치경제학 연구를 시작하여 저항을 덜 받았으며, 그의 저서가 새로운 학문으로서 영속적인 명성을 얻기 시작했기 때문에 오늘날까지 이어지는 이 학문의 원조가 중농주의자가 아니라 애덤 스미스라고 인정받게 되었다는 점이다.

스미스가 자기 업적이 너무나 보잘것없다고 한탄하며 타계한 지 8년 뒤인 1798년, 영국 목사인 맬서스(Thomas Robert Malthus, 1766~1834)가 유명한 『인구론』(*An Essay on the Principle of Population*)을 발표했다. 이 책은 순식간에, 스미스가 개척한 정치경제학의 중심부에 자리 잡았다. 부에 대한 분명하고 일관된 정의가 없었지만, 그 때문에 학계가 거부하는 일도 없었다. 몇 년 후 맬서스를 이어 리카도(David Ricardo, 1772~1823)가 등장하여 스미스의 오류를 바로잡았다. 리카도는 지대의 본질과 원인을 밝히고 참다운 지대 법칙을 정립하였다. 그러나 리카도는 그 과정에서, 인구가 증가하여 필요 물자가 늘어나면 생산성이 낮은 토지로 또는 같은 토지에서도 생산성이 낮은 방식으로 경작이 확대되어 지대가 상승하는 측면만을 강조하였다.

반면 스미스는 자기 이론이 초래할 과격한 결론을 염려하여 "노동생산물은 노동에 대한 자연적 보상, 즉 임금"이라는 사실을 올바로 인식하고도 이를 포기하였다. 그래서 고용주가 자기 자본에서 노동자에게 임금을 지급한다는 이상한 임금 이론으로 내려앉고 말았다. 이 임금 이론은, 인구가 생존 물자보다 더 빠르게 증가하는 경향이 있다는 이론, 인구가 증가하면 생산성이 더 낮은 토지에 노동력을 투입하게 된다는 지대 이론과 함께 정치경제학의 핵심 원리로 자리 잡게 되었다. 이러한 이론들은 서로 연계하면서 힘을 얻었고 『국부론』에서 시작한 정치경제학의 뼈대가 되었다. 그 결과, 부의 생산과 분배에 관한 자연법칙을 연구하면 기득권자들의 거대한 이익을 위협할 수도 있다는 우려를 효과적으로 털어 버렸다.

스미스는 인간이 천부적으로 평등하다고 되풀이해서 언급했지만, 이런 사상이 교과서나 강의에서 점차 사라지면서 정치경제학은 참으로 '음울한 학문'이 되어 버렸다. 음울한 학문을 추종하는 자들은, 이미 현실에 존재하는 것은 정당한 것이라고 되풀이해서 가르치기만 하면 하류층마저 얼마든지 설득할 수 있다고 믿었다. 다만, 현실에 존재하는 것 중 "상공인의 독점 근성"과 "미천한 무역업자의 속임수"는 정부가 경제에 간섭할 근거가 된다고 하였다.

이런 이유로, 스미스가 수립한 정치경제학 체계는 사상과 교양을 갖춘 계층에게 관심을 끌면서도 별다른 저항을 받지 않았다. 만일 스미스가 당시 성장하는 계층이었던 상공인이 얻는 특수 이익을 위협했다면 사정은 많이 달라졌을 것이다. 한편, 스미스의 이론이 상공인에 대해 많이 다루었기 때문에, 강력한 지주 계층은 그 이론이 토지의 독점에 대해서도 비판적이라는 사실을 충분히 인식하지 못했다. 그러는 사이에 정치경제학은 권위 있는 학문이라는 지위를 차지하게 되었다.

또한 곡물법(Corn Law)[6]이 폐지되자, 자유무역이 유리한 영국에서는 이것을 자유무역의 승리라고 이해하였다. 이런 과정을 거쳐 영국과 미국, 그리고 영국으로부터 지적 영향을 받는 문명 세계의 학계에서는 전문 경제학자들의 위상이 한결 높아지게 되었다.

이러한 사회 상황 덕에 정치경제학은 계속 발전하였고 유능하고 권위 있는 학자도 다수 등장하였다. 이들은 정치경제학에 내재한 각종 난제를 부드럽게 포장하고 여러 모순점을 덮어 버렸다. 정치경제학의 위상이 자리를 잡고 존 스튜어트 밀 같은 뛰어난 학자도 등장하여, 『국부론』 발간 후 100년이 지날 무렵에는 최고 권위 있는 학문이라는 지위를 누리게 되었다. 그러나 일관성은 여전히 부족했다. 상당한 진실도 포함하고 있었고 나름대로 잘 정리되기도 했지만, 검증을 통과하기 어려운 오류도 상당히 섞여 있었다. 핵심 단어인 부, 그 하위 개념인 자본의 정의에서는 스미스보다 더욱 불분명하고 혼란스러워졌다. 그뿐만 아니라 부의 분배에 관한 법칙은 아예 시도하지도 못했다. 시도했다면 오류가 한눈에 드러나기 때문이었다. 이런 정치경제학은 상식에 맞지 않았고, 그래서 일반 지식인들은 정치경제학을 학문을 위한 학문 또는 괴이한 학문으로 여기게 되었다. 그런데도 교수들은 정치경제학이 확실한 학문이라고 자신 있게 말했고, 이 학문의 성공에 대한 믿음이 더욱 확고해졌다.

19세기 초반부터 중반이 지날 때까지 애덤 스미스를 기초로 하여

---

6 곡물법은 영국 정부가 지주의 이익을 위해 곡물의 수입을 금지한 법으로, 1815년에 제정되었다가 1846년에 폐지되었다.

발전한 정치경제학 분야의 저명한 학자들은 희망에 부풀어 있었고 확신에 차 있었다. 자신들이 진정한 학문을 연구하고 있다고 믿었으며 이제 널리 보급하기만 하면 된다고 생각했다. 그리하여 토렌스(Robert Torrens, 1780~1864)는 "부의 생산에 대해"(Essay on the Production of Wealth, 1821)의 서두에서 다음과 같이 서술했다.

> 인간 정신이 발전하는 과정에서 어떤 학문이든 의견이 대립하는 시기를 거치면서 합의에 이르게 된다. 이제 정치경제학은 대립의 시기가 지나가고 합의의 시기에 빠르게 다가가고 있다. 지금부터 20년이 지난 후면 정치경제학의 근본 원리에 관해서는 어떤 의문도 존재하지 않게 될 것이다.

1846년에 보호무역주의가 크게 퇴조하면서 정치경제학자들의 자신감은 전례 없이 높아졌다. 그러나 보호관세를 철폐한 영국 사례를 문명 세계가 빠르게 따라갈 것이라는 예상은 실현되지 않았다. 미국의 남북전쟁, 프랑스와 독일 사이의 전쟁 등 엄청난 정치적 사건이 터지면서 보호무역 쪽으로 반동이 형성되어 문명 세계 전체를 휩쓸어 버리는 듯했다.

적어도 영어권 국가의 학계에서는, 중상주의 체제에 반대한 스미스의 승리로 정치경제학이 주류 과학으로 확실하게 자리 잡게 되었고, 모든 교육기관에서 정치경제학 교수가 확고한 위치를 차지하게 되었다. 그러나 해결되지 않은 여러 모순점은 점점 더 분명하게 드러나고 있다.

정치경제학에서 혼란이 계속 커지는 이유는 핵심 주제와 핵심 단어를 제대로 정의하지 못했기 때문이다. 우리가 찾으려고 노력하는 것이 무엇인지를 모른다면 통계도 별다른 도움이 안 된다. 오히려 바벨탑이 재현될 뿐이다. 부의 의미를 먼저 확실하게 정의하지 않은 채 생산과 분배에 관한 학문을 발전시키려는 사람들은 서로를 이해할 수 없고 심지어 자기 자신도 이해할 수 없게 된다.

5. 정치경제학의 변천 II

토지

정치경제학이 필요하다는 인식도 높았고 학문의 내용도 지배 계층의 입맛에 맞았기 때문에 정치경제학 교수직이 빠르게 늘어났다. 일단 정치경제학 교수가 되면, 자신이 존재하는 이유를 증명하기 위해 교과서도 쓰고 무언가를 연구하기도 한다. 그러나 기존 학문에 바탕을 둔 채로 사소한 주제를 연구하기는 했지만, 근본적인 논쟁을 일으킬 만한 주제는 건드리지 않았다. 다수가 가난하고 소수만이 부유한 사회 상황을 불가피한 것으로 여길 뿐, 그에 대한 진정한 정치경제학적 연구를 시도하려고 애쓰지 않았다. 학자들이 이런 주제를 연구하여 주목받았다면 근본적인 논쟁이 불가피했을 것이다.

이렇게 해서, 가르치는 사람과 연구하는 사람이 많아지고 학문의 지위도 튼튼해졌지만, 정치경제학에는 토지를 본래 자기네 것인 양 전유하는 계층이 불편해할 만한 내용이 들어 있지 않았다. 현재의 상태를 초래한 원인을 묻지 않고 오로지 자유방임이라는 원칙만을 적용하였다. 세이(Jean-Baptiste Say, 1767~1832)의 저서를 영어로 번역한 비들(Clement C. Biddle, 1784~1855)의 표현을 빌리자면 "자유방임의 원리는 공업과 상업을 가장 활발하게 만들고 이윤도 극대화한다. 이는 재산권을 보호하는 가운데 모든 사람이 각자 원하는 대로 완전히 자유롭게 하도록 허용하는 원리다." 그러나 재산권이 무엇인지에 대해서는 언급하지 않고 있다. 세밀한 검토 없이 당시 선진 유럽에서 유행하는 통념을 그대로 따르면 그만이므로, 아예 언급할 필요가 없었다. 말하자면 이런 식이다. '재산권? 재산권이란 소유물에 대한 권리가 아니고 뭐란 말인가? 바보들도 아는 사실인데!'

『진보와 빈곤』이 출판되기 전까지 영국에서는 재산권의 타당성에 대한 의문을 본격적으로 제기하지 않았지만, 그 이후부터는 이 문제가 분명하게 부각되기 시작했다. 이런 사실로 미루어 볼 때 프랑스 중농주의 이론도, 제대로만 알려졌다면 영국에서 상당히 수용되었을 것으로 짐작할 수 있다.

몇 년 전 하인드먼(Henry Mayers Hyndman, 1842~1921)은 스펜스(Thomas Spence, 1750~1814)가 뉴캐슬 철학회에서 『국부론』 출간 1년 전에 행한 연설문을 대영박물관에서 찾아냈다. 뉴캐슬 철학회는 이 연설을 이유로 스펜스에게 제명이라는 "명예"(스펜스 자신의 표현)를 안겨주었다. 이 연설에서 스펜스는 모든 사람은 "자유, 공기, 햇빛처럼 토지에 대해서도 평등한 권리를 가진다."라고 분명히 선언하고, 토지 가치를 환수하여 공공 비용에 충당하고 다른 세금은 종류와 성질을 불문하고 완전히 철폐하자고 제안하였다. 또 단순하지만 근본적인 이런 개혁이 이루어질 경우에 나타날 찬란한 인간 사회의 모습을 그렸다. 그러나 스펜스의 제안은 권력층의 기대를 저버리는 내용이었기 때문에 망각 속에 묻혀 있다가 한 세기가 지나서야 다시 모습을 드러내게 된 것이다.

단일세 지지자인 영국 애버딘(Aberdeen) 지역 법무관인 맥도널드(D. C. McDonald)도 대영박물관과 에든버러 법률도서관을 뒤져서, 애버딘 왕립대학(King's College) 인문학 교수였던 오글비(William Ogilvie, 1736~1819)가 1782년에 쓴 책을 찾아내었다. 책의 기다란 제목은 『토지 재산권에 관한 에세이: 자연법적 기초, 유럽 실정법에 따른 현황, 하층민에게 더 혜택을 줄 수 있는 자본 규제』(*An Essay on the Right of Property in Land, with Respect to its Foundation in the Law of Nature, its Present Establishment by the Municipal Laws of Europe, and the Capital Regulations by which it Might be Rendered More Beneficial to the Lower Ranks of Mankind*)로 되어 있다. 오글비 교수는 이 책에서 모세 외에는 인용하지 않았지만, 중농주의자에 대해 다소간 알고 있었던 것이 분명하다. 토지권은 지금도 모든 국민이 가진 타고난 권리라고 하였고, 다른 모든 세금을 전면적으로 철폐하고 토지세를 매기자고 제안하였다. 다만, 이러한 급진적인 개혁이 어렵다고 생각했는지, 실거주자와 임차인에게 일정한 토지를 마련해 주자는 등의 완화책을 제시했다. 오글비는 당시 사회 상황에서 이런 개혁을 위한 투쟁은 전혀 희망이 없다고 생각했던 것 같다. 그는 책을 출판하지 않고 개인적으로 돌려 보기 위해 몇 부만을 인쇄했던 것으로 보인다.

18세기 초반 30년 동안 학술적 명성이 있는 학자 가운데 토지와 노동의 관계에 대해, 왠지 왜곡되기는 했지만, 중농주의자가 인식했던 진리에 어렴풋이나마 다가갔던 두 사람이 있었다. 에든버러(Edinburgh) 대학 신학 교수이며 확고한 맬서스주의자였던 채머스(Thomas Chalmers, 1780~1847) 박사는 노동에 부과되는 모든 조세는 궁극적으로 토지소유자가 지불한다고 하였고, 토지소유권은 국가가 좋은 의도로 설정한 것으로 생각하여 그대로 유지해야 한다고 하였다. 그의 주장대로라면 궁극적으로 다른 모든 조세는 폐지하고 국가 재정 수입은 모두 토지 가치에서 충당하게 된다. 채머스는 이런 방식이 더 간단하고 좋으며, 또 "질서와 권위를 위협하는 조세 문제에서 정부가 해방되므로" 논란의 소지도 피할 수 있다고 보았다. 채머스는 장자 상속 제도를 강력하게 지지하는 사람으로서 토지 분할에 목적을 둔 어떠한 제안에도 반대하였으며, 고상하고 찬란한 귀족정치가 구현되는 국가를 희망하기도 했다. 지주들이 모든 세금을 부담해야 한다고 하는 한편, 지주들이 "정치적 지배권을 갖는 게 당연하다."라고 생각했다. 그 이유는 "되풀이해서 말하지만, 토지의 주인이 정치적 지배자가 되는 것이 자연스럽고 적절"하기 때문이라고 하였다.

토지와 노동의 관계에 대한 원리에 어느 정도 다가선 사람으로 웨이크필드(Edward Gibbon Wakefield, 1796~1862)도 있다. 19세기 초 25년간은 미국이 비교적 민주적인 시기였는데, 웨이크필드는 이 시기에 미국을 방문하여, 성장하는 미국과 자기 모국인 영국의 사회적 차이를 인상 깊게 보았다. 세계를 자국 중심주의적 관점에서 관찰하면서, 미국의 가장 큰 사회적·경제적 문제는 '노동력 부족'이라고 지적하였다. 자기 구두를 손수 닦아야 하는 미국에, 천한 일에도 허겁지겁 달려들 노동력이 공급될 가능성이 없는 미국에, 어떻게 영국 신사가 이민할 수 있다는 말인가? 애덤 스미스처럼 웨이크필드도 '노동력 부족'은 주인 없는 광대한 지역에서 아주 낮은 가격으로 토지를 구입할 수 있기 때문에 발생했다는 사실을 알았다. 토지는 지주에게 속한 것이고 노동자는 상류층을 위해 존재한다는 사실을 철석같이 믿었으며, 미국에서 초기부터 값싸고 풍부한 노동과 그로 말미암은 '일자리 부족' 같은 기분 좋은 상태가 나타나기를 바랐다. 그러므로 토지는 무상으로 배분해서는 안 되고 처음부터 상당한 금액으로 분양해야 한다고 제안했다. 그리고 이 금액은 노동자가 다른 사람 밑에서 일하지 않을 수 없도록 상당히 높아야 하고, 이런 국가 수입은 이민자를 선별하여 초청하는 데 사용하자고 하였다.

이 제안은 미국으로 이주할 생각을 가진 부유하고 영향력 있는 영국인에게는 아주 매력적이었다. 그래서 서부 호주(West Australia) 이주를 알선하던 회사에서 이 제도를 도입하였고, 그 이후 호주의 다른 지역으로 확대되기도 했다. 그러나 이 제안에 포함된 일부 진리마저 정치경제학에는 아무런 영향을 미치지 못했다.

1850년 영국에서, 대중의 이익을 배려하는 정치경제학의 등장을 예고하는 저서가 두 권 나왔다. 그중 하나가 당시에는 별로 알려지지 않았던 젊은 스펜서(Herbert Spencer, 1820~1903)의 『사회정학』(*Social Statics*)이다. 스펜서는 이 책 제9장 "토지 사용에 대한 권리"에서 토지소유권의 정당성 여부를 묻지 않는 애덤 스미스 학파의 암묵적 전제를 정면으로 부정하였다. 이 책은 영국에서는 별로 주목받지 못했다. 그러나 1864년에 미국에서 저자의 주를 보태서 출판하였고, 1877년경에는 뉴욕 애플톤사(Appleton & Co.)가 스펜서의 저작물에 대한 출판권을 획득하여 다른 저서와 함께 이 책을 출판하면서 널리 보급되기 시작했다.

『진보와 빈곤』을 쓸 당시에 나는 이런 내용의 여러 책 가운데 유일하게 이 책만 알고 있었다. 스펜서는 나중에 토지소유권을 부정한 초기 견해를 바꾸다가 결국 완전히 취소하고 말았는데, 이에 대해서는 졸저 『갈피를 잃은 철학자』(*A Perplexed Philosopher*, 1892)에서 자세히 언급한 바 있다.

이러한 개혁적인 여러 문헌에는, 인류의 소수는 일하지도 않으면서 사치스럽게 살고 대다수는 벌어먹기 위해서 악착같이 일할 수밖에 없으며 심지어 일할 기회를 얻는 것마저 은총이라고 생각하는 현실은 잘못된 것이라는 인식이 깃들어 있다. 그러나 1880년까지 정치경제학에서는 그러한 의문이 모두 금기시되었다. 학계에서 인정받는 저서에 미래의 불로소득(future unearned increment)은 언젠가는 사회의 몫으로 여기게 될 것이라는 정도의 소심한 내용이 나오기는 한다. 그러나 토지소유자가 미래의 토지가치 상승분이 반영된 가격으로 토지를 매각할 수 있다는 점에서 이 정도로는 충분하지 않다. 그런데도 이런 견해를 어느 정도 지지했던 존 스튜어트 밀을 대단한 급진파라고 몰아붙이는 사람도 있었다.

자유무역

영국에서 곡물법 폐지 투쟁이 일어나면서, 보호무역을 주장하는 정치경제학의 영향력이 줄어들었다. 보호무역에 찬성하는 책과 팸플릿이 상당히 많이 출간되기는 했지만 낡은 생각과 통속적인 편견에 호소하는 정도였으며, 곡물법 폐지에 찬성하는 세력이 나타나면서 이런 움직임마저 약해졌다. 그러나 나라마다 사정이 달랐다. 자유무역주의가 영국에서 잠시나마 득세할 수 있었던 조건이 대륙에선 존재하지 않았다. 각국이 서로 적대하는 가운데 정부 수입을 확보해야 했기 때문에, 중상주의 체제가 자리를 굳게 잡은 상태에서 적대국인 영국에서 취하는 어정쩡한 자유무역 조치로는 영향을 줄 수 없었다. 콥든(Richard Cobden, 1804~1865)과 나폴레옹 3세가 체결한 통상조약에 담겨 있는 자유무역에 대한 희망도 나폴레옹의 몰락에 이어 벌어진 엄청난 투쟁 속에서 사라지고 말았다. 독일에서는 프랑스와 갈등을 겪고 통일에 따른 국민감정이 폭발하면서 국민경제학을 가르치던 경제학자들이 득세하였다. 보호무역을 옹호한 국민경제학은 '낭만적', '귀납적', '국민적' 경제학이라고 불리기도 했다.

독립전쟁 이후 영국과 미국이 평화협상을 진행하던 당시, 미국 협상 대표는 양국 사이의 완벽한 자유무역을 명문화하라는 지시를 받았었다. 그렇지만 당시 영국 내부에 팽배한 보호무역 정서 때문에 실패하고 말았다. 미국이 독립하고 헌법이 제정된 후에 미국 각주 사이에서는 자유무역이 그대로 유지되었지만, 미국 정부의 독자적인 수입원이 필요하게 되자 외국 상품에 대한 연방 관세라는 손쉬운 수단을 채택하게 되었다. 정부의 재정 수요가 지속적으로 늘어나면서 보호무역을 대변하는 정당이 결성되기도 했다. 또 보호무역은 노예 문제와 결합하여 지역적 성격을 띠게 되었고, 남부 지역의 쇠퇴와 더불어 정부에는 보호무역을 지지하는 세력이 강해졌다. 이런 사정으로 보호무역에 대한 정치경제학적 근거가 필요했는데, 독일 경제학자들과 필라델피아의 헨리 캐리(Henry C. Carey, 1793~1879)가 그 근거를 제공하였다. 미국 보호무역론자들은 펜실베이니아 대학교(University of Pennsylvania)에 자리 잡고 사이비 정치경제학을 형성하였다. 이 사람들은 힘 있는 정당의 지원 아래 제퍼슨(Thomas Jefferson, 1743~1826) 사상에 반대하고 해밀턴(Alexander Hamilton, 1755~1804) 사상을 확립하였다.[7]

---

7 제퍼슨은 미국 제3대 대통령으로서 미국 남부 지역을 대변하고 자유무역을 지지했다. 해밀턴은 워싱턴이 대통령으로 재임하던 시절 재무장관을 역임했으며 연방주의

그런데 보호무역 학파에도 새로운 경향이 나타나서 전혀 뜻밖의 방향으로 흘러갔다. 가치에 관한 논쟁이 일어나서, 결국 비물질적인 요소도 부의 범주에 포함시킨 것이다. 이렇게 되면 물질이 아닌 것도 부에서 제외할 수 없고, 그러면 정치경제학의 부도 상식적인 부와 다르지 않게 되어 정치경제학은 명실상부한 교환학(science of exchanges)이 되고 만다. 제본스(William S. Jevons, 1835~1882), 맥리오드(Henry D. Macleod, 1821~1902) 같은 학자의 연구로 이런 흐름이 힘을 얻었고, 역사적·귀납적·사회적 연구를 시도하면서 보호무역을 내용으로 하는 유럽대륙 학문과 자연스럽게 연계되었다. 이로써 정치경제학은 소박하고 단순한 학문에서 괴이한 학문으로 바뀌었고, 확실한 것은 하나도 없이 정치경제학을 잘 안다고 자처하는 교수들이 각자 취향대로 꾸며 내는 학문으로 전락하고 말았다.

사회주의

최근에는 새로운 형태의 보호무역주의가 영국에서 시작되어 각처에서 호응을 얻고 있다. 다른 보호무역주의처럼 토지와 노동 생산물 사이의 차이를 인정하지 않고 둘 다 부로 간주하면서도, 노동자의 상태를 개선하려는 목적을 가진 학파가 바로 그 사람들이다. 이 학파는 노동자를 사용자와 자연스럽게 구분되는 한 계급으로 인식하면서 노동자의 단결을 촉구하고, 국가가 노동자를 대신해서 권력으로 규제

자였고 북부 지역을 대변하고 보호무역을 지지했다.

를 가하고, 노동 시간을 단축하고, 주로 사용자 계급의 희생을 바탕으로 노동자 계급의 이익을 증진하려고 한다.

이 체제는 마르크스(Karl Marx, 1818~1883)가 1867년에 영국에서 독일어로 집필한 『자본론』(*Das Kapital*)에서 제시하였다. 두 권에 이르는 방대한 분량의 이 책은 마르크스 사후인 1887년까지는 영어로 번역되지 않았다.[8] 마르크스는 토지와 같은 자연의 기회와 노동 생산물을 구분하지 않지만, 사용가치와 교환가치는 구분한다. 자본가는 노동자를 고용하고 복잡한 매매 과정을 통해 원료를 생산물로 바꾸면서 투입보다 큰 가치를 만들어 낸다고 한다. 그 이후로 마르크스 학설에 기초하여 각종 변형된 학설이 출현하였다.

이런 여러 흐름을 포괄적으로 사회주의라고 하며, '과학적 사회주의'(scientific socialism)라고도 한다. 선언 또는 정치적 조치로 무언가를 이룩하자는 내용이다. 이런 용어 사용으로 인해 과학과 개혁안을 혼동하는 경향이 생겼다. 과학이란 앞서도 설명했듯이 인간법이 아니라 자연법을 대상으로 한다. 자연법이란 항상 존재해 왔고, 또 언제나 존재해야 하는 관계를 말한다. 사회주의는 자연법을 연구 대상으로 삼지도 않고, 자연법을 추구하지도 않고, 자연법의 지배를 받으려고 하지도 않는다. 사회주의는 어떤 기술 또는 제도적 장치이며, 이 점에서 정치나 정부가 실시하는 다른 제도적 장치와 다름없다. 반면, 정치경제학은 인간 본성에 내재한 불변의 법칙을 탐구한다.

사회주의가 제안하는 것은 토지, 자본, 그리고 인간 자신까지 포함

8 『자본론』은 모두 세 권으로, 2권과 3권은 마르크스 사후에 출판되었다. 제3권은 1894년에 출판되었는데 이 시점은 헨리 조지가 이 부분을 집필한 이후인 듯하다.

하는 모든 생산 수단을 집단화하거나 국가가 관리하고, 모든 경쟁을 제거하며, 인류를 관리자와 노동자라는 두 계급으로 전환하는 것이다. 관리자는 정부의 명령을 받아 정부 기구를 통해 집행하며, 정부는 노동자와 관리자의 모든 생활을 책임진다. 지금과 같은 사회주의는 현재 내가 알고 있는 어떤 철학에 견주더라도 중심이 되는 지도원리(principle of guidance)가 부족한 철학이다. 사회주의는 개인이 누릴 수 있는 자유의 범위, 또는 국가가 개인의 자유를 제한할 수 있는 범위를 정하는 원리가 없다. 개인에게 적용할 지도원리가 없는 만큼 사회에 적용할 지도원리도 나올 수 없다. 이런 내용을 과학이라고 부르고 추종자가 생겨나는 이유는 무엇일까? "생각도 없이 글을 쓰는 우화 같은 재능"(fabled facility of writing without thinking)이라는 표현처럼 마르크스가 지도원리 없이도 세부적인 주제를 탐구하는 능력이 통했고 또 마르크스식의 관료조직이 필요해 보이는 지역이 많았기 때문이다. 그러나 정부의 탄압을 겪으면서도 사회주의는 노동조합 운동과 결합하여 독일에서 큰 세력을 형성하였고 영국에서도 상당한 영향력을 얻게 되었다.

6. 정치경제학의 붕괴

졸저 『진보와 빈곤』은 1879년 샌프란시스코에서 저자 출판 방식으로 나온 이듬해인 1880년 1월에 정식으로 출간되었으며 같은 해에 영국판과 독일판도 나왔다. 1882년에는 영국과 미국에서 동시에 염가 보급판이 나왔다.

『진보와 빈곤』은 지금까지 출판된 경제학 서적 가운데 가장 큰 성공을 거두었다. 책의 논리를 제대로 비판한 사람도 아직 없다. 이 책은 3개 대륙에서 개혁 운동을 일으켰는데, 운동의 성공은 시간문제일 것으로 보인다. 이 책으로 학계의 기존 정치경제학은 붕괴하였으나, 기대와는 달리 정치경제학 교수들은 나의 주장을 채택하지 않았다. 오히려 전혀 일관성이 없는 새로운 정치경제학이 학계에 자리 잡았다.

정치경제학을 연구하는 학자 중에 부가 무엇인지를 확실하게 정립하려고 한 사람은 애덤 스미스 이래 아무도 없었다. 또 정당한 재산권이 무엇인지에 대해 언급하지도 않았고, 생산과 분배의 법칙을 연결하여 조화를 이룬 사람도 전혀 없었다. 그래서 교육을 받은 적도, 학계의 인정을 받은 적도 없는 내가 문명의 변방에서 등장하여 정치경제학을 재건하고 세상에 전파하여 주목받기에 이르렀다. 학계의 기존 정치경제학이 이처럼 간단히 부정될 수 있다면, 그리고 학계에서 가르치는 학문에 내재한 모순을 대학 문턱을 넘은 적도 없는 신인이 입증할 수 있다면, 도대체 학자들의 힘든 훈련과 연구가 무슨 소용이 있단 말인가? 나로서는 도저히 이해하기 어려운 일이다. 그리하여, 『진보와 빈곤』에 대해 무언가 언급은 해야 한다고 느낀 일부 전문 경제학자는 잘못된 비판을 하였고, 대다수는 이해관계가 얽혀 있는 지배 계층에서 보장하는 교수직에 기대어 경멸하는 태도로 이 책을 대했다. 3개 대륙의 영어 사용국에서 엄청나게 보급되고, 모든 중요한 언어로 번역된 책을 그렇게 대했다. 정치경제학 교수들은 『진보와 빈곤』에서 제시하는 간명한 진리를 부정하는 것처럼 보이는데, 그렇다고 반론이나 비판을 제기하지도 않고 단지 경멸 섞인 침묵으로 대할 뿐이다.

정치경제학 교수들은 소속 학교의 제약과 지원에 매여, 중요하게 여겨지던 주제를 피하여 서로 다른 학설의 차이를 그냥 덮고 지나갔다. 그러고는 난해한 용어와 괴이한 내용의 학문을 가르치는 쪽으로 선회하였고, 이를 위해 세계 저명 교수들이 쓴 저서를 읽고 외국어를 공부한다. 이렇게 해서 과거에 학교에서 가르치던 정치경제학은 완전히 붕괴하였고, 보호무역과 독일 경제학을 지향하였으며, 대학의 승인을 받지 않으면 발언하지도 못하는 보잘것없는 학문으로 전락하고 말았다.

새로이 등장한 이 학문을 '정치경제학'이 아니라 '경제 과학'(science of economics)이라고 자처하면서 영원히 타당한 자연법은 없다고 가르친다. 그리고 자유무역이 유리한지 보호무역이 유리한지, 또는 기업 결합(trust)이 좋은지 나쁜지에 대해서 명백한 해답을 제공하지 않는다. 그저 시간과 장소에 따라 다르므로, 이러한 주제를 다룬 문헌에 관한 역사적인 검토를 거쳐야만 판단할 수 있다고 답한다. 또 이런 검토는 교수나 학자가 해야 하는 일이라고 한다. 지금까지 '정치경제학' 교수가 차지하던 대학교수직을 이제는 '경제 과학' 교수가 거의 차지하여 이런 검토를 담당하면서, 자기 마음 내키는 대로 결론을 내린다.

여기에는 지켜야 할 공리나 규칙도 없다.

나는 권위 있는 교수들이 최근 출판한 여러 저서를 검토하였는데, 이러한 변화가 영국과 미국에 있는 모든 대학에서 전반적으로 일어나고 있음을 확신할 수 있었다. 학계에서 일어나는 변화는 전반적이어서, 애덤 스미스가 초석을 쌓고 1880년까지는 권위를 인정받았던 정치경제학은 이제 '고전학파'라는 이름으로 불리면서 거의 폐기 처분되고 아주 낡은 학문으로 치부되고 있다.

그 뒤를 이은 학파를 보통 오스트리아 학파(Austrian school)라고 하는데, 이렇게 부르는 이유는 정확히 알 길이 없다. '멀리 있는 염소의 뿔이 길다.'라는 속담이 그 이유가 될지 모르겠다. 나는 이 학파의 주장에 무슨 원리가 있는지 전혀 발견할 수 없었다. 이 학파에서 나온 대표적인 저서로는 영국 케임브리지 대학 마셜(Alfred Marshall, 1842~1924) 교수가 쓴 『경제학 원리』(*Principles of Economics*)가 있다. 1891년에 처음 출판되어 지금껏 흔들리지 않고 1위 자리를 지킨 764쪽에 달하는 저서다. 다음으로는 비엔나(Vienna)와 인스브룩(Innsbruck)에서 교수를 역임한 뵘바베르크(Eugen Von Böhm-Bawerk, 1851~1914)가 쓴 지루한 저서도 있다.

이러한 사이비 학문은, 대학을 현실적으로 지배하는 강력한 이해관계를 떠받친다는 목적을 잘 달성하고 있다. 단순하고 알기 쉬운 정치경제학을 두려워하며, 불쌍한 학생들을 이런 저서에 붙들어 매어 스스로 사고하지 못하도록 가로막는다. 교수들이 논문을 쓰고 저서를 내면서 서로 칭찬하는 모습을 보면, 쇼펜하우어가 『여록(餘錄)과 보유(補遺)』(*Parerga and Paralipomena*)에서 헤겔(Friedrich Hegel, 1770~1831)

의 저서에 대해 언급한 이런 표현이 어울린다.

> 똑똑한 젊은이가 모든 사고 능력을 상실하도록 하는 가장 좋은 방법은 헤겔이 쓴 저서를 부지런히 읽히는 것이다. 상호 모순되고 서로를 부정하는 단어로 이루어진 이런 책을 읽으면서 의미를 찾으려 들면 너무나 괴로워서 결국 지치고 만다. 사고 능력이 완전히 파괴되어 그때부터는 무의미한 구절도 무언가 의미가 있는 것처럼 보인다.

오늘날 대학에서 가르치는 정치경제학도, 모든 내용을 다 담고 있다고는 하지만, 실상은 이와 다르지 않다.

제 4 장

부의 본질

1. 사용가치와 교환가치

경제학자들 사이에 부의 본질에 대한 극심한 혼동이 존재한다는 사실을 보았고, 그 원인과 결과도 충분히 설명하였다. 이제 우리가 당면한 문제로 돌아가 보자. 확실한 논의를 위해서는 먼저 해결해야 할 문제가 있다. 경제학 용어로서 부의 의미는 무엇인가?

부와 관련하여 모든 경제학자가 동의하는 유일한 명제는 부는 가치를 가지고 있다는 것이다. 그러나 가치가 있는 모든 것이 부인지, 또는 가치 가운데 어떤 형태는 부에 속하고 어떤 형태는 부에 속하지 않는지에 대해서는 이견이 많다. 그리고 부나 그 하위 개념인 자본의 정의에 관하여 정평 있는 저서에서 제시하는 설명을 살펴보면, 부의 본질에 대한 혼동은 가치의 본질에 대한 혼동에서 비롯됨을 알 수 있다.

가치는 정치경제학에서 근본적으로 중요한 용어다. 어떤 학자는 정치경제학을 가치에 관한 학문이라고 정의하기까지 한다. 그러나 가치에 담긴 의미와 본질을 검토하는 순간 정치경제학은 함정과 미궁에 빠지고 만다. 이 부분은 애덤 스미스(Adam Smith, 1723~1790) 때부터 혼동이 계속되었고 끝없는 논쟁의 대상이 되어 왔다. 그러므로 이제는 아주 신중하게 나아가자. 여기에서 약간이라도 발걸음을 잘못 디디면 현실적으로 중요한 의미를 가진 문제에 관한 결론을 엄청나게 왜곡할 수 있다.

'가치'(value)라는 단어의 고유한 그리고 가장 넓은 의미는 어떤 값

(worth)이 있다는 것으로, 중시와 존중의 느낌을 내포한다.

우리가 어떤 대상을 중시한다면 그 대상 자체의 특성, 곧 직접적인 용도 때문이기도 하고, 그 대상과 교환하여 취득할 수 있는 다른 대상 때문이기도 하다. 우리가 '중시하다'(esteem)라는 단어를 사용할 때 그 종류나 이유를 구분하지 않듯이, 가치라는 단어도 일상적으로 사용할 때는 구분할 필요가 없다. 일상 대화에서 무언가가 가치 있다고 할 때는 그 대상의 상황이나 특성을 통해 내용을 충분히 알 수 있다. 일상 언어에서 가치라는 단어에는 두 가지 의미가 있다. 하나는 유용성이나 효용이다. 예를 들어, 인간에 대한 바다의 가치, 항해에 사용되는 나침반의 가치, 진찰에 쓰이는 청진기의 가치라고 말할 때의 의미이다.

또 하나는, 거기에서 파생되기는 하지만 상당히 다른 의미인, 교환 가능성이나 구매력이다. 예를 들어, 우리는 금이 철보다 가치가 더 크다거나, 양장본 책이 보급판보다 가치가 더 있다거나, 저작권이나 특허권 등이 가치가 있다거나, 베서머 제강법(Bessemer process) 덕에 강철의 가치가 하락한다고 말한다.[9]

애덤 스미스는 전자, 곧 어떤 물자가 직접적으로 인간 욕구를 충족시킬 수 있는 유용성을 '사용가치'(value in use)라고 하였다. 그리고 후자, 곧 이전과 거래에서 사용하는 가치, 다른 물건과의 교환 가능성을 통해 인간 욕망을 간접적으로 만족시킬 수 있는 가치를 '교환가

9 베서머 제강법은 영국의 공학자 헨리 베서머(Henry Bessemer, 1813~1898) 경이 고안한 방법으로서, 당시 사용되고 있던 방법보다 훨씬 비용이 덜 들고 빠르고 효율적으로 강철을 만들 수 있었다.

치'(value in exchange)라고 하였다.

스미스의 두 용어는 가치라는 단어에 담긴 두 가지 의미를 너무나 잘 표현하고 있어서 곧바로 공인된 경제학 용어로 자리 잡았다. 이처럼 두 용어는 초기부터 학계에 수용되었지만 가치의 구분에 대해서는 논란이 있었다. 초기부터 스미스의 계승자와 비판자가 모두 그러한 구분의 타당성에 대해 의문을 제기하였다. 수요가 없으면 교환가치가 없다거나, 수요란 무언가 유용성이나 효용이 있기 때문에 생기는 것이고 따라서 교환가치가 생기려면 사용가치가 있어야 한다거나, 스미스가 도덕과 무관한 정치경제학에 도덕적 요소를 도입하려고 시도했기 때문에 혼동이 생긴 것이라는 따위의 비판과 의문이 있었다.

어떤 물자가 욕망(desire)을 충족할 수 있으면, 그 욕망의 종류와 내용이 무엇이든, 교환가치가 생긴다. 그러나 사용가치가 생기려면 추가로 필요한 것이 있다. 막연한 욕망이 아니라 욕구(needs) 또는 필요(wants)와 같은 구체적인 욕망을 충족해야 한다는 점이다. 이런 욕망은 욕망의 서열에서 하위에 속하며 모든 사람이 느끼는 욕망이다.

사용가치와 교환가치는 동일한 경우가 많다. 사실, 대다수 물자에는 교환가치가 있으면서 사용가치도 있다. 그러나 반드시 그런 것은 아니며, 둘 사이에 필연적인 관계가 있는 것도 아니다. 최고의 사용가치가 있는데도 교환가치는 미미하거나 전혀 없는 것도 있다. 공기가 없으면 사람이 단 1분도 살 수 없기 때문에 공기는 최고의 사용가치를 갖는다. 그러나 공기처럼 최고의 효용이 있다고 해도 교환가치가 생기는 것은 아니다. 로마에 있는 아기 예수상 밤비노(Bambino)나 트레베의 성의(Holy Coat of Treves)처럼 귀한 물건은 엄청난 가격으로 교환될 수 있다. 그러나 이 물건의 사용가치는 밀랍 아기 인형이나 낡은 천 조각과 다를 바 없다. 사용가치와 교환가치라는 두 가지 성질은 본질적으로 다르며 상호 의존적이지 않다. 마치 무게와 색깔의 차이와 같다. 마찬가지로 우리는 일상 대화에서 가치라는 단어를 상황에 따라 다른 의미로 사용한다. 사용가치의 특성은 내재적이고 본질적인 것으로서 물자 그 자체에 들어 있으며 인간의 욕구 충족이라는 목적에 적합하다. 그런 특성이 없다면 교환가치가 얼마든지 간에 사용가치는 없다. 그 물자의 사용가치는 교환가치가 크든 작든 동일하다. 반면, 교환가치는 내재적이거나 본질적인 가치가 아니다.

물론 때로는 내재적인 가치라는 표현이 교환가치를 의미하기도 한다. 어떤 물건이 더 높은 용도 또는 더 귀한 형태에서 갖는 교환가치와 더 낮은 용도 또는 덜 귀한 형태에서 갖는 교환가치를 구분할 경우가 그렇다. 예를 들어, 은 주전자나 은화를 두드려서 은 덩어리로 만들어 버린다면 교환가치가 줄지만, 원료인 금속의 교환가치는 그대로 남아 있다. 낮은 형태에서 남아 있는 이 가치를 흔히 '내재적 가치'(intrinsic value)라고 부른다. 그러나 이 용어는 단지 상대적인 의미로만 쓰인다는 것을 알아야 한다. 경제적 의미의 교환가치는 절대로 내재적일 수 없다. 교환가치는 물자 그 자체의 특성과는 관계가 없고, 다만 사람이 부여하는 평가액일 뿐이다. 이 평가액은 그 물자를 소유하기 위해 투입해야 하는 고생과 수고, 또는 그 물자와 교환할 때 지불하는 다른 물자를 소유하기 위해 투입해야 하는 고생과 수고의 가치를 반영한다.

인간의 마음속에는 유용성과 교환 가능성을 동시에 측정할 척도가 존재하지 않는다. 어떤 물자에 대해 그 유용성의 원인인 내재적 특성을 중시할 것인지, 아니면 다른 물자와 교환할 수 있는 내재적 특성을 중시할 것인지는 상황에 따라 다르다.

최근 16피트(약 5미터)의 작은 보트로 노르웨이 해안에서 미국까지 횡단한 대담한 사람이 있었다. 미국의 어느 백만장자가 『아라비안 나이트』에 나오는 술탄처럼, 뉴욕에 도착한 사람에게 "당신이 그 배를 타고 내가 가라는 곳으로 간다면, 금액과 관계없이 뉴욕에서 무엇이든 마음대로 싣고 가도 좋습니다. 비용은 전부 제가 부담할 테니까요!"라고 말한다면, 과연 그 사람은 무엇으로 보트를 채우려 할까? 백만장자가 지정하는 목적지에 따라 완전히 상황이 달라지므로, 한마디로 대답할 수 없다. 뉴욕에서 허드슨강(Hudson River)을 건너 뉴저지(New Jersey)로 간다면, 사용가치가 아니라 부피나 무게에 비해 교환가치가 최고로 높은 물자인 금, 다이아몬드, 지폐 따위로 배를 채울 것이다. 이런 귀중품을 더 싣기 위해서라면, 아무리 사용가치가 높은 물자라고 해도, 한두 시간 정도는 없어도 견딜 수 있는 것, 예를 들면 여분의 돛, 닻, 감속기, 나침반을 내려놓고 음식이나 마실 물도 덜 실을 것이다. 그러나 다시 대서양을 횡단해야 한다면, 육지에 도착하기 전까지 오래 외롭게 항해할 동안 보트를 움직이고 자기 생명과 안전을 지키는 데 유용한 물자에 우선 신경을 쓸 것이다. 교환가치가 아니라 사용가치를 먼저 고려한다는 것이다. 이런 항해를 할 만큼 담대함과 신중함을 갖춘 사람이라도, 마실 물 대신 같은 무게의 다이아몬드나 금을 싣거나, 쇠고기나 비스킷, 통조림 대신 고액권 지폐 다발을 신는 일은 없을 것이다.

애덤 스미스가 옳았다. 사용가치와 교환가치를 구분하는 것은 중요하다. 이 구분을 부정하려는 여러 시도가 있었지만 사용가치와 교환가치는 아직도 경제학 용어 속에서 확고한 자리를 차지하고 있다. 두 용어가, 가장 좋은 표현이라고 할 수는 없어도, 오랫동안 사용한 이상 다른 표현으로 대체하기는 힘들 것이다. 스미스는 그럴 필요가 없다고 생각했을 듯하지만, 두 용어의 진정한 의미를 분명하게 해 두기만 하면 된다. 이 용어는 스미스가 일상 언어에서 가져온 것으로서, 다른 경제학 용어에 비해 쉽게 이해된다는 큰 장점이 있다.

앞서 언급했듯이 일상 언어에서 가치라는 단어는 사용가치와 교환가치 중 어느 것이든 표현할 수 있다. 어느 것을 의미하는지는 문맥 속에서 명백하게 드러나기 때문이다. 그러나 이것이 분명하지 않을 때는 가치라는 단어가 둘 중 어느 가치를 의미하는지 의문이 생길 것이다.

더구나, 경제학 추론에서 두 가지 서로 다른, 때로는 서로 대립하는 개념을 같은 단어로 표현하면 일상적인 대화에서보다 훨씬 더 위험하다. 단어의 두 의미 가운데 하나를 포기해야 한다. 가치라는 단어의 두 가지 의미 가운데 사용가치라는 의미로는 사용하지 않거나 예외적으로만 사용하는 게 좋겠다. 반면 교환가치라는 의미는 계속 사용해도 좋다. 왜냐하면 정치경제학에서 말하는 가치는 바로 이것이기 때문이다. 단어 사용에서 낭비를 막는 동시에 혼동과 오해를 피하기 위해서, 경제학 용어로서 가치라는 단어는 교환가치를 의미하는 것으로 제한하는 게 좋겠다. 스미스도 그랬고, 그 이후로 일반적으로 계속 그렇게 사용해 왔다. 사용가치를 나타내야 하는데 문맥상으로 분명하게 구분되지 않는다면, 그냥 가치라고 하지 말고 사용가치라고 표현하거나 유용성(usefulness)이나 효용(utility)이라는 단어를 쓰는 게 좋겠다. 이 책에서는 지금부터 '가치'라는 단어를 단독으로 사용할 때는 구매력 또는 '교환가치'라는 의미로 사용하려고 한다.[10]

10 이 번역에서 활용한 축약본에는 가치에 대한 더 자세한 내용이 나온다. "경제적 가치: 그 실제적인 의미와 최종적인 척도", "일반적인 물건이나 특별한 물건의 가치", "가치의 두 가지 근원" 같은 제목으로 가치의 본질과 근원에 관해 길고 복잡하게 설명하고 있다. 그러나 이러한 내용이 없어도 전체를 이해하는 데 지장이 없다고 보아 번역을 생략하였다.

2. 정치경제학의 부

정치경제학 체계가 형성된 지 백 년이 지났는데도 기본적인 용어인 '부'의 개념이 불확실한데, 이는 분명히 가치의 의미에 대한 혼동에서 비롯된다. 애덤 스미스 이래로 정치경제학은 교환가치를 발생시키는 두 가지 원천의 중요한 차이를 은폐하려는 경향을 보여 왔다. 한 가지 원천은 노동 투입이고, 또 다른 한 가지 원천은 타인의 노동 투입을 강제하는 권한이다. 나는 후자를 채무 관계라고 부르는데, 이것은 도덕적 권리를 못 갖춘 경우가 많다.

이것이 지금 정통 정치경제학이 처해 있는 상황이다. 핵심 용어인 부가 경제학적으로 무슨 의미인지 제대로 파악하지 못했을 뿐 아니라, 다른 용어마저도 혼란스럽게 만들어 연구에 도움을 거의 못 주고 있다.

생산에 의한 부는 부를 형성하는 유일한 가치이며, 생산에 노동을 투입함으로써 발생하고 부의 총량을 증가시킨다. 정치경제학에서 부는 인간이 욕구 충족을 위해 자연에서 채취, 이동, 결합 등의 노력으로 변화시킨 생산물을 의미한다. 반면, 채무 관계에 따른 가치는 부의 총량이나 부의 생산을 증가시키지 않는다. 이런 가치는 부의 분배와 관련될 뿐이며 따라서 분배 문제에서 다루어야 한다.

부에 대한 혼동은, 가치를 가진 모든 것을 무조건 부라는 용어에 포함시키려는 데에서 생긴다. 그 뿌리는 교육 그리고 여론 지배층의 욕심에 있다. 부의 분배가 불평등한 사회에서 이 계층은 대체로 부유층에 속한다. 이 사람들은 자연법상의 재산권과 동등한 도덕성을 실정법상의 재산권에도 부여하고 싶어 한다. 그래서 실정법에서 정하는 재산권이 도덕적 권리와 모순될 수 있다는 사실을 보여 주는 이론을 깡그리 무시하고 싶어 한다.

과거 노예제 지지자들과 이들의 비위를 건드리고 싶지 않았던 사람들은, 매입을 원인으로 하여 소유권을 취득하는 방식의 정당성 여부를 진지하게 검토하려고 하지 않았다. 그저 노예를 매입하는 것이 노새나 면화를 매입하는 것과 똑같이 소유권을 발생시킨다고 전제했을 뿐이다. 오늘날에도 산업 노예제 지지자들은 부와 가치의 본질에 대해 진지하게 검토하려고 하지 않는다. '가치를 가진 것은 모두 부다.'라고 할 뿐이다. 이런 식으로 교수들은 정치경제학이 탐구해야 할 현상의 본질에 관해 자신과 학생을 혼동의 안개 속으로 몰아넣고 있다.

일상 대화에서 개인 소유물과 관련하여 사용하는 부라는 단어는 구매력을 가진 모든 것을 의미한다. 곧 교환가치와 거의 동의어다. 그러나 이것은 돈이라는 단어를 사용할 때처럼 상징적이다. 어떤 사람이 돈이 많다고 말하더라도 그 사람이 실제로 화폐를 많이 가지고 있다는 뜻은 아니다. 그 사람이 많은 돈과 교환할 수 있는 어떤 것을 가지고 있다는 의미다. 돈은 이처럼 상징적인 의미로 사용하더라도 일상생활에서 혼동을 일으키는 경우는 거의 없다. 가축, 선박, 토지를 소유한 사람을 돈 많은 사람이라고들 하지만, 그래도 '돈은 무엇인가?'라고 물으면 아무도 그런 재산을 돈이라고 대답하지는 않을 것이다.

부라는 단어를 일상적으로 사용하는 방식은 바로 그런 것이다. 부라는 단어는 개인 사이의 거래에서 교환가치를 가진 모든 것을 의미한다. 그러나 정치경제학 용어로서 부라는 단어는 더 분명한 의미로 한정되어야 한다. 개인 소유물 가운데 상당 부분이 집단적·총체적 부에서 제외된다. 아무리 증가하거나 감소하더라도 사회적 부의 총량이 변하지 않는 물자는 진정한 부가 아니다. 이런 예로는 채권, 저당권, 어음 등 부의 이전에 대한 계약이 있고, 또 특정인에게만 부여하는 독점 영업권 같은 것도 있으며, 노예 소유권도 여기에 속한다. 이런 것은 단지 다른 계층의 소득을 특정 계층이 차지할 수 있는 권한을 나타낼 뿐이다.

채권, 저당권, 은행권이 늘어난다고 해서 공동체의 부가 증가하는 것은 아니다. 받는 사람과 지불하는 사람이 공동체에 같이 존재하기 때문이다. 토지나 기타 자연물에 대한 소유권도 같다. 토지소유자가 차지하는 토지가치도, 토지 이용과 그 이익에 대한 배타적인 법적 권리를 특정인에게만 인정함으로써 생길 뿐이다. 토지가치가 상승해도 사회 전체의 부는 증가하지 않는다. 토지소유자가 얻는 추가 소득은 지대를 지불하는 소작인이나 최종 사용자로부터 빼앗는 것이다. 일상적인 생각이나 대화에서 또는 법률에서 부와 구별하지 않는 이런 가치는, 물자를 파괴하거나 소비하지 않더라도 단지 잉크 몇 방울과 종이 한 조각만으로 완전히 소멸시킬 수 있다.

국가의 공권력은 부채를 탕감할 수 있고, 독점 영업권을 국유화할 수 있고, 노예를 해방할 수 있고, 토지를 국민 전체에게 돌려줄 수 있다. 그래도 잃는 사람과 얻는 사람이 동시에 존재하므로 국가의 부는 조금도 감소하지 않는다. 영국 엘리자베스(Elizabeth Tudor, 1533~1603) 여왕이 총애하는 신하들에게 독점 영업권을 부여하여 부자로 만들어 주거나, 러시아 고두노프(Boris F. Godoonof, 1552?~1605) 황제가 농노를 사고팔 수 있는 재산으로 전환해도, 국가의 부는 전혀 증가하지 않는다.

부를 구성하는 모든 것은 가치를 지니고 있다. 가치가 없는 것은 부가 아니다. 그러나 가치를 지니고 있다고 해서 모두 부인 것은 아니다. 최근 경제학 저서들은 이 점을 잘못 가르치고 있다. 생산하면 사회 전체의 부가 증가하고 파괴하면 사회 전체의 부가 감소하는 그런 종류의 물자만이 부가 될 수 있다. 이러한 물자가 무엇이고 그 특성이 어떠한지를 생각해 보면 부를 정의하는 데 어려움이 없을 것이다.

영국 빅토리아(Alexandrina Victoria, 1819~1901) 여왕 치하에서 영국의 부가 증가하였다거나 캘리포니아가 멕시코 영토였을 때보다 미국으로 편입된 후 미국의 부가 늘어났다고도 한다. 그러나 이처럼 사회의 부가 증가했다고 할 경우에도, 토지가 더 많아졌다거나 토지의 자연적 생산력이 더 향상되었다는 의미는 아니다. 땅도 종전과 다름없고 땅의 자연력도 종전과 다름없기 때문이다. 인구가 많아졌다는 뜻도 역시 아니다. 이런 때에는 부가 아니라 인구가 증가했다고 표현한다. 또한 채권·채무액이 많아졌다는 뜻도 아니다. 부의 증가란 유형적인 물자가 증가했다는 뜻이다. 곧 건물, 가축, 도구, 기계, 농업이나 광업의 생산물, 공업 제품, 선박, 마차, 가구 따위와 같이 생산을 통해 가치가 증대하는 물자를 말한다. 이런 물자가 증가하면 부가 증가하고 감소하면 부가 감소한다. 이런 물자를 인구에 비해 가장 많이 가지고 있는 나라가 가장 부유한 나라다.

그러므로 정치경제학에서 사용할 수 있는 부라는 용어는 태양열이 석탄에 축적되듯이 인간의 욕구를 충족할 수 있는 힘을 저장하는 방식으로 축적된 노동으로 이루어진다. 노동 투입 없이 인간에게 제공되는 자연은 부가 아니다. 인간의 욕구를 충족할 힘을 내재하는 유형의 생산물이 아니면 부가 아니다. 인간의 신체도, 인간의 힘이나 능력도, 노동과 노동 생산물을 사람 사이에 이전할 수 있는 채권이나 채무도 부가 아니다. 자연과 인간은, 경제학 용어로 표현하자면 토지와 노동은, 부의 생산에 필수적인 두 요소다. 부는 두 요소의 공동 작용의 결과다.

애덤 스미스는 부에 담긴 의미를 분명하게 정의하지 않고, 주로 화폐나 귀금속이 부가 아니라는 점을 입증하는 데 주력했다. 그러다 보니 부의 개념과 관련하여 혼동에 빠지기도 했다. 그러나 앞에서 인용한 『국부론』의 문장(95쪽 참조)에서 보듯이 스미스는 부의 개념을 옳게 파악했다. 곧 부는 노동 생산물이고, 인간의 욕구를 충족시키는 힘을 축적하고 있는 물자다.

3. 부와 서비스

정치경제학의 핵심 요소인 부가 무엇인지 정확하고 확실하게 아는 것은 매우 중요하다. 그래야만 부에 대한 의문을 말끔히 씻고 부의 본질에서 출발하여 자신 있게 추론을 전개할 수 있다. 이런 이유로, 지금까지 진행한 논의를 강화하여 부의 기원과 본질을 제대로 밝히려고 한다.

부는 인간 노력의 결과다. 그러나 인간의 모든 노력이 부를 낳는 것은 아니다. 부를 생산하기 위한 노력이 실패할 때가 있어서만은 아니다. 부의 생산이 인간 노력의 유일한 목적은 아니기 때문이다. 인간 행동은 욕구로부터 비롯되고 욕구 충족이라는 목적을 가지고 있다. 물질적 만족을 추구하는 인간 행동을 잘 보면, 만족을 구하는 방법에 차이가 있음을 알게 된다. 어떤 경우에는 직접적이고 즉각적으로, 다른 경우에는 간접적이고 우회적으로 만족을 추구한다.

자신이 원시인이라고 상상해 보자. 허기와 식욕 때문이든 과일나무를 본 후 먹고 싶어졌든, 과일을 따 먹으면 만족을 느낀다. 갈증이라는 욕구를 느끼면 몸을 숙여 샘물을 마시고 다시 만족을 느낀다. 이런 경우에 행위하는 사람과 만족하는 사람은 같다. 행위와 만족의 연계성은 직접적이고 즉각적이다. 또 아내가 있다고 가정해 보자. 아내는 과일을 먹고 싶고 샘물을 마시고 싶은데 신체 조건상 과일을 따기도 어렵고 나무에 오를 줄도 모르며 샘물을 마시기도 어렵다고 치자. 이럴 때 남편이 과일을 따서 아내에게 주고 손으로 물을 떠 아내가 마실 수 있게 해 준다.

동물이 자기 욕구를 실현하는 방식은 거의 이러하다. 동물에게는 직접적이고 즉각적인 욕구 실현을 넘어서는 어떤 행위가 존재하지 않는다. 온종일 풀을 뜯는 소나 벌레를 물어다 주는 어미 새는 내일 다시 생길 욕구를 위해 아무것도 대비하지 않는다.

이런 경우에는 부라는 것이 아예 존재하지 않는다. 모든 인간 욕구가 직접적이고 즉각적으로 충족되는 세상이라면 부라는 개념은 있을 수 없다. 인간 활동이 아무리 대단해도, 그리고 욕구 충족을 위해 자연이 제공하는 것이 아무리 풍부하다고 해도 사정은 마찬가지다.

그러나 인간은 이성적 존재이며, 즉각적인 욕구 이상을 예견하고 필요한 수단을 마련한다. 동물은 단지 현재의 욕구를 충족하기 위해 과일을 먹고 샘물을 마시지만, 인간은 현재의 욕구를 충족한 후에 내일도 만족을 얻기 위해 과일 일부를 집으로 가져오기도 한다. 또는 몇 년 후에 얻을 만족을 내다보면서 씨를 심기도 한다. 또는 미래에 찾아올 목마름을 해결하기 위해 샘을 더 크게 파거나 물을 담아 둘 용기를 만들기도 하고, 물길을 내거나 파이프를 묻기도 한다. 이런 행위는 직접적으로 현재의 욕구를 충족하기 위한 것이 아니라, 간접적으로 미래의 욕구를 충족하기 위한 것이다.

부의 본질적 특성은 욕구 충족을 목적으로 삼는 행위가 물질적 형태로 구체화되거나 축적된다는 것이다. 그리하여 이러한 행위의 결과는 어느 정도 지속성을 갖게 된다. 이런 부는 욕구 충족을 위해 사용할 수도 있고 더 많은 노력이 필요한 욕구 충족을 위해 비축할 수도 있다.

예를 들어 보자. 빵을 먹으려는 욕구를 충족하려면 우선 밀을 재배하고 수확하고 빻아서 밀가루를 만든 다음에, 밀가루로 빵을 굽는 노동을 투입해야 한다. 이 모든 단계에서 부가 증가한다. 최종 만족을 얻는 단계에 이르기까지 단계마다 부분적인 노력이 구체적인 물질적 형태로 나타나고 또 축적되며, 각 단계에서 얻은 결과는 그다음 단계에 활용된다. 밀알은 힘써 노력하여 재배하고 수확한 부의 한 종류이다. 그리고 밀알은 그다음 단계의 욕구를 충족하기 위해 가축 먹이로 쓰거나, 녹말이나 알코올로 만들거나, 밀가루로 만들어 빵을 굽는데 쓰이기도 한다. 밀가루도 역시 밀을 생산하고 가루로 빻기 위해 기울인 노력이 구체화한 부의 한 형태다. 빵은 이런 노력 이외에도 제빵 과정에서 다시 노력이 추가되어 구체화한 부의 한 형태다.

부의 개념을 만족이라는 개념으로 축소할 수는 없다. 노동을 투입한 의도 또는 결과가 아무리 노동하는 사람의 욕구 충족이라고 해도, 중간 단계에서는 노동이 구체적인 형태 속에 축적되기 때문이다. 이렇게 축적된 것은 노동한 사람만이 아니라 제삼자의 욕구 충족을 위해서도 사용될 수 있다. 예를 들어 내가 오늘 과일을 따서 내일 먹을 작정이라고 하자. 그런데 이 과일을 아내가 먹는다면 일종의 서비스라고 할 수 있다. 이것은 직접적인 수혜자가 나 자신일 경우에도 그 성격은 다르지 않다. 내가 과일을 먹을 때 얻게 되는 만족 역시 노동 투입의 직접적인 결과라기보다 일종의 서비스로 누리는 결과라고 볼 수 있다.

그리하여, 부의 개념을 가장 넓게 잡으면 각종 서비스를 포함하게 될 것이다. 부의 핵심 개념은 물질 형태의 서비스다. 부는 즐기고, 교환하고, 증여하고, 개선하는 대상이지만 근본적으로는 즐기고, 교환하고, 증여하고, 개선하는 서비스라고 할 수 있다. 서비스라는 단어를 사용하면 노동을 투입하는 사람과 최종적으로 욕구를 충족하는 사람을 구분할 수 있게 된다.

가장 단순한 형태로 나타나는 서비스는 행위가 욕구를 직접 충족시키는 경우다. 일반적으로 서비스라는 용어는 이 경우에 국한하여 사용하는 것이 좋다. 이런 서비스도 서로 주고받거나 교환할 수 있지만, 행위가 직접적인 서비스 자체이고 행위가 끝나면 서비스도 종료되기 때문에 그 범위가 아주 좁다. 한편, 행위가 부의 형태로 바뀌면, 곧장 소비되는 게 아니라 물질적인 형태로 축적되어 필요할 때 만족을 얻기 위해 사용될 수 있다. 직접적인 서비스에서 인간 욕구를 실현하기 위한 행위로부터 나타나는 힘은 마치 번개가 칠 때 엄청난 전기 에너지가 방출되는 것과 같다. 그러나 간접적인 서비스에서는 행위가 곧장 소비되지 않고 부라는 매개 수단을 통해 교환이 가능한 형태로 존재하게 된다. 그러므로 이러한 서비스는 배터리에 축적된 전기 에너지처럼 이동할 수도 있고 교환할 수도 있게 된다.

예를 들어, 내가 상대방에게 구두를 닦아주고 상대방은 내게 면도를 해 줄 수 있다. 또는 내가 상대방에게 재미있는 이야기를 해 주고 상대방은 내게 노래를 불러 줄 수 있다. 그리고 나는 오늘 서비스를 제공하고 상대방은 미래의 어느 날에 서비스를 제공하기로 약속할 수도 있다. 나아가 나뿐만 아니라 내가 선물하고 싶은 다른 사람에게도 서비스를 해 달라고 부탁할 수도 있다. 그러나 이런 식으로 발생하는 서비스 교환은, 서비스가 구체적인 형태, 곧 부에 내재되어 이전하는 경우에 비하면 아무것도 아니다.

이처럼 노동을 부로 변형함으로써, 직접적인 서비스처럼 부로 바꿀 수 없는 서비스도 교환이 가능해진다. 예를 들어, 소포나 편지를 전한다거나 마차나 기차로 사람과 짐을 운반하고 싶은데, 이런 서비스를 해 줄 사람에게 내가 같은 서비스로 갚을 수는 없다고 하자. 그러나 부라는 수단을 통해 양쪽 욕구를 실현할 수 있으므로, 교환은 그 순간 그 자리에서 성사된다. 내게 서비스를 제공한 사람에게 내가 증표를 주어, 다른 사람들에게서 직접 서비스를 받거나 다른 부와 교환할 수 있도록 하면 된다. 문명 세계에서 벌어지는 대부분의 교환은 오직 이 방식을 통해서만 가능하다. 사실, 부가 아니라면 인간이 동물을 뛰어넘는 수준으로 다른 사람의 능력을 활용하기 어렵다. 원숭이가 서로 벼룩을 잡아 주는 장면을 본 사람은 알겠지만, 서비스를 직접 교환하는 것은 동물도 할 수 있기 때문이다.

부의 핵심 개념은 물질에 각인된 노동, 곧 구체적인 형태 속에 축적된 서비스 제공 능력이기 때문에, 어떤 경제 전문가처럼 "비물질적인 부"라는 표현을 쓴다면 이는 네모난 원이나 삼각으로 된 사각형이라고 표현하는 것처럼 모순이다. 감각으로 느낄 수 없는 것은 부의 대상이 아니다. 부를 가장 엄격하게 정의하면, 인간 노동을 통하여 변형되지 않은 자연 물질과 자연력은 제외되며, 아울러 인간에게 있는 힘과 능력도 제외된다. '자연의 부'(natural wealth)라는 표현을 쓰거나 인간이 가진 기술, 지식, 에너지를 부에 포함시키는 것은 용어의 모순이다.[11]

---

11 이처럼 헨리 조지는 "부의 핵심 개념은 물질에 각인된 노동"이라고 정의하여 무형의 서비스를 부에서 제외한다. 그런 점에서 헨리 조지가 정의하는 부의 총계는 서비스 생산을 포함하는 국민총생산(GNP), 국내총생산(GDP)과 다르다.

4. 부와 자본

자본은 다른 부를 생산하는 데 쓰이는 부다. 자본은 부와 별개의 것이 아니고 부의 일부이며, 자본이 아닌 부와의 차이점은 그 용도에 있다. 욕구를 직접 충족시키는 게 아니라 다른 부를 생산하는 데에 사용되어 욕구를 간접적으로 충족시킨다.

앞에서 든 단순한 사례를 다시 한번 보자. 과일나무에서 열매를 따 먹으면 노동을 가장 직접적이고 기초적인 방식으로 투입하여 욕구를 충족하게 된다. 욕구는 곧바로 충족되고 투입한 노동은 전부 소비된다. 미래의 욕구를 충족하기 위해 사용할 수 있도록 남는 부분은 없다.

그러나 만약 현재의 욕구 충족에 만족하지 않고 나중에 좀 더 편안하게 먹을 수 있는 곳으로 과일 일부를 옮긴다면, 투입한 노동의 구체적인 결과가 저장된 과일의 형태로 존재한다. 과일의 채집과 운반에 소비된 노동이 축적된 것이다. 축적된 노동, 곧 채집하여 운반된 과일은 부이며 다음 두 시점까지 축적된다. ① 욕구 충족을 위해 소비되는 시점, ② 부패 또는 동물이나 곤충에 의해 파괴되는 시점.

그러나 과일을 따고 좀 더 편한 장소로 옮겨서 부를 소유하게 된 사람은 욕구 충족을 위한 잠재력을 다른 방식으로도 활용할 수 있다. 과일을 세 부분으로 나눌 수 있는데, 한 부분은 먹고 싶을 때 먹고, 둘째 부분은 다른 형태의 부와 교환하고, 마지막 부분은 종자로 활용한다.

세 부분은 모두 부다. 그러나 첫째 부분은 모든 부의 최종적인 쓰임새, 곧 욕구 충족을 위해 사용되는 것으로, 단순한 부다. 둘째와 셋째는 단순한 부가 아니라 자본이며, 다른 방식으로 욕구를 충족하기 위해 또는 더 많은 부를 획득하기 위해 사용된다.

사람은 부의 생산에 투입된 노동을 축적함으로써 노력의 결과를 욕구 충족을 위해 소비하는 시점을 바꿀 수 있고, 이런 방식으로 동일한 노동량을 투입하여 얻을 수 있는 욕구 충족도를 극대화할 수 있다. 또 과거에 투입한 노동을 다시 불러오는 방식, 곧 부를 자본으로 활용하는 방식으로 특정한 시점과 위치에 노동을 집중하면, 자연이 인간의 신체에 부여한 정도보다 엄청나게 더 큰 힘을 낼 수 있다.

황소에 비유해 보자. 자연은 황소에게 거대한 머리뼈와 날카로운 뿔 같은 공격 무기를 주었다. 황소가 이 무기로 어느 지점에 힘을 집중하면 자기 힘을 최대로 활용할 수 있다. 자연은 사람에게는 그런 무기를 주지 않았다. 황소 뿔과 유사한 인간 신체 부분이라고 할 수 있는 주먹은 뿔에 비하면 너무나 열등한 무기다. 그러나 창을 만들어 노동을 자본으로 바꾸면 황소보다 훨씬 더 큰 힘을 집중시킬 수 있다. 활을 만들어 노동을 자본으로 바꾸면 긴 시간 힘을 축적하여 한순간에 투입할 수 있다. 노동을 자본으로 바꾸는 여러 과정을 거쳐 소총을 제작하면 신체 에너지가 발휘할 수 있는 어떤 힘보다 강력한 힘을 발휘할 수 있다.

자본이라는 용어에도 부라는 용어처럼 각종 제한과 한계가 있다. 지식, 기술, 근면성 같은 개인적인 자질은 노동에 관한 것이므로 자본으로 취급해서는 안 된다. 일상 대화에서는 이런 자질을 은유적인 의미에서 자본이라고 표현할 수도 있다. 이런 자질을 가진 사람은 자본을 가진 사람처럼 유리하기 때문이다. 그러나 이런 은유법을 경제학 추론에 적용하면 근본적인 혼동을 일으킨다. 이런 문제점이 여러 학술 서적에 나타나고 있다.

5. 부와 도덕

정치경제학적 의미의 부를 추구하는 것은 결코 천하거나 부도덕한 일이 아니라 오히려 지극히 정당한 일이다. 부의 획득은 자연에 미치는 인간의 힘이 커지는 것을 의미한다. 또 부의 획득은 인간이 힘과 지식을 증가시켜 동물의 수준을 뛰어넘으려는 고귀한 욕구에서 비롯된다. 누구든 생산을 통해 가치를 증대하여 자신의 부를 늘리면 다른 사람에게도 기여하는 결과가 된다.

그렇다면 사람들이 부의 도덕성에 대해 의문을 품는 이유는 무엇일까? 부를 추구해서도 안 되고 심지어 부를 활용해서도 안 된다고 말하는 이유는 무엇일까? 심오한 철학이 부를 그토록 경멸하고, 부의 본질과 생산과 교환에 관한 학문인 정치경제학을 이기적이고 냉혹한 학문으로 취급하는 이유는 무엇일까? 이와 같은 질문에 대답하려면 지금보다 더 깊은 차원으로 들어가야 한다.

부와 가치에 대해 우리가 살펴본 내용은 부자와 빈자를 구분하는 데 도움이 될 수도 있다. 다른 사람들보다 더 많은 가치를 가진 자, 곧 부를 더 많이 가지고 있거나 다른 부와 서비스를 획득할 힘을 더 많이 가진 사람을 부자라고 부른다. 그리고 이런 가치를 거의 안 가지고 있는 사람을 빈자라고 부른다. 그러나 부유함과 가난함을 가르는 경계선은 어디일까? 일상생활에서는 명확한 기준이 없다. 사회에서 평균적인 안락함을 기준으로 구분할 뿐이다. 뉴욕에는 하룻밤 묵을 곳이 있고 아침 식사를 할 수 있으면 가난하지 않다고 여기는 계층이 있는가 하면, 밴

더빌트(Cornelius Vanderbilt, 1794~1877) 같은 갑부는 '고작 백만 달러밖에 없다면 절약해야만 부자처럼 살 수 있다.'라고 생각할 것이다.

그러나 과학적 정확성을 가지고 부자와 빈자를 가르는 기준은 없을까? 나는 반드시 있다고 생각한다. 또 누구든 잘 생각해 보면 그 기준이 존재한다는 사실을 알게 될 것이다. 경제학에서 협의의 서비스란 부를 통해 간접적으로 획득할 수 있는 서비스가 아니라 직접적인 인적 서비스를 말한다. 그러나 잠시 이 개념을 접어 두고, 마치 분수를 공통분모로 통분하듯이, 인간 욕구를 충족하는 모든 것을 서비스라는 용어로 표현해 보자. 그러면 이런 서비스의 향유와 소유에 관한 자연적이고 정상적인 기준이 있지 않을까? 나는 분명히 있다고 본다. 주는 것과 받는 것의 동등함이 바로 그것이다.

사회 속에서 한 구성원이 다른 구성원으로부터 받을 권리를 가진 서비스의 크기는 당연히 그 사람이 다른 사람에게 제공하는 서비스의 크기와 같다. 이것이 빈부를 구분하는 출발점이 된다. 그렇다면 자신이 제공해야 하는 서비스보다 요구할 수 있는 서비스가 더 많은 사람은 부자다. 자신이 주는 또는 줄 용의가 있는 서비스보다 요구할 수 있는 서비스가 더 적은 사람은 빈자다. 오늘날 문명 세계에서는 일하고 싶어도 일자리를 얻을 수 없는 경우가 허다하다는 사실에 주목해야 한다. 빈부는 이처럼 서로 연결되어 있다. 부유한 계층이 있으면 가난한 계층이 있고, 그 반대도 마찬가지다. 한쪽에서 벌어지는 비정상적인 사치와 다른 쪽에서 일어나는 비정상적인 빈곤이 서로 연계되어 있다. 이런 관련성을 도덕적 용어로 표현한다면 '부자는 강도'라고 할 수 있다. 부자는 강탈한 것을 가지는 자이며, 빈자는 강도를 당하는 자다.

예를 들어, 하와이섬의 추장이 과일나무를 발견하고는 우선 자기가 먹을 만큼 먹고 나서 그 나무에 일반인이 접근하지 못하도록 터부(taboo)로 지정했다고 하자. 추장은 이런 조치로, 먹고 남은 과일을 다른 편리한 장소로 옮겨 둔 것과 같은 이익을 얻게 된다. 이런 금지령이 내려지면 과일 일부를 바친다는 조건으로 채취 특권을 얻는 주민도 있을 수 있지만, 공동체 전체의 관점으로 보면 결과는 다르다. 추장이 채취 허가 대가로 과일을 받는다면 다른 사람의 노동을 빼앗는 것과 같다.

이것이 바로 예수가 가난한 자를 동정하고 부자를 혐오했던 이유다. 예수는, 일부 기독교도가 인식하는 것과는 달리 결코 극단적으로 말한 게 아니다. 예수가 보여 준 철학에 따르면 강도를 당하는 게 강도질을 하는 쪽보다 더 낫다는 것이다. 예수가 가르쳤던 정의로운 왕국에서는 빈부격차가 존재하지 않는다. 진정한 의미에서 빈부격차는 불의의 결과이기 때문이다. "부자가 하나님 나라에 들어가는 것은 낙타가 바늘귀를 통과하는 것보다 어렵다."라는 예수의 말은 평행선 두 개가 영원히 만나지 못한다는 말처럼 냉정한 진실이다.

정의가 지배하는 곳에는 불의가 살아남을 수 없다. 하나님 나라에 빈자가 있을 수 없다면 부자도 있을 수 없다. 이 세상에서, 또는 다른 어느 세상에서도, 부당한 소유를 철폐하지 않고는 부당한 빈곤을 철폐할 수 없다. 비유적으로 표현하자면, 이 말은 '악마를 성나게 하지 않으면서 하나님과 잘 지내고 싶다.'라고 생각하는 착한 박애주의자가 듣기에는 너무 엄혹하게 들릴 것이다. 그렇더라도 이 말은 진실이다.

6. 부의 존속 기간

부는 물질이다. 부는 자연이라는 창고에서 노동을 통해 획득하며, 물질이라는 특성 때문에 획득 순간부터 다시 자연이라는 창고로 돌아가기 시작한다. 바다에서 나온 물이 다시 바다로 돌아가는 것과 같다. 부의 상당 부분은 생산 이후에 곧바로 소비된다. 당장 소비되지 않는 부도 물리적·화학적으로 해체되고 결국 사라지게 된다. 실제로 일부를 제외한 대부분의 물질은 생산된 이후에 상태를 유지하거나 자연이라는 저장고로 되돌아가는 것을 막으려면 계속 노동을 가해야 한다.

반면, 노동을 통해 생산되지 않은 가치와 노동 생산물 귀속에 관한 실정법, 계약, 관습의 힘으로 발생한 가치의 근거는 인간의 마음에 있다. 가치를 이전하고 획득하기 위해 사용하는 서류는 가치를 지닌 물자 자체가 아니고 단지 기억을 위한 보조수단일 뿐이다. 빚을 졌다는 근거는 차용증서나 어음 자체가 아니라 도덕적 의무나 정신적 합의다. 독점 영업권 획득의 근거는 계약서나 법률 자체가 아니라 주권자의 의지, 즉 이론상 모든 국민의 합의다. 토지소유권의 근거도 소유권 증서 자체가 아니라 주권자의 의지 혹은 일반 국민의 동의다.

부의 범주에 속하는 가치보다 속하지 않는 가치가 대체로 더 오래 간다. 현대 문명사회에서 부채나 어음, 기타 개인 사이의 채무 관계에는 시효가 있다. 그러나 사실상 미래 노동에 대한 채권에 지나지 않는 가치는 유효기간을 더 늘릴 수 있다. 정부 채권, 독점 영업권, 토지소유권이 바로 그와 같은 예다. 부에 속하는 물자는 대부분 가치가 감소하고 소멸하지만 이와 같은 권리의 가치는 그대로 유지된다.

2백 년 전에 있던 영국의 부 가운데서 현재까지 남아 있는 부는 거의 없다. 일부가 있다고 해도 그 양은 미미하고 그나마 계속해서 손질해야만 유지된다. 그러나 그 당시 영국 정부가 발행한 채권은 아직도 가치를 유지하고 있다. 영국 왕이 자기 총신에게 수여한 영구 연금도 마찬가지다. 이런 권리는 자주 손질할 필요도 없이 권리자에게 계속해서 소득을 안겨 준다. 권리자는 자기네 이익을 위해 대대손손 다른 사람을 부릴 수 있다. 그런데도 다른 사람을 부릴 수 있는 힘의 가치는 줄어들기는커녕 엄청나게 커지는 경우가 적지 않다.

분명하게 말할 수 있는 사실은, 부의 범주에 들지 않는 토지소유권이 가장 장기간, 가장 확실한 가치를 가진다는 점이다. 고대 로마 시대에 사유지로 바뀌어 수도 없이 매매가 이루어진 땅이 있다고 가정하자. 이 땅은 아직도 가치를 지니고 있을 것이다. 이처럼 가치가 영속적이기 때문에 법률가들은 부에 속하지도 않는 토지 재산권을 별도로 구분하여 진짜 재산권(real estate 혹은 real property)이라는 이름으로 구분하고 있다.

부에 속하는 물자와, 가치는 있지만 부에 속하지 않는 특권 사이에는 매우 중요한 차이가 또 하나 있다. 부에 속하는 물자의 가치는 사회 발전과 더불어 감소하거나 소멸하는 경향이 있지만, 부에 속하지 않는 특권의 가치는 오히려 증가하는 경향이 있다는 것이다. 사회 발전에 병행하는 인구 증가, 교환 확대, 기술 향상은 지속적으로 생산비를 줄이고, 그로 말미암아 기존 부의 가치는 줄어든다. 거의 모든 노동 생산물의 가치가 최근에 이런 이유로 감소해 왔다. 비싼 기계류도 새로운 발견·발명·개선으로 낙후되어 가치가 사라지고 있다. 그러나 인구가 증가하고 노동 생산력이 높아지면 특권의 가치는 엄청나게 증가한다. 이러한 특권의 예를 들자면 독점 영업권, 간선도로 토지소유권, 생활 중심지 토지소유권 등이 있다.

지금까지 우리의 분석과 실제 경험을 통해 알 수 있는 사실은, 어느 시대에 존재하는 부의 총량은 일반적으로 추측하는 것보다 훨씬 적다는 점이다. 대다수 인류는 저장된 부가 아니라 자기 노동으로 살아간다. 가장 부유하고 문명화된 나라에서도 대다수 국민은 태어날 때처럼 부를 거의 소유하지 않은 채로 세상을 떠난다. 부에 대한 공급을 유지하려면 지속적인 노동 투입이 필요하며 노동이 중단되면 부도 사라진다.

제 5 장

부의 생산

1. 생산의 세 가지 방식
2. '수확 체감의 법칙'의 문제점
3. 공간과 시간
4. 협업과 분업
5. 지시된 협동과 자발적 협동
6. 교환과 경쟁
7. 생산의 3요소

1. 생산의 세 가지 방식

생산의 의미

생산(production)은 라틴어 프로(pro, 앞으로)와 두케레(ducere, 끌어내다)에서 유래한 말이므로, 문자적으로는 '끌어낸다'는 뜻이다.

정치경제학 용어로서 생산은 인간이 '끌어내는 행위' 곧 인간의 힘으로 만들어 내는 행위를 의미한다. 생산은 창조와 다르다. 창조란 초인적인 능력으로 없던 것을 새로 만드는 행위를 말하기 때문이다. 창조된 것은 정치경제학적 의미에서 생산된 게 아니다. 인간은 창조자가 아니다. 인간은 무에서 유를 낳을 힘이 없다. 인간은 단지 생산자이며, 이미 존재하고 있는 것을 바꾸어 다른 형태의 물건을 만들어 내는 변형자일 뿐이다. 이처럼 인간이 무언가를 만드는 행위, 실체를 부여하는 행위가 바로 '끌어내는 행위'이다. 이미 존재하던 것을, 인간이 제정할 수도 개정할 수도 없는 자연법에 따라 위치나 관계만 변화시키는 것이다. 이처럼 모든 생산에는 생산자와 무관하게 이미 존재하는 소재가 있다. 이러한 소재는 자연적·수동적 요소로서, 정치경제학 용어로 '토지'라고 부른다. 여기에 인간적·능동적 요소가 작용하여 생산을 가능하게 한다.

일상 대화에서는 부를 취득하는 단계 가운데 첫째 단계를 생산이라고 하며, 이런 의미로 첫 단계 생산 과정에 종사하는 사람들을 운송·교환 종사자와 구별하여 생산자라고 부른다. 생산이라는 단어를 이렇게 사용하면 각 기능의 구별이 편리하기는 하지만, 경제학 용어로서의 생산과는 혼동하기 쉽다. 생산을 경제학적 의미로 사용하면, 운송과 교환 또는 그 일부분에 종사하는 사람, 원료 채취자와 가공자가 모두 생산자다. 예를 들어, 상식적으로는 신문 배달원이나 가판대 판매인은 신문을 분배하는 자로 여기지만, 경제학적 개념에서는 부를 나눠 주는 분배자가 아니라 부를 만들어 내는 생산자다. 신문 생산의 전체 과정에서 이 사람들이 차지하는 위치는 첫 단계가 아닌 마지막 단계에 속하지만, 제지업자, 활자 주조업자, 편집자, 식자공, 인쇄공과 마찬가지로 이들도 생산자에 해당한다.

생산이 추구하는 목적은 인간 욕구의 충족, 곧 소비에 있다. 따라서 생산 목적의 달성, 곧 생산의 종결은 부가 소비되려고 할 때, 곧 욕구 충족을 위해 부가 소비자 수중에 들어갈 때 이루어진다.

이처럼 정치경제학에서 부의 생산은 운송과 교환을 포함한다. 반면 경제학 용어로서 부의 분배는 운송이나 교환과 무관하다. 부의 분배는, 뒤에서 분배에 대해 논할 때 자세히 보겠지만, 생산의 결과를 나누는 과정이다. 대다수 전문 경제학자들도 이 점에 대해 오해를 해 왔다. 일부 예외적인 경우를 제외하면, 교환을 부의 생산이라는 제목 밑에서 다루지 않고 부의 분배라는 제목 밑에서 다루어 왔다.

생산의 세 가지 방식

모든 생산은 외부 자연물에 인간의 노력이 투입되어 발생한다. 생산이란 천연 원료 또는 가공된 원료의 장소·상태·형태·조합을 변화시켜 인간의 욕구 충족에 좀 더 적합하게 만드는 행위를 말한다.

생산은 다양한 방식으로 이루어진다. 노동을 투입함으로써 부가 이루어지는 갖가지 예를 한번 떠올려 보자. 이미 존재하는 부가 아닌 천연 원료를 부로 전환하는 최초의 단계인 채취 단계도 생각해 보고, 이미 부의 성격을 가진 원료를 사용하여 가치를 추가하는 제2, 제3의 단계도 생각해 보자. 그러면 생산 방식에는 다음과 같은 세 가지가 있음을 알 수 있다.

세 가지 생산 방식 가운데 첫째 방식은 어민, 사냥꾼, 광부, 제련공, 정제업자, 제조업자 등의 생산 방식이다. 탄광에서는 석탄을 캐어 지상으로 끌어내어 부를 생산한다. 즉 석탄을 인간의 욕구 충족, 곧 소비에 적합한 장소로 이동시켜 부를 증가시킨다. 목재소에서는 나무를 재목으로, 재목을 합판으로 전환한다. 제분소에서는 밀을 밀가루로, 설탕 공장에서는 사탕수수나 사탕무를 설탕으로 전환한다. 제련소에서는 광석에서 금속을 분리하고, 금속을 혼합하여 황동이나 청동 같은 합금을 얻는다. 방직공장에서는 다양한 분리·재결합 공정을 거쳐 직물을 생산하고 이 직물로 옷을 만든다. 각종 원료를 잘 다듬어서 도구와 기계를 제작하거나 주택을 건설하기도 한다. 사실상 좁은 의미에서 '제조'(manufacturing)라고 부르는 모든 행위는 첫째 생산 방식으로 노동을 투입하는 행위다. 이러한 생산 방식을 '적응시키기'(adapting)라고 할 수 있다.

북서부 지역에서는 "밀 제조"(manufacturing wheat)라는 말도 하고, 서부 지역에서는 "돼지 만들기"(making hogs)라고도 하며, 남부 지역에서는 목화나 담배를 재배하면서 "목화 만들기"(making cotton) 또는 "담배 만들기"(making tobacco)라고 표현하기도 한다. 이런 특정 지역에서 특별하게 사용되는 제조 또는 만들기라는 단어는 생산과 동일한 의미로 사용되지만, 밀가루를 제조한다거나 베이컨, 면포, 담배를 만든다고 할 때와는 방식이 사뭇 다르다. 사실 훌륭한 기계는 인간의 적응시키는 힘을 통해 만들어진다. 그러나 인간의 적응시키는 힘이 아무리 뛰어나다 하더라도, 스스로 자라고 생식하는 기계를 만들 수는 없다. 인간의 적응시키는 힘이 무한히 발전한다 해도 스스로 싹이 트는 밀을 제조할 수는 없으며, 돼지나 목화 자체를 만들 수도 없다. 이런 것은 아무리 사소한 것이라고 해도 인간의 적응시키는 능력의 한계를 훨씬 뛰어넘는다. 인간이 지구나 태양계를 '제조'할 수 없는 것과 같다.

둘째 방식은, 인간이 부를 생산하기 위해 자연의 생명력이나 재생산력을 활용하는 방식이다. 나무를 꺾꽂이하거나 씨앗을 심어 재배하거나 동물을 포획하여 사육하면, 그냥 자연 상태에서 채집하고 수렵하는 데 비해 식물과 동물을 훨씬 더 많이 생산할 수 있다. 그뿐만 아니라, 위에서 말한 '적응시키기' 능력을 질적으로 상당히 개선하는 수도 많다. 이러한 생산 방식을 '기르기'(growing)라고 하면 첫째 생산 방식과 명확히 구별할 수 있다. 이 방식은 농민, 목축업자, 화훼업자, 양봉업자가 활용하는 생산 방식이다.

'적응시키기'와 '기르기' 이외에, 셋째 생산 방식도 있다. 이 생산 방식은 인간이 사회를 이루어 삶으로써 가능한 방식이다. 첫째 생산 방식에서는 모든 물질에 내재된 힘과 성질을 이용한다. 둘째 생산 방식에서는 생물에 내재된 힘과 성질을 이용한다. 그러나 셋째 생산 방식은, 이성이라는 인간의 독특한 자질 덕에 인간에게만 나타나는 힘과 성향을 활용함으로써 이루어진다. 그것은 바로 '교환'이다.

교환을 통해 인적·자연적 요소를 최고 수준으로 생산에 활용할 수 있으며, 교환 그 자체만으로도 부의 총량을 상당히 증가시킬 수 있다. 교환이 다른 두 생산 방식인 적응시키기와 기르기의 생산력을 강화한다는 사실을 고려하지 않는다 해도, 교환 자체만으로도 셋째 생산 방식의 자격이 충분하다.

교환 당사자는 무엇인가를 더 얻으려고 하며, 그 결과 상대방에게 주는 것보다 더 가치 있는 것, 곧 자기 욕구를 충족하는 힘이 더 큰 것을 얻는 게 보통이다. 이처럼 거래는 부의 총량을 실제로 증가시키는데, 이는 부의 생산이 실제로 증가한 것과 다르지 않다. 한 예로, 북극 지방을 오가는 무역선은 낚시, 작살, 화약과 총, 칼과 거울, 망원경과 철망을 털가죽과 교환한다. 서로 교환하는 양측은 각자 상대적으로 노동력이 적게 드는 물건을 주고 노동력이 더 많이 드는 물건을 받는데, 이런 교환 행위를 통해 모두 이득을 누린다. 여기에서 첫째 생산 방식 가운데 하나인 운송을 통해 생기는 이익을 차감하더라도, 양측이 얻는 부의 합계와 세계 전체가 얻는 부의 합계는 교환에 의해 증가한다.

이러한 셋째 생산 방식을 '교환하기'(exchanging)라고 부르자. 이 방식은 상인, 가게 주인 및 그 관련 업종의 생산 방식에 해당한다. 그리고 넓게는 운송업자 및 그 관련 업종의 생산 방식도 여기에 해당한다.

이처럼 생산 방식에는 세 가지가 있다. ① 적응시키기, ② 기르기, ③ 교환하기.

이 세 가지 방식은 인간 사회의 발전 과정에서 위의 순서대로 등장하여 중요성을 갖게 된 것으로 보인다. 최소의 노력으로 자기 욕구를 충족한다는 정치경제학의 기본 법칙에 의해, 욕구 충족 수단이 발달하면서 사람들의 욕구도 따라서 증가하였고 그에 따라 세 가지 생산 방식이 차례로 나타나게 되었다. 원시 단계에서 욕구 충족을 위한 가장 손쉬운 방법은 이미 존재하고 있는 물자를 인간의 용도에 적응시키는 것이다. 좀 더 발전한 단계에서는, 식물 재배와 동물 사육처럼, 기르기나 재생산 원리를 이용하게 되면 더 쉽고 충분하게 욕구를 충족시킬 수 있음을 알게 된다. 이보다 더 발전한 단계로 진입하면 분명히 어떤 욕구는 교환을 통해 더 잘 충족시킬 수 있게 된다. 이 단계에 이르면 교환이 없는 경제 단위에 비해 더 완전하고 강력한 협동의 원리가 실현된다.

2. '수확 체감의 법칙'의 문제점

생산에서의 '협동'에 관해 다루기 전에 우선, 애덤 스미스(Adam Smith, 1723~1790) 시대 이후 표준 경제학에서 생산에 관해 가장 중요하게 여기는 법칙 하나를 검토해 보자. 사실 이 법칙은 생산만이 아니라 경제학 전체에서 가장 중요하게 인식되고 있는 법칙이다. 이 법칙은 '생산 체감의 법칙'(law of diminishing production)인데, 더 정확하게 표현하자면, '농업의 수확 체감의 법칙'(law of diminishing returns in agriculture)이라고 할 수 있다. 이 법칙에 대해 밀(John Stuart Mill, 1806~1873)은 이렇게 설명했다.

> 농업에 관한 이 일반 법칙은 정치경제학에서 매우 중요한 위치를 차지하고 있다. 이 법칙이 성립하지 않는다면, 부의 생산과 분배에 관한 거의 모든 현상은 현재와 전혀 다른 모습이 되었을 것이다.

'농업의 수확 체감의 법칙'이 중요하다는 이러한 견해는 표준적인 정치경제학에서 쉽게 찾아볼 수 있으며, 밀 이전의 학자들은 물론이고, 지금도 미국의 워커(Francis A. Walker, 1840~1897) 교수, 영국의 마샬(Alfred Marshall, 1842~1924) 교수 같은 학자들이 이 견해를 지지하고 있다. 이 '법칙'은 지대 법칙에 대한 현재 학자들의 이해 수준과 관계가 있고, 특히 인구가 생존 물자를 앞지르는 경향이 있다는 맬서스 이론에 대한 지지를 기반으로 한다. 맬서스 이론이 오랫동안 수용되어 온 것도 이와 관련이 있다.

밀은 '농업의 수확 체감의 법칙'에 의해 필연적으로 다음과 같은 결과가 나타난다고 했다.

> 농업 발전이 초기 단계를 넘어선 모든 국가에서 인구 증가에 따른 식량 수요 증가만큼 생산력이 같이 향상되지 않는다면, 공정한 분배가 이루어지더라도 1인당 식량은 감소하기 마련이다. 이로부터 인구 억제의 필요성이, 일부의 믿음과는 달리, 심한 소유 불평등에서 생기는 특수한 현상이 아니라는 결론이 도출된다. 어떤 문명 수준에서도 인구가 많아지면 인구가 적었을 때와 비슷한 정도의 부를 집단적으로 누릴 수는 없다. 인구 과잉이 낳는 이런 문제는 사회의 불의 때문이 아니라 자연의 인색함 때문에 발생한다. 부의 불공평한 분배 자체는, 문제를 악화시킨다기보다 단지 문제가 악화되었다는 사실을 좀 더 일찍 느끼도록 할 뿐이다. 모든 아이가 입만이 아니라 손도 가지고 태어난다고 이야기해 봐야 소용없는 일이다. 새로 태어나는 입도 과거의 입만큼 음식이 필요하지만, 새로운 손은 과거의 손만큼 생산하지 못하기 때문이다.

만약 우리가 '농업의 수확 체감의 법칙'을 인정하고 나면 이처럼 엄청난 결론이 도출되어 곧장 정신적인 혼란에 빠지게 된다. 창조주가 정의롭지 못하다고 생각하게 되고 또 창조주의 계획성이, 평범한 인간도 부끄럽게 생각할 정도로 너무나 부족하여, 준비된 음식보다 더 많은 손님을 초대한다고 생각하게 되기 때문이다. 이에 대해 밀은 다음과 같이 이야기한다.

> 농업이 약간이나마 진전되어, 경작에 다소간 공을 들이면서 단순한 농기구를 사용하는 정도만 되어도 이때부터 토지에서 생산 법칙이 작동하기 시작

> 한다. 농업 기술과 지식이 일정하다면, 노동을 증가시킨다고 해서 생산이 같은 정도로 증가하지는 않는다. 노동을 늘려도 생산이 늘어나지는 않는다. 다른 식으로 표현한다면, 생산을 증가시키려면 비율적으로 더 많은 노동을 토지에 투입해야만 한다는 것이다.

밀은 소위 '농업의 수확 체감의 법칙'에 대해 설명하면서, 이 법칙은 광업에도 적용된다고 하였다. 이 법칙이 1차 산업, 즉 채취 산업 전반에 적용된다는 것이다. 1차 산업이란 부가 아닌 것을 부로 전환하는 산업이다. 그러나 이미 부라는 성격을 가진 원료에 부가가치를 더하는 2차 이후 산업에 대해서는 이 법칙이 적용되지 않는다고 하였다. 그러므로 제조업에 노동 및 자본의 투입을 증가시키면 산출은 비례적으로 혹은 그 이상으로 이루어진다고 가정한다. 또 아래와 같은 논리를 제시하면서, '농업의 수확 체감의 법칙'을 확실하고 명백하게 증명할 수 있다고 주장한다. 즉, 이 법칙이 성립되지 않는다면, 노동 투입이 늘어남에 따라 동일 토지로부터 생산도 비례적으로 증가할 테고, 노동 투입을 계속 증가시키면 농장 하나에서도 전 세계 모든 사람을 먹이기에 충분한 농산물을 생산할 수 있게 된다는 비현실적인 결론에 도달한다는 것이다.

이러한 논리는 전문 경제학자들로부터 정당한 귀류법(歸謬法, reductio ad absurdum)으로 인정되고 있다. 그러나 앞으로 분석을 통해 밝혀지듯이, 이 논리 구조는 '오류 없는 오해'(unerring misapprehension)에 해당한다. '오류 없는 오해'란, 사실은 농업이나 채취 산업에만 적용되는 '생산 체감의 법칙'은 존재하지 않는다는 뜻이다. '농업의 수확 체감의 법칙'으로 오해했던 것은 실제로는 유기체뿐만 아니라 무기체를 비롯한 모든 물질의 존재와 운동에 관한 공간 법칙으로서, 제조업과 교역에도 동일하게 적용되는 일반 법칙이다.

공간이 생산과 갖는 관계를 검토해 보면 이러한 사실이 분명해진다. 그러나 이를 철저하게 검증하기 위해, 또 이 책의 다른 부분에서 다룰 중요한 주제를 준비하기 위해, 우선 공간과 시간이 갖는 의미와 속성부터 확실하게 밝혀 두려고 한다.

3. 공간과 시간

이 책을 집필한 목적은 정치경제학을 명확하게 설명하여 보통 사람도 이해할 수 있도록 도와주는 데 있다. 그래서 가능한 한 형이상학적인 냄새를 풍기는 모든 표현을 피하려고 한다. 그러나 현 정치경제학 이론에 내재한 근원적인 혼동을 밝혀내고 일관성 있는 정치경제학의 기초를 다지기 위해서는 두 개의 형이상학적 개념에 담긴 진정한 의미를 이해해야 한다. 두 개념은 정치경제학 이론만이 아니라 철학 이론에도 해를 끼쳤다. 바로 공간과 시간이다.

모든 물질은 공간과 시간 속에 존재한다. 부의 생산은 그 방식이 어떤 것이든 인간의 노력으로 물질의 장소와 관계를 변화시킴으로써 욕구 충족에 적합하게 만드는 행위이므로, 역시 공간과 시간 모두와 관계가 있다. 이것은 더 이상 설명할 필요가 없는 자명한 공리다. 그러나 경제학자들이 이것을 제대로 인식하지 못했기 때문에 부질없이 논문을 쏟아 내고 수많은 혼동을 일으켜 왔다. 그러므로 확고한 기초에서 출발하기 위해서는 공간과 시간이 실제로 무엇을 의미하는지 명확하게 이해할 필요가 있다. 우리는 형이상학의 핵심부로 들어가려고 하는데, 최고의 철학 이론조차도 이 문제에서 매우 혼란스러운 경우가 적지 않다.

공간과 시간의 진정한 의미를 스스로 탐구할 경우에 조심하지 않으면 안 된다. 왜냐하면 일상용어를 사고의 도구로 사용하다 보면, 용어가 사물의 어떤 성질이나 관계만을 표현하고 있는데도 마치 사고의 대상, 곧 사물 자체를 표현하는 것으로 간주하는 오류에 빠질 수 있기 때문이다. 이것은 베이컨(Francis Bacon, 1561~1626)이 비유적으로 '포럼의 우상'(Idols of the Forum)이라고 한 오류다.[12] 언어로 표시되는 단어는 사고의 대상이 될 수 있다는 점에서 단어는 사물(thing)이라고 말할 수도 있다. 그러나 단어가 언어로 표시되지 않더라도 사고의 대상이 되는 어떤 것을 우리 마음에 전달할 수 있으므로, 모든 단어가 사물인 것은 아니다. 자체 모순을 내포하는 어떤 단어에 특정한 이름을 부여한다면 고작 언어적으로만 생각할 수 있는 대상에 이름을 부여하는 것일 뿐이어서, 깊은 의미에서는 오히려 자체 부정이 된다. 이런 단어는 무의미한 단어라는 것이다.

이것은 속임수일 뿐인데 오늘날 가장 심오하다고 인정되는 상당수 철학에서 이런 속임수를 썼고 심지어 플라톤조차 소크라테스의 입을 빌려 표현한 많은 철학에서 이런 속임수를 썼다. 이 점을 입증하려면 '낮은 높음'이나 '네모난 원'처럼 서로 대립하는 특성을 공유하는 단어를 생각하거나, '4차원 공간'처럼 실제적으로 별다른 의미를 부여할 수 없는 어구를 만들어 보면 된다. 우리 언어와 어울리지 않는 이런 어구는 외국어로 표현하는 수가 많다. 라틴어나 그리스어를 이러한 목적으로 오랫동안 사용해 왔으며, 영어권 사람들 사이에서는 독일어도 그렇다. 한동안 계속해서 이런 표현에 대해 깊이 사고하는 척하면, 자신도 그렇게 생각할 수 있다고 믿는 사람이 나타나게 되고, 그런 표현이 급기야 학술용어로까지 등장하게 된다. 반면, 이런 표현에서는 아무런 의미도 찾을 수 없다고 솔직하게 말하는 사람은 교육

12 '포럼의 우상'은 사람들이 쓰는 단어의 뜻과 그 단어의 본질적인 의미가 달라서 생기는 논리적 오류다.

도 제대로 받지 못한 무식한 사람으로 조롱받게 된다. 거리에 서서 뭔가 특별한 것이라도 본 것처럼 하늘을 주시하고 있으면 사람들이 모여들어 같이 하늘을 보게 되는 것과 같은 속임수에 지나지 않는다. 그러나 이러한 속임수가 철학에서는 대단한 명성을 얻게 하였다.

이제 우리가 이해하고 있는 공간과 시간의 개념을 분석해 보면, 두 개념은 존재하는 사물 자체에 관한 것이 아니라 존재하는 사물이 서로 어떻게 연결되는지를 보여 주는, 관계에 관한 개념이라는 사실을 알게 된다. 공간은 거리와 방향을 비롯한 사물 사이의 위치 관계를 나타낸다. 시간은 순서와 시차를 비롯한 사물 사이의 선후 관계를 나타낸다. 공간에 대해 생각하려면 반드시 공간상에 두 지점이 있어야 하며, 두 지점의 위치 관계가 의미가 있으려면 이를 측정하기 위한 제3의 지점을 상정해야 한다. 그와 마찬가지로, 시간에 대해서 생각하려면 반드시 두 시점이 있어야 하며, 두 시점의 선후 관계가 의미가 있으려면 이를 측정하기 위한 제3의 시점을 상정해야 한다.

공간과 생산

인간의 신체 조건에 적용되는 자연법에 따라 인간은 대기권과 지표면 사이의 좁은 범위에 존재한다. 또 인간은 신체적으로 공기와 햇빛이 필요한 육상 동물에 속하며, 생존과 생산을 위해 지구의 건조한 표면이 필요하다. 그리고 토지에 대한 우리의 근본 인식은 위치와 면적이 있는 공간이다.

그러나 근본 인식이 항상 상식적인 인식과 일치하는 것은 아니다.

근본 인식에 따르면 공기에도 무게가 있지만, 인간은 이성적인 노력을 기울여야만 이 사실을 깨달을 수 있다. 인류는 신체의 모든 부분에 미치는 공기 무게를 오랜 세월 동안 매 순간 느끼면서도 공기에 무게가 있다는 사실은 전혀 깨닫지 못한 채 살아왔다. 인식은 대비를 통해 생긴다. 우리가 항상 인식하고 있는 것이라고 해도 인식하지 않은 상태와 대비될 때 비로소 우리 관심을 끌고 기억을 자극하게 된다.

여객선의 승객은 엔진에서 끊임없이 나는 잡음에 익숙해져서 시끄럽다고 느끼지 않게 되지만, 일단 엔진이 멈추어 조용해지면 잡음의 존재를 깨닫게 된다. 못을 생산하는 공장을 찾아온 방문자는 기계 소리 때문에 공장에서 대화가 불가능하다고 생각하지만, 거기서 일하는 노동자는 큰 어려움 없이 대화를 주고받으며 오히려 비교적 조용한 거리로 나서면 대화가 어려워진다.

토지의 근본 특성은 서 있거나 움직일 수 있는 공간을 제공하는 것이지만, 사람들의 관심은 다른 데 있다. 삼림 지역에 처음 이주한 사람들은 나무를 베어 없애야 토지를 이용할 수 있으므로 나무를 제거 대상의 성가신 존재라고 여긴다. 시간이 지나 문명이 발전하면 나무가 가치를 낳는 중요한 원천이 된다는 점은 생각하지 않는다. 인류의 초기 상태, 곧 원시적인 사회 발전 단계의 노동 투입 방식은 앞에서 '적응시키기'라고 불렀던 방식이다. 이런 시대에는 채취량이 많고 적음에 따라 토지 생산성을 판단하게 된다.

사회 발전의 다음 단계에서는 '기르기'라는 둘째 생산 방식이 사회생활에서 가장 중요하게 대두된다. 이때 일반적으로 가장 관심을 끄는 토지 특성은 농업적 유용성이며, 이런 상황에서는 동물 사육과 농작물 재배에 투입되는 노동의 산출 능력으로 토지의 생산성을 판단하게 된다.

그러나 더 높은 사회 발전 단계에서는 '교환하기'라는 셋째 생산 방식이 큰 관심 대상이 된다. 이때 토지 생산성은 교환에 투입되는 노동의 산출 능력으로 판단한다. 이러한 예는 현대 대도시를 보면 된다. 토지가 엄청난 가치를 갖는 것은 사냥감이 많다거나 농지로서 비옥도가 높기 때문이 아니라 교환의 중심지에 가깝기 때문이다.

근대 경제는 주로 사회 발전의 둘째 단계에서 발전하기 시작하였고, 그래서 토지 사용을 주로 농업적 관점에서 인식하였다. 중농주의학파 시대 이후 경제 관련 문헌에서 토지에 대해 이상하게 설명해 왔고 이런 설명은 지금도 정치경제학 문헌에 나타나고 있는데, 그 이유는 바로 여기에 있는 것 같다. 경제학자들이 토지는 채소와 곡물을 재배하고 동물을 사육하는 장소라고만 생각한다는 것이다.

케네(François Quesnay, 1694~1774)의 후계자들은 문명사회에서 부의 총생산에는 노동이나 자본 투입의 대가로 볼 수 없는 불로소득이 포함되어 있다는 사실을 알았고, 개인에게는 불로소득이 되는 이런 증가된 부를 '순생산' 또는 '잉여생산'이라고 불렀다. 그래서 노력 없이 얻은 생산 또는 잉여생산은 토지에서 비롯된 것이라고 옳게 파악하였다. 잉여생산은 토지소유자에게 귀속되는 소득 중에서 생산에 투입된 노동과 자본에 대한 모든 대가를 지불하고 남은 부분이다. 그러나 이들이 활동할 당시에는 토지의 생산적 용도 중 가장 뚜렷한 것이 농업이었기 때문에 토지 용도를 농업에 한정시키는 오류를 범하고 말았다. 그리고 둘째 생산 방식인 '기르기'에 해당되는 농업에 이용되는 자연의 힘이 첫째 생산 방식인 '적응시키기'에서 사용되는 힘과 본질적으로 다르다는 점을 발견하고는, 부 가운데 불로소득은 농업 생산에서 발생한다는 성급한 결론을 내리고 말았다. 따라서 이 사람들은 농업만이 유일한 생산 부문이라고 간주하였고, 제조업과 상업은 부의 총량을 증가시키지 않으며 농민만이 진정한 생산자라고 주장하였다.

중농주의 사상가들이 제기한 이론은 참되고 고귀한 면이 있었고 정의롭지 않은 이익을 누리는 강력한 이익집단을 비판하는 이론이었지만, 위에서 지적한 약점 때문에 커다란 흠집이 생기고 말았다. 그런데 애덤 스미스를 뒤이은 경제학자들은 중농주의 사상가들이 빠졌던 오류는 피했지만, 중농주의의 위대한 진실마저 외면하고 말았다. 애덤 스미스를 따르는 후계자들은 빈곤이 일으키는 비참하고 사악한 상황에 대한 책임을 창조주가 만든 법칙에 전가하려는 맬서스 이론을 무작정 받아들이면서, 농업의 관점에서만 토지를 바라보는 습관에 젖어 모든 생산에 적용되는 공간 법칙을 농업의 수확 체감의 법칙으로 변질시켰다. 범위가 좁기는 하지만 지대 법칙을 진실하게 설명한 리카도(David Ricardo, 1772~1823)마저도 자신이 제기한 주장과 사례에서 토지를 오로지 농업에만 결부시켰고, 지대 또한 농업 지대에만 결부시키는 결함을 벗어나지 못했다. 19세기의 영국에서는 농업이 차지하는 상대적인 중요도가 계속해서 빠르게 감소하고 있는데도 토지를 농지로만 파악하는 습관이 여전히 지배하고 있다. 대학에서 권위를 인정받고 있는 최근 저작들도 농업의 수확 체감의 법칙을 특별한 자연법으로 여기고 있으며, 대다수 영국 학자들도 토지와 지대를 언급하면서 마음속으로는 농업용 토지와 농업 지대만을 생각하고 있다.

미국도, 단일세(single tax) 운동에서 받은 영향을 제외하고는 영국과 사정이 다르지 않다.[13] 미국의 단일세 운동이 겪는 가장 큰 어려움은 경제학자들이 잘못된 생각을 확고하게 퍼뜨려 두었다는 점이다. 비농업 노동자들은 토지 문제에 관해 아무런 이해관계도 없으며, 조세를 토지 가치에 집중시키면 농민 세금만 늘어난다고 오해한다. 또 저명한 교육기관이 이런 오류를 강화하는 데 온 힘을 쏟고 있다.

공간이 모든 생산 활동과 맺는 관계는 쉽게 알 수 있다. 일정한 공간에서 노동을 집중적으로 투입하게 되면 어느 정도까지는 노동 생산성이 증가하는 경향을 나타낸다. 그러나 같은 공간에 노동 투입을 늘린다고 해서 생산성 증가가 무한정 이어지는 게 아니다. 그 공간에 노동을 추가적으로 투입하면 총생산이 증가해도 생산 증가량은 줄어드는 단계가 나타나며 결국에는 노동을 추가 투입하더라도 총생산 증가가 멈추는 단계에 이르고야 만다.

이 법칙은 농업에만 국한되지 않는다. 또 둘째 생산 방식인 '기르기'에 국한되지도 않는다. 부의 생산에 노동을 투입하기 위해서는, 서 있거나 휴식하기 위한 공간 외에 이동 공간도 필요하다. 여기서 이동 공간이란 신체의 움직임을 위한 공간, 물자·기계·생산물을 저장하는 공간, 가공 작업에 필요한 공간을 말한다. 이 원리는 재봉사, 목수, 기계공, 상인, 판매원에게도 적용되며, 농민이나 축산업자에게도 적용되고, 어민이나 광부에게도 적용된다. 직종에 따라 활동 공간, 도구실, 저장실 등 필요한 공간의 크기는 다를 수 있다. 그러나 공간은 모든 직종에 필요하며, 노동을 같은 공간에 집중하다 보면 이익이 늘어

13 단일세에 대해서는 63쪽의 각주 3 참조

나지 않는 단계가 있고, 또 거기에 노동을 더 집중하면 비율적으로 더 적은 생산이 이루어지고 결국에는 절대적으로도 줄어드는 단계에 도달한다. 어느 공간에서 노동을 집중적으로 투입하면 처음에는 생산량이 증가하다가 나중에는 감소하는 이러한 법칙은, 수확 체감의 법칙을 주장하는 사람들은 농업의 고유한 현상이라고 하지만, 물질적 존재에 대한 공간 법칙 그 이상도 이하도 아니다.

사탕무 재배에 적용되는 생산 체감의 법칙이 벽돌 생산에도 적용된다는 점을 알아보기 위해서 간단한 예를 들어 보자. 노동자 한 사람이 벽돌 천 개를 만든다고 가정해 보자. 1제곱마일(약 2.6제곱킬로미터) 넓이의 땅에서 흙을 파내고 구워서 벽돌 한 개를 만든 다음 위치를 이동하여 다시금 흙을 파내고 구워서 또 벽돌 한 개를 만드는 식으로 노력을 분산시킨다면 노동력을 매우 낭비하게 된다. 이런 노력을 공간상으로 좀 더 집중시키면 훨씬 더 많은 벽돌을 생산해 낼 수 있다. 그러나 특정 공간에 노력을 집중하면 생산이 비율적으로 감소하는 단계가 나타난다. 벽돌 한 개를 생산하던 공간에서 벽돌 두 개를 생산하면 많은 이익이 발생한다. 그러나 같은 공간에 노동을 집중해 나가면 비율적으로 생산량이 감소하는 단계가 나타나고 결국에는 생산이 정지된다. 벽돌 천 개를 생산하면서 벽돌 한 개 생산에 필요한 공간보다 더 넓은 공간을 사용하지 않는다면, 설령 생산할 수 있다고 해도, 노동 생산성에서 엄청난 손실이 발생한다. 그리고 두 사람이 벽돌을 만들기에 적당한 공간에 노동자 천 명을 투입하면 두 사람이 생산하는 벽돌보다 500배를 더 생산할 수 있는 것은 아니며, 심지어 전혀 생산하지 못할 수도 있다. 사람이 너무 붐비면 서로 몸이 부딪혀서 일을 제대로 못 할 수도 있다.

이제 생산된 벽돌을 저장하기 위한 최소 공간이 필요한 경우를 생각해 보자. 벽돌 두 장을 저장할 때 둘을 포개면 한 장분 면적만으로 가능하지만 천 장을 저장하려면, 아니 그보다 적게 백 장이라도, 한 장분 공간만으로는 안 된다. 백 장에 훨씬 못 미치는 벽돌도 계속 포개서 쌓아 놓으면 진동이나 바람이 약간만 생겨도 곧바로 무너지고 만다. 벽돌 열 장만 쌓아 보면, 벽돌을 더 높이 쌓아 올리기 위해서는 더 넓은 바닥 면적이 필요하다는 것을 분명히 알 수 있다. 벽돌 더미가 무너지지 않을 정도로 바닥 면적을 확보한다고 하더라도, 어떤 높이에 이르면 상층부 벽돌 무게로 말미암아 하층부 벽돌은 부서져서 돌가루가 될 수 있다. 따라서 일정한 공간에서 무한정 사탕무를 기를 수 없듯이, 일정한 공간에서 무한정 벽돌을 쌓아 올릴 수가 없다.

게다가 첫 벽돌을 바닥에 놓을 때보다 높이가 허리로 올라갈수록 벽돌을 쌓는 노력이 덜 든다. 곧, 보통 사람은 허리 높이까지는 노동 생산성이 늘어난다. 그러나 최대 생산성 지점에 도달하고 나서 노동을 더 투입하면 노동 생산성은 떨어지기 시작하고 급기야 0이 된다. 손수레나 증기기관 같은 노동 절약적 도구들을 이용하더라도, 노동 투입을 늘릴 때 노동 생산성이 0으로 내려가는 것을 지연시킬 수는 있겠지만 완전히 막지는 못한다. 계속해서 노동을 투입하면 투입한 노동과 생산량 사이의 비례 관계가 무너지다가 마침내는 더 이상 생산이 안 되는 단계에 도달한다.

이처럼, 농업에 국한된 것으로 여겨졌던 수확 체감의 법칙은, 벽돌 쌓기 같은 단순한 예에서도 작물 경작이나 가축 사육의 경우와 동일하게 적용됨이 증명되었다. 토지에 투입되는 노동이 최고의 효율성, 곧 최대의 생산성을 올리는 단계가 모든 생산 방식에서 존재한다. 이것은 부가 어떤 종류이건 그 생산을 위해서는 공간이 필요하다는 물질 존재의 일반 법칙 또는 일반 조건으로 말미암아 발생한다.

시간과 생산

공간이 위치로 사물과 관계를 맺는 것처럼, 시간은 선후로 사물과 관계를 맺는다. 모든 부의 생산은 순차적으로 이루어지기 때문에 시간이 필요하다. 가령, 나무를 다듬거나 톱질하여 목재로 만들기 위해서는 먼저 나무를 베어야 한다. 벤 나무는 말려야 건축이나 각종 목제품을 위한 재료로 사용될 수 있다. 광맥에서 채굴한 철광석은 녹여서 선철을 만들고, 선철을 원료로 해서 강철을 만든 후 다양한 철제품을 만들게 된다. 씨를 뿌린 후에야 밀이 발아할 수 있고 어린싹이 흙 위로 모습을 드러내기까지도 상당한 시간이 소요된다. 싹이 자라고, 익고, 결실을 보기까지는 더 긴 시간이 소요된다. 밀을 수확하여 밀가루를 만들려면 역시 시간이 걸린다. 교환 과정에서도, 물품을 서로 교환하려는 의사가 일치하는지를 확인하기 위한 시간이 필요하다. 게다가 물품을 실제로 양도하고 교환을 마무리 짓는 데 시간이 또 필요하다. 이처럼 시간은 생산 과정에서 노동 투입을 위한 필수적인 요소나 조건이 된다.

생산의 필수 요소 또는 조건인 공간에서 도출된 결론과 유사한 결론이, 또 하나의 생산의 필수 요소 또는 조건인 시간에서도 도출된다. 노동에 대한 공간의 제약이 있듯이 노동에 대한 시간의 제약도 존재한다는 것이다. 따라서 노동을 특정 시간에 집중할 때 비율적으로 최대의 생산 결과를 가져오는 단계가 모든 생산 형태에 존재한다. 이 단계를 넘어 동일한 시간대에 추가적으로 노동을 집중하게 되면 생산이 비율적으로 감소하는 경향을 보이다가 마침내는 생산이 중단된다.

이처럼, 노동을 특정 시간에 집중할 때 노동자가 기울인 노력이 전체적으로 보아 최대의 결과를 가져오는 어떤 단계나 노동 강도가 존재한다. 그러나 그 단계를 넘어 더 짧은 시간에 더 많은 노력을 투입하게 되면, 상대적으로 그리고 나중에는 절대적으로까지, 생산이 감소한다. 이 원리는 토끼와 거북이 우화에 비유할 수 있다.

건축가에게 "집을 짓는 데 시간과 비용이 얼마나 듭니까?"라고 물어본다고 하자. 건축가는 잠시 생각한 뒤 건축에 필요한 시간을 먼저 정하고 그 시간에 기초해 산출한 비용을 알려 줄 것이다. 시간 정하기는 필수적일 뿐 아니라, 최대 수익을 내거나 최소 비용이 들도록 시간에 맞춰 노동을 집중하는 문제와 직결된다. 비용은 언급하지 않고 건축 시간을 줄여 달라고만 요구해 본다면 이 점을 곧바로 알 수 있다. 비용은 전혀 문제가 되지 않고 오로지 시간만이 문제라고 하자. 건축가는 어느 정도까지는 공사 기간을 단축할 수 있다고 하겠지만, 그 대신 비용이 엄청나게 불어날 것이다. 그러나 마침내는 돈을 아무리 많이 주어도 더 이상 공사 기간을 단축할 수 없는 단계에 이르게 된다.

그래서 농업의 경우에 능률을 무시하고 노동을 집중적으로 투입하면 채소나 과일, 심지어 가축까지도 정상 속도 이상으로 성장하도록 촉진할 수도 있다. 그러나 아무리 노동 투입을 증가해도 더 이상 생산성이 증대되지 않는 한계에 곧 이르고 만다. 다른 어떤 방법을 동원하여 인간 노력을 증대시킨다고 하더라도 일주일 만에 밀 씨앗에서 이삭이 패도록 하거나 달걀에서 다 자란 암탉이 되도록 할 수는 없다.

모든 부의 생산을 위해서는 노동뿐만 아니라 시간도 필요하다는 원리는 정치경제학에서 매우 중요하다. 모든 생산에서 시간은 필수적인 요소라는 원리는 처음부터 염두에 두어야 한다.

4. 협업과 분업

협동(co-operation)이란 공동 행위이며 공통의 목적을 위해 노력을 결합하는 것이다. 자연이 개개인에게 부여한 능력을 초과하는 인간의 생산력은 모두 개인 간의 협동에서 나온다. 협동이 이루어지는 방식에는 두 가지가 있다.

① 협업. 혼자서는 온 힘을 다해도 할 수 없는 일을 협업으로 해낼 수 있다.
② 분업. 혼자서 처리할 수 있는 일도 분업으로 한 사람 몫 이상의 결과를 낼 수 있다.

예를 들어 보자. 첫째 협동 방식인 협업을 통해, 혼자서는 엄두도 내지 못했던 무거운 바위나 통나무를 운반할 수 있다. 비유하자면, 여러 사람이 합쳐서 거인 한 사람이 된 것이다. 발전된 사회에서 협업 원리를 적용하는 사례로 주식회사를 들 수 있다. 도로 건설, 증기선 건조, 공장 설립 등 한 사람이 조달할 수 없는 규모의 자본이 필요한 사업도 소자본을 다수 결합하면 가능해진다. 비유하자면 협업은 여러 개인이 합쳐서 거인 하나가 됨으로써 이익을 취하는 방식이다.

반대로 거인이 다수의 소인으로 분리됨으로써 더 많은 일을 해내는 방식도 있다. 항해를 예로 들어 보면, 힘이 센 사람은 노 젓기, 무거운 돛 올리기 등에서는 힘이 그 절반인 사람 둘과 맞먹을 것이다. 그러나 어떤 경우에는 평범한 두 사람이 힘센 한 사람의 두 배 이상 일을 할 수 있다. 힘센 사람이 다른 일을 시작하려면 기존에 하고 있던 일을 중단해야 하지만, 두 사람은 동시에 두 가지 다른 일을 할 수 있기 때문이다. 한 사람이 배를 몰다가 쉬려면 배를 멈추고 닻을 내려야 하지만, 두 사람이라면 항해를 계속하면서 한 사람씩 쉴 수도 있다.

별로 힘들지 않은 일도 여러 가지가 한꺼번에 닥치면 '몸이 여럿이면 좋겠다.'라는 생각이 드는 수가 많다. 분업은 한 사람을 여럿으로 쪼개서 전체의 효과를 대폭 증가시키는 방식이라고 할 수 있다.

또다시 예를 들어 보자. 네 사람이 있는데, 통나무를 운반하기도 해야 하고 때로는 마을 시장에서 필요한 물건을 사기도 해야 하는데, 혼자서 하면 각각의 일이 이틀씩 걸린다고 가정하자. 이럴 때 갑 혼자 시장에 가서 나머지 세 사람 물품까지 사고, 다른 세 사람은 갑이 할 일을 한나절씩만 해 주면, 결국 갑은 이틀 걸릴 일을 한나절에 하는 셈이 된다.

이렇게 둘째 협동 방식으로 노력을 분리함으로써, 또는 애덤 스미스의 표현을 빌리자면 '분업'을 함으로써, 노동력이 절감된다. 적은 노력으로 같은 결과를 얻거나 같은 노력으로 더 많은 결과를 얻을 수 있게 된다. 이러한 방식으로 노력이 절감되기 시작하면 이어서 다른 노력도 절감된다.

이제, 빵 굽기의 예를 들어 보자. 빵 한 덩어리를 굽기 위해서는 반죽을 오븐에 넣고 일정 시간 열을 가해야 한다. 오븐을 가열하려면 연료가 일정량 필요하며, 온도를 일정 시간 유지하기 위해서도 연료가 일정량 필요하다. 그리고 연료를 사용하여 높여 놓은 온도가 빵을 다 굽고 나면 오븐이 식으면서 사라지고 만다. 따라서 보통 오븐으로 빵 한 덩어리를 굽는 데 필요한 연료는 오븐 용량에 맞춰 여러 덩어리를 굽는 데 필요한 연료보다 상대적으로 더 많다. 그리고 큰 오븐은 작은 오븐보다 상대적으로 열 손실이 적기 때문에 큰 오븐이 비율적으로 더 적은 연료를 소비하면서 빵을 더 많이 구울 수 있다. 또한 만약 오븐을 식히지 않고 계속해서 반죽을 갈아 넣을 수 있다면 연료가 상대적으로 절감된다. 이처럼 집중적으로 빵을 굽게 되면 연료 사용 측면에서 엄청난 노동력 절감 효과가 발생한다. 이런 효과는 다른 경우에도 나타난다.

작업의 집중에 의한 절감은 물리 법칙에서뿐만 아니라 정신 법칙에서도 나타난다. 인간에게 본능적인 것을 제외한 모든 일은 의식적인 사고가 선행한다. 어린애가 걷고, 말하고, 읽고, 쓰는 연습을 하는 것을 보면 잘 알 수 있다. 어른도 외국어나 속기를 배운다거나, 타자기나 자전거를 연습하는 등 새로운 일을 시작할 때를 유심히 살펴보면 역시 잘 알 수 있다. 그러나 같은 일을 자꾸 반복하면 정신적인 노력은 점점 더 적게 들고, 나중에는 의식적인 사고 없이 거의 자동으로 처리하게 된다.

부를 생산하는 과정에서 나타나는 분업의 결과를 사회 전체 또는 산업 유기체라는 관점에서 보면 개인이 맡는 일의 종목은 줄고 횟수는 늘어난다. 일하는 개인의 관점에서 보면 노력이나 노동이 집중되고, 일의 관점에서 보면 장소와 시간이 집중된다.

개인별·가족별로 각기 필요를 만족시키기 위해 직접 사냥, 낚시, 채소 재배, 주택 건축, 또는 옷이나 연장 만들기를 하기보다는, 어떤 사람은 이 일에 전념하고 다른 사람은 저 일에 전념하는 식으로 전체의 필요를 충족하면, 사회 전체나 산업 전체의 관점에서는 기능이 분화되고 생산 단위별로는 기능이 집중되며, 그에 따라 전문적인 업종 또는 직업이 발달하게 된다. 그리고 사회 유기체가 성장하면서 인구가 증가하고 교환의 범위가 넓어지면 생산 단위 사이의 기능 분화가 계속되면서 생산 능률이 끝없이 높아진다. 그리하여 생산력이 놀랍도록 증대된 현대 문명 속에서도 예측이 어려울 정도로 발전이 이루어진다.

우리는 분업이 매우 세밀하게 이루어진 문명사회에 너무나도 익숙해져 있어서 분업이 얼마나 큰 혜택을 주고 있는지 그리고 분업이 없다면 우리 삶이 어떻게 될 것인지를 제대로 깨닫지 못하고 있다. 그러나 분업이 없는 생활을 생각해 본다면, 분업이 부를 생산하는 과정에서 얼마나 큰 역할을 감당하고 있는지를 알게 될 것이다. 분업이 감당하는 역할은 너무나도 커서 분업이 없다면 인간은 현재 상태로 존재할 수 없을 것이다.

옷을 만드는 예를 한번 생각해 보자. 만약 개인별로 천연 원료를 사용하여 자기 옷을 만들어야 한다면, 나뭇잎이나 짐승 가죽 수준을 넘지 못할 것이다. 설령 옷감, 바늘, 실, 단추를 비롯하여 분업을 통해 제조된 재료를 준다고 해도 옷을 만드는 데 익숙하지 않은 사람이라면 처음에는 제대로 만들기 어렵다. 그러나 두 번째 옷은 첫 번째 옷보다 만들기가 훨씬 쉬워지고, 세 번째는 두 번째보다 더 쉬워진다. 계속해서 옷을 만들다 보면 이제는 별로 생각하지 않고서도 자동으로 옷을 만들 수 있게 된다. 분업을 통해 옷 제작의 집중도가 높아져서 수십 명의 옷을 함께 만든다면, 옷 제작에만 전념하는 사람이 나타나서 훨씬 더 능률성이 높아진다. 집중이 더 이루어지고 기성복 산업이 발전하여 수백, 수천, 수만, 심지어는 수십만 벌을 생산하게 되면 더 많은 절약이 가능해진다. 개인은 각기 특정 의류 제작에 전념할 수 있고,

거기에서 한 걸음 더 나아가 특정한 부분이나 특정한 공정에만 전념할 수 있다. 옷 만드는 사람이 각자 가위로 원단을 자르고 세부적인 부분까지 손수 만드는 식이 아니라, 어떤 사람은 커다란 칼로 한 번에 재단하는 일만 하고, 또 다른 사람은 시침질, 안감 대기, 단춧구멍 내기 등을 전담하게 된다. 대규모 작업을 연속적으로 하게 되면 성능 좋은 기계를 도입하는 것도 가능하게 된다.

이렇게 작업이 집중화·전문화되면 여러 가지 노동 절약적 기계가 개발된다. 기계의 본질적인 속성은 특정한 작업에만 사용된다는 것이다. 인체를 기계에 비유한다면, 인체는 다양한 작업을 수행하기에 가장 적합한 기계다. 그런데 인간은 생산량을 늘리기 위해 한 가지 작업만 집중하는 기계를 제작할 수 있다. 기계는 자연이 인간에게 부여한 도구인 인체보다 부분적으로는 훨씬 뛰어나다. 그리고 같은 원리가 사람의 육체적인 힘이 아닌 다른 힘을 사용하는 데에도 적용된다. 바람, 조류, 폭포, 증기와 전기, 인력과 반발력 등을 이용할 수 있는 것도 이런 집중의 효과이다.

이처럼 분업은 욕구 만족을 위한 노력의 집중으로 이루어진다. 분업은 협동하려는 두 사람만 있으면 시작할 수 있다. 협동에 참여하는 숫자가 많아지면 분업의 생산성은 더욱 증가한다.

협동의 장점을 요약해 보자. 협업을 통해서는, 여러 개인이 힘을 합치기 때문에 개별적으로는 불가능한 일을 달성할 수 있다. 분업을 통해서는, 집중과 협동이 가능해지므로 개인이 또는 소수 인원이 더 적은 비용으로 더 많은 사람을 위해 일할 수 있게 된다.

5. 지시된 협동과 자발적 협동

앞에서는 생산력을 증대시키는 협동의 두 가지 방식인 협업과 분업에 대해 살펴보았다. 그런데 협동이 이루어지는 과정에도 본질적으로 서로 다른 두 가지 유형이 있다. 앞에서 협동 '방식'을 구분하는 기준은 행위 방식이나 생산 달성 방식이었으나, 여기에서 다룰 협동 '유형'을 구분하는 기준은 결합하는 방식 또는 협동을 주도하는 주체이다.

하나는, 외부적 유형이라고 할 수 있는 것으로서, 특정 목적을 가진 의도적인 지시나 통제에 의한 협동이다. 이를 '지시된 협동' 또는 '의식적 협동'이라고도 부를 수 있겠다. 다른 하나는, 내부적 유형이라고 할 수 있는 것으로서, 각 개인이 전체적인 결과를 의식하지 않고 각자 자기 의지에 따라 자기 목적을 추구하지만 이런 개별 행위가 서로 관련을 맺어 생기는 협동이다. 이를 '자발적 협동' 또는 '무의식적 협동'이라고 부를 수 있겠다.

대규모 군대 이동은 지시된 협동의 좋은 예가 된다. 군대에서는 한 사람이 결정하는 의식적인 의지에 수많은 개인이 복종하여 그 명령에 따라 행동함으로써 마치 명령자의 신체와 사고에 동참하는 것 같은 결과가 된다. 한편 대도시 주민에게 필요한 다양한 물자가 공급되는 과정은 자발적 협동을 보여 주는 좋은 예가 된다. 이런 협동은 군대 이동 같은 협동보다 범위가 훨씬 넓고 정교하며 조직도 훨씬 강력하고 세밀하다. 그러나 어느 한 사람이 자기 의도가 초래할 전체적인 결과를 알면서 의식적인 의지를 통해 명령을 내리고 이 명령에 많은 사람이 복종하는 식으로 협동이 이루어지는 게 아니라, 전체적인 결과를 생각하지 않는 각 개인이 자신의 목적을 위해 독립적인 의지로 행동하는 가운데 그 상호 관계에서 나오는 협동이다.

지시된 협동은 우리가 의식적으로 제어할 수 있는 신체 동작에 비유할 수 있다. 자발적 협동은 신체에서 생명 활동을 위해 작동하는 수많은 무의식적인 움직임에 비유할 수 있다. 신체의 자발적 협동은 그 복잡성, 미묘성, 정밀성이 의식적인 지시보다 훨씬 높지만 상호 간 및 전체 목적에 완벽하게 조화되어 인간 신체의 생명과 활력을 유지한다.

사회적 효과를 낳는 협동을 선박 운항에도 비유할 수 있다. 여러 선원에게 업무를 지정하고 일을 지시하는 권한을 선장에게 부여하면, 한 사람의 의사에 따라 통일적으로 항해할 수 있는 이점이 있다. 이런 유형의 협동도 때로는 필요하다. 그러나 장기적으로 복잡하고 정교한 작업과 조정이 필요한 업무에서는 별로 도움이 안 된다.

또 예를 들어 보자. 새도 구조적인 면에서는 선박과 다름없는 기계로 볼 수 있다. 새는 의지에 따라 자기 움직임을 조절하고, 날아오르거나 내려오며, 여러 방향으로 날아다니고, 바람을 타거나 거스르는 등 모든 기계적인 움직임을 실행할 수 있다. 그러나 자발적인 움직임을 지배하는 의지, 곧 공중 곡예를 조절하는 주체인 지능만으로는 새라는 기계 자체의 뛰어난 조정·적응 능력을 충분히 설명해 주지 못한다. 이런 능력은 새의 지능은 물론이고 최고 수준에 있는 인간 지성도 능가한다. 새라는 기계는 가벼우면서도 강하고, 유연하면서도 단단하고, 우아하면서도 힘차다. 이 기계는 적절한 재료로 제작되었고, 각 부분이 절묘하게 연결되어 있으며, 공간과 에너지와 기능의 측면에서 매우 효율적이다. 이런 특징은 인간에게는 너무나 복잡하고 난해하며, 인간이 만든 최고급 기계보다 더 우수하다.

우리도 그렇지만, 미개인에게 새는 풀리지 않는 신비일 것이다. 그러나 미개인에게 경이로움과 감탄을 자아내는 것은 새보다 선박이라고 할 수 있다. 미개인이 선박에 접근해 보면, 그게 자연히 생겨난 게 아니라 인간이 만든 것이고 자신들이 애써 만든 소박한 배에 비해 훨씬 우수하다는 사실을 알게 된다. 그러나 미개인이 배에 좀 더 가까이 가서 살펴보게 되면, 단지 크기가 좀 더 크고 성능이 좀 더 우수한 카누일 뿐이라는 걸 알게 된다. 미개인도 큰 카누를 만들려면 여러 사람이 힘을 합쳐 커다란 통나무를 절단하고, 운반하고, 톱질하고, 파내듯이, 문명사회에서도 그렇게 만들었을 것으로 생각하게 된다. 그래서 선박에 대한 감탄은 선박을 운항하는 사람에 대한 감탄으로 이어지게 된다. 미개인은 선원을 선박 건조자이거나 적어도 선박 건조 능력을 갖춘 사람이라고 생각할 것이고, 단순한 카누에 비해 선박이 월등한 성능을 갖는 것은 선원이 많은 지식과 기술과 힘을 가지고 있기 때문이라고 생각할 것이다. 그래서 처음에는 선원을 신처럼 생각하게 된다.

그러나 미개인의 생각은 틀렸다. 선박이 아무리 우수하더라도 그 때문에 선원도 우수하다고는 할 수 없다. 만약 선원들이 선박과 각종 물품 없이 해안에 상륙한다면 아마도 미개인보다 더 무력해질 것이고 카누조차도 만들 수 없을 것이다. 연장과 재료가 있다 하더라도, 조잡한 배를 만드는 데만도 오랜 시간과 노력이 들 것이다. 이런 배는 장기 항해와 거친 날씨에 부적합하며, 현대 선박과는 비교도 되지 않는다. 현대 선박은 단순한 제작의 결과라기보다 생물과 같은 성장의 결과라고 표현하는 것이 더 적합하다. 현대 선박을 건조하기 위한 협동과 카누를 제작하기 위한 협동 사이에는 엄청난 차이가 있다. 이런 차이는 자연 작용과 인간 행위의 차이에 비견할 만하다.

커다란 카누를 만드는 데 필요한 협동이나 선박 운항에 필요한 협동은 최신형 고급 선박 건조에 필요한 협동에 비하면 매우 단순하다. 선박 설계에 따라 각 부품과 재료를 구입하여 실제로 조립하기 위해서는 지시된 협동이 필요하다. 그러나 부품의 구입과 조립은 지시된 협동으로 충분하다고 해도, 자연 상태의 원료가 부품이 되기까지의 제조 과정과 부품이 조립 현장에 도달하는 유통 과정도 지시된 협동으로 충분하다고 볼 수 있을까?

최신형 고급 선박에 필요한 물자를 한번 생각해 보자. 목재, 널빤지, 돛대, 다양한 철제품, 구리와 황동 제품, 각종 나사, 쐐기, 쇠사슬, 강철, 삼, 면 따위로 만든 밧줄, 다양한 직물로 만든 돛, 닻을 감아올리는 기계, 펌프, 구명보트, 육분의(六分儀, sextant),[14] 크로노미터(chronometer),[15] 망원경과 항해 측정계, 기압계와 온도계, 지도, 항해력(航海曆), 신호탄, 색깔 신호기, 식량, 옷, 연장, 의약품과 가구, 기타 갖가지 잡화 등 일일이 나열하기도 힘들다. 지시된 협동으로는 이런 다양한 생산물을 제작하고 조달한 예가 과거에도 없었고 그 성질상 앞으로도 있기 어려울 것이다. 값비싼 기계류와 최고의 기술, 그리고 보조 부품과 과정이 필요하기 때문이다.

---

14 두 점 사이의 각도를 정밀하게 재는 광학 기계. 태양, 달, 별 따위를 수평선 위에서 각도를 재어 관측 지점의 위도와 경도를 간단하게 구하는 데에 쓴다.

15 정밀한 경도(經度) 측정용 시계.

선박 제조업자가 고급 선박을 주문받은 후에, 그제야 목재를 구하려고 직공을 숲으로 보내지 않으며, 철·구리·납 광석을 채굴하라고 요구하지도 않으며, 이러한 광석을 녹일 석탄과 내화벽돌의 원료인 점토를 파 오라고 지시하지도 않는다. 또한 대마나 목화를 심거나 누에를 키우라고 명령하지도 않고, 유리를 만들라고 하거나 짐승을 잡아 동물 기름을 구해 오라고 하지도 않는다. 피치(pitch)[16]와 로진(rosin),[17] 기름, 페인트, 종이, 펠트(felt)[18]와 수은을 만들라고 명령하지도 않는다. 또한 이러한 원자재를 원하는 형태로 만들거나 모아서 조선소에 가져오라고 지시하지도 않는다. 이런 일은 솔로몬 같은 지혜와 힘이 있어도 쉽사리 감당해 내기 어렵다. 선박 제조업자가 하는 일은 단지 고급 문명이 제공하는 자원을 이용하고, 무의식적 협동을 이용하는 것이다. 이러한 문명이 없다면 선박 제조업자는 아무 일도 못한다. 세밀하게 분화된 산업 전체에는 다양한 장소와 직종에서 일하고 있는 수많은 근로자가 있는데, 이들이 온갖 지시를 통해서가 아니라 무의식적 협동을 통해서 활발하게 참여한다. 각자 오로지 개인적인 욕구를 충족하기 위해 자연스럽게 이루어지는 이러한 협동 방식은 배를 건조하는 데 필요한 재료와 물품을 한데 모을 수 있는 가장 쉬운 방식이다.

최신형 선박은 최신형 기차처럼 현대 문명이 낳은 산물이다. 문명이란 본질적으로 개인별 노력이 서로 관계를 맺으면서 이루어진다. 문명이란 외부적으로 어느 개인이 지시해서 이루어지는 게 아니라,

---

16 원유, 콜타르 등을 증류시킨 뒤 남는 검은 찌꺼기.

17 송진에서 테레빈유(turpentine oil)를 증류하고 남은 잔류물.

18 양털이나 그 밖의 짐승 털에 습기와 열을 가하여 눌러 만든 두꺼운 천 모양의 물건. 모자나 양탄자 따위를 만드는 데 쓰임.

내부적으로 각자 자기 욕구를 충족하려는 노력을 통해 저절로 이루어지는 무의식적 협동의 결과다. 통치자 한 사람이 제아무리 수십억 개 부품을 생산하라고 명령하더라도, 문명이 그러한 부품을 제공하지 않는 한 선박을 만들 수 없다. 피라미드를 만든 파라오, 해골을 산더미처럼 쌓은 칭기즈칸, 그 밖에 알렉산더, 시저, 헨리 8세라도 그렇게 할 수는 없다.

앞에서 예로 든 선박 운항의 협동 방식은 매우 단순한 것이다. 이러한 협동은 쉽게 배울 수 있다. 그러나 선박 건조에 필요한 협동은 그보다 훨씬 복잡하다. 선박 건조 과정의 협동은 의식적인 지시로는 이룰 수 없다. 근로자들에게 의식적인 행동을 지시한다고 해서 이러한 협동 방식이 개선되거나 향상될 수 있는 게 아니다. 마치 자신의 의지로 자기 키를 단 1큐빗(cubit, 약 50cm)이라도 키울 수 없는 것과 같다. 이러한 협동을 도우려면 오히려 간섭을 자제해야 한다. 각자 최선이라고 판단하는 방식을 통해 자기 욕구를 충족하도록 근로자들에게 자유를 부여하며, 이러한 협동이 저절로 일어나도록 자유를 주는 것이다. 자율적 협동 방식에 적합한 작업에 외부 지시에 의한 협동 방식을 적용하려는 노력은 닭장을 짓는 목수에게 닭까지 만들어 내라고 요구하는 것과 같다.

이것은 갖가지 모습으로 나타나고 있는 사회주의의 맹점이다. 여러 사례가 보여 주듯이, 꼭 필요한 일부 사회 영역 너머로 의식적인 규제와 지시를 확대하면 불가피하게 역작용이 발생하여 규제와 지시가 의도하는 대상에 오히려 해를 주게 된다.

노동 생산력은 독립된 행위에서만 최대로 발휘될 수 있다. 사람을 다른 사람에게 복속시키는 것은, 행동의 통일성을 위한 방법이긴 하지만, 지능이 필요한 업무에서는 반드시 생산력 저하를 초래한다. 우리는 이 사실을 노예 제도에서 확인할 수 있으며, 정부가 개인의 자유를 무리하게 제한한 사례에서도 확인할 수 있다. 개인별 노력을 통일하거나 결합하는 가운데 각자에게 전적인 자유를 부여하면 생산력이 온전히 발휘되어 결과가 엄청나게 좋아진다.

자유가 보장되는 사회에서 자연스럽게 이루어지는 분업을, 사회주의 이론처럼 외부 지시를 통해 확보하려는 경우를 생각해 보자. 우선, 사람들에게 현명한 지시를 내리려면 누군가를 선발해야 한다. 천사나 천사장을 선발할 수 있다면 좋겠지만, 이들의 존재는 우리 눈에 보이지 않으므로 그렇게 할 수 없다.

우리가 흔히 경험하듯이, 권력의 수탁자를 올바로 선택하는 것은 어렵기도 하고 또 권력 집중은 필연적으로 전제와 압제로 나아가는 경향이 있지만, 이런 문제는 일단 무시하고 가장 현명하고 가장 우수한 인간이 지도층으로 선택되었다고 가정해 보자. 그렇다고 해도 문명사회에서 무한히 복잡하고 끊임없이 변화하는 갖가지 관계에 질서를 잡아 주고 감독하는 과업이 얼마나 어려울지 생각해 보라. 아무리 최고 수준의 지성을 가진 사람이라고 해도 감당할 수 없다. 마치 인체에서 건강과 활력을 유지하는 과정처럼, 의도적 지시로 해결될 문제가 아님이 분명하다.

인간 정신은 지각하고, 비교하고, 판단하고, 선택하는 의식적인 지능이며 그 능력은 가히 불가사의하고 대상 영역은 굉장히 넓다. 그러나 우리 눈이 태양계와 은하수 너머까지 볼 수는 있지만 눈 자체의 기능은 보지 못하듯이, 우리 정신도 자신의 기능을 인식하지 못한다. 정신이 깃들어 있는 신체는 외부 세계를 인식하는 매우 복잡하고 섬세한 기계와 같지만, 이 기계는 의식적인 지능이 휴식하는 동안에도 활동하는 무의식적인 지능 덕분에 존재한다. 무의식적인 지능은 신체가 잠잘 때 우리를 지켜 주는 호위병과 같다. 무의식적인 지능은 의식적인 지능의 동의나 의도와 무관하게 작용하고 대처한다. 의식적인 지능은 이를 직접 알지도 못하고 통제하지도 못한다.

경제에서 나타나는 개인 간의 자발적·무의식적인 협동도 이와 같은 성격을 갖는다. 부를 생산하는 과정에서 각 개인의 노력을 결집하여 생산 능력을 극대화하며, 각 생산 단위에 생산물을 분배하는 기능까지 담당한다. 이런 협동의 본질과 법칙을 확인하는 것이 정치경제학의 주된 과제이다.

6. 교환과 경쟁

교환이란 다른 물자를 취득하려는 목적 및 수단으로 물자를 의도적으로 내놓는 행위를 말한다. 교환은 예측, 계산, 판단 등이 필요한 행위이며, 본능과는 다른 이성이 작용하는 행위이다.

우리가 알고 있는 모든 생물은 방식과 정도의 차이는 있지만 서로 협력하며 살아간다. 우리가 아는 한 혼자서 살아가는 생물은 하나도 없다. 그러나 인간만이 교환을 통해 협력하는 유일한 존재며, 교환하는 동물이라는 점에서 지구상에 공존하는 수많은 다른 종과 구별된다. 모든 생물 가운데 인간은 자신이 원하는 것을 획득하기 위해 자기 것을 내주는 유일한 존재다. 다른 어떤 동물도 먹이를 유인하기 위해 미끼를 사용하지 않으며, 농사를 짓기 위해 자신이 먹을 수 있는 종자를 심지 않는다. 즉, 더 좋아하는 물자를 얻기 위해 자기가 좋아하는 물자를 주는 일이 없다. 그러나 이런 행위는 성장한 인간의 자연스러운 특징이며 인간만의 원리다.

교환이야말로 생산을 위한 자발적 협동을 구현하는 위대한 수단이며, 교환을 통해 개별 경제단위가 사회유기체 속에 통합되어 '더 거대한 리바이어던'을 형성한다.[19]

앞에서 '적응시키기', '기르기', '교환하기'로 구분했던 세 가지 생산방식 가운데 적응시키기와 기르기는 교환을 통해 더 고도화될 수 있

---

19 '더 거대한 리바이어던'은 경제 공동체를 의미하며 자세한 내용은 제1장 2절 참조.

다. 교환이 없다면 개인 간 협동을 통해 부를 생산하는 수준은, 가정을 이루는 것과 같은 본능의 수준 또는 상명하복 관계와 같은 협동의 수준을 능가하지 못했을 것이다. 이런 수준에서 이루어지는 협동은 가장 저급한 문명에도 분명히 미치지 못한다. 노예를 예로 들어 보더라도, 노예 생존을 위한 음식이나 옷가지를 조달하기 위해서도 불충분하나마 어느 정도 교환이 필요할 뿐 아니라 노예주가 최저 수준 이상으로 만족을 얻으려면 교환을 통해 노예 노동에 필요한 물자를 조달해야만 한다.

상당수 정치경제학 저서에서는 교환을 분배의 한 분야로 분류하고 있다. 그러나 교환은 본질적으로 생산에 속한다. 문명 진보와 더불어 협동이 부의 생산 능력을 엄청나게 증가시키는데, 협동의 힘은 교환을 통해 발휘할 수 있다.

교환의 동기는 정치경제학의 기본적인 전제인 최소의 노력으로 욕구를 충족하려 한다는 보편적 진리에서 비롯된다. 교환을 통해 최소의 노력으로 자기 욕구를 충족할 수 있다면, 인간은 보편적 본능에 의해 당연히 교환으로 욕구를 충족하게 된다. 교환은 온갖 욕구를 충족시켜 줄 수 있는 가장 쉬운 방법으로서, 이 사실은 초기 사회에서도 그랬고 사회 진보에 따라 더 뚜렷해졌다.

교환에 따른 생산력의 엄청난 증가에 작용한 또 하나의 자연법 또는 자연조건이 있다. 바로 생산 과정에서 벌어지는 경쟁이다.[20]

---

20 헨리 조지는 이 위치에 "6쪽을 남겨 둠"이라는 주석을 연필로 달아 놓았다. 이 문단 다음부터는 축약자가 헨리 조지의 다른 저서 『보호무역이냐, 자유무역이냐』(*Protection or Free Trade*, 1886) 제28장의 '경쟁'에 관한 내용을 뽑아 덧붙인 것이다.

'경쟁은 경제의 활력소'라는 말은 오래된 진리다. 그러나 오늘날 각종 사상과 문헌을 살펴보면, 경쟁은 악한 것이어서 부를 생산하는 과정에서 발생하는 경쟁의 원인과 역할을 재검토할 필요가 있다고 하는 경우가 많다. 경쟁은 사악하므로 고차적인 이익을 추구하는 사회에서는 경쟁을 제한해야 한다는 견해는 대부분, 부의 분배에 관한 자연법을 왜곡하여 타인을 희생시키면서까지 부당한 이익을 취하는 현실에서 비롯된다. 경쟁에 대한 이런 회의론은 애덤 스미스 당시의 중상주의가, 그리고 지금은 보호무역주의가 취하는 견해로서 일종의 사회주의라 할 수 있다. 보호무역주의는 대부분 숭고한 이상에서 출발했고, 문명 세계에서 부를 분배하는 과정에서 존재하는 엄청난 불평등에 대한 정의로운 분노에서 시작했지만, 불평등이 경쟁에서 비롯되었다는 잘못된 가정과 결합하고 말았다.

지금 보호무역주의나 사회주의 자체를 다루려는 것이 아니다. 나의 목적은 그런 주제를 논하는 것이 아니라 정치경제학이 다루는 자연법을 발견하고 설명하는 것이다.

부의 생산에서 타인과 벌이는 경쟁은 최소의 노력으로 욕구를 충족하려는 본성에 뿌리를 두고 있다. 경쟁은 진실로 경제의 생명이며, 경제 자체를 가능하게 하는 활력소라고도 할 수 있다. 경쟁이 경제의 활력소인 것은 경쟁의 정신과 본성이 경제와 일치하기 때문이다. 경쟁은 경제를 적정한 수준으로 이끌며, 따라서 문명의 필수 요소이다.

인간이 경쟁에 치여 극도로 비참해지는 모습을 보고 경쟁을 철폐해야 한다고 성급한 결론을 내리는 사람은 흔히 집이 화재로 무너지는 것을 보고서 불의 사용을 금지하려는 사람과 같다.

우리가 숨 쉬는 대기는 신체 구석구석에 15파운드(약 7kg) 남짓한 압력을 가한다. 만일 이 압력이 한 방향으로만 가해진다면 우리는 바닥에 눌려 젤리처럼 납작하게 분쇄되고 말 것이다. 그러나 압력이 모든 방향으로 작용하기 때문에 압력 속에서도 자유롭게 움직일 수 있다. 대기의 압력은 거의 불편함이 없을 뿐만 아니라 압력이 없다면 죽을 수밖에 없으므로 오히려 필수적인 존재다.

경쟁도 이와 같다. 생활과 노동에 필수적인 요소, 즉 토지에 대한 권리를 부정당하는 계층이 있다면 경쟁은 일방적 경쟁이 되고, 인구 증가에 따라 그런 최하 계층은 사실상 노예 상태, 심지어 굶주리는 상태로까지 몰린다. 그러나 모든 인간에게 자연권이 보장된다면 경쟁은 모든 당사자에게 작용하여, 피고용자 사이뿐만 아니라 고용주 사이에도 경쟁이 있고, 판매자 사이뿐만 아니라 구매자 사이에도 경쟁이 있게 되므로, 아무도 해를 입지 않는다. 오히려 경쟁으로 말미암아 가장 단순하고 광범위하고 탄력적이고 세련된 협동 체제가 이룩된다. 현재의 사회 발전 단계에서 경쟁이 자유롭게 이루어진다면, 산업 간의 조화와 사회 에너지의 절약을 이룩할 것으로 기대할 수 있다.

요약하자면, 사회 유기체에서 경쟁은 신체에서 무의식적으로 작용하는 생명력과 같은 역할을 한다. 경쟁이 자유롭게 작용하도록 해 주어야 한다.

7. 생산의 3요소

모든 경제학자는 생산요소로 세 가지를 제시한다. 토지, 노동, 자본이 바로 그것이다. 그리고 내가 아는 한 예외 없이 항상 이런 순서로 제시한다. 이 순서는 매우 자연스럽다. 생산요소가 등장한 순서와 같기 때문이다. 정치경제학의 연구 대상이 되는 세상은 토지와 더불어 시작된다. 토지의 힘과 잠재력 그리고 모든 동식물까지도 인간 이전에 이미 존재하고 있었다. 그러나 창세기 표현처럼 "혼돈하고 공허한" 상태였든, 이미 하등 생물이 번식한 상태였든, 경제 요소 중 토지만이 존재했던 이 시기에는 경제적 의미에서 생산도 없었고 부도 존재하지 않았다. 인류가 등장하여 노동이라는 경제 요소가 토지와 결합하면서 생산이 시작되었고 그 결과 부가 발생하기 시작했다. 노동에 부를 활용하면 생산력이 더 향상된다는 사실을 알게 되면서, 셋째 생산요소인 자본이 드디어 등장했다.

그러나 셋째 요소와 그 앞의 두 요소는 성격과 중요성에서 다르다는 점에 유의해야 한다. 토지와 노동은 근원적이며 필수적인 생산요소다. 이 둘은 서로 호환되지 않으며, 어느 생산 방식에서든 다 필요한 생산의 필수 요소다. 그에 비해 자본은 근원적 요소가 아니다. 자본은 합성된 또는 파생된 생산요소로서, 근원적 생산요소인 토지와 노동의 결합으로 얻어진다. 자본은 모든 생산 방식이 아닌 일부 생산 방식에서만 필요하므로 생산의 필수 요소가 아니다. 그런데도 생산에서 자본의 역할이 분명하기도 하고 또 근원적 생산요소로부터 자본을 구별해서 다루면 편리하기도 하여, 초기부터 정치경제학자들은 자본을 독립된 생산요소로 이해하였다. 그래서 문명사회에서 부를 생산하기 위해 결합하는 3요소를 ① 토지, ② 노동, ③ 자본의 순서로 제시하고 있다.

토지가 노동에 선행하고 노동이 자본에 선행하는 것은 어머니가 아기에 앞서 존재하는 것처럼 너무나 자명하므로, 독자들은 내가 세 가지 생산요소의 순서를 강조하는 것이 좀 부질없다고 생각할지 모르겠다. 그러나 일부 정치경제학에서 다루는 내용이 부조리하고 망신스럽게 된 원인을 파악하는 데 열쇠로 작용하기 때문에 이 순서를 강조하는 것이다. 진실로 자신이 쓰는 용어를 스스로 정의 내린 학자라면 세 가지 생산요소의 순서를 제대로 이해했을 것이다. 그러나 나중에 이를 따르는 학자들이 별다른 의식 없이 용어를 사용하면서 순서를 뒤바꾸는 경우가 생겼다. 그래서 마지막 생산요소를 맨 앞으로 올려서, 첫째 생산요소를 자본이라고 생각하게 되었다. 사회주의가 자본에 지나친 의미를 부여하고 자본의 진정한 성격과 기능을 제대로 파악하지 못하는 것은 전문 경제학 이론의 이런 부조리에서 비롯된다.

그러나 생산요소의 성격과 순서에 대한 혼동의 결과는 부의 분배를 검토할 때 더 자세히 다루기로 한다. 여기서는 단지 생산요소의 진정한 순서를 제시하고 그러한 생산요소가 무엇인지를 명확하게 설명하려고 한다. 이제 하나씩 검토해 보기로 하자.

토지

인간은 자연에서 무엇인가를 끌어냄으로써 생산한다. 정치경제학에서 토지란 끌어내는 대상을 지칭하는 용어다. 생산을 위해서는 인간 이전에 토지가 존재해야 한다. 정치경제학에서 토지라는 용어는 자연적인 또는 수동적인 생산요소를 말하며, 인간이 접근할 수 있는 외부세계 전체를 포함한다. 토지가 갖는 힘과 특성도 포함한다. 다만 인간의 신체나 생산물에 잠시 내재되어 일시적으로 인간과 부로 분류되는 것은 제외한다. 이것도 결국에는 자연에 재흡수되어 토지로 돌아간다.

토지라는 단어의 본래 의미 또는 일상적 의미는 물이나 대기로부터 구별되는 건조한 지표면이다. 인간은 수중이나 공중에서 살아가는 동식물이 아니라는 뜻에서 육상 동물이며, 지구의 건조한 표면은 모든 인간이 살아가는 거처이다. 또한 인간은 토지에서 필요한 물자를 구할 수 있고 각종 원료나 에너지를 활용할 수 있다. 그래서 법률 용어로서 토지는 건조한 지표면 이외에도 그 아래위에 존재하는 모든 것을 의미한다. 토지라는 용어를 정치경제학 용어로 사용할 때도 이처럼 의미가 확장될 수 있으며, 인간이 자연 또는 창조주로부터 받았거나 받을 수 있는 모든 형태의 물질을 포함한다.

정치경제학의 '토지'라는 용어는 자연적 또는 수동적 생산요소를 의미하며, 노동은 토지 위에서 그리고 토지를 통해서 생산한다.

그러나 토지는 단지 수동적인 생산요소라는 점에 주의할 필요가 있다. 토지는 사람이 아닌 사물인데도, 시에서는 물론이고 일상 대화에서도 토지를 의인화하여 감정과 행동이 있는 것처럼 표현하기도 한다. 풍경이 미소 짓고 토라지고 화를 낸다고 말하고, 지구가 무언가를 주거나 받는다고 말하며, 자연이 인간을 유혹하거나 거부한다고도 한다. 그러나 이러한 표현은 단지 무생물에 대한 인간의 감정을 더 강렬하고 우아하게 표현하기 위한 비유법에 지나지 않는다. 토지는 능동적일 수 없고 인간이 토지를 사용할 뿐이다.

토지라는 단어로 토지소유자를 표현하고자 할 때조차 이 원리는 변경되거나 폐지되지 않는다. 토지소유자는 소유자 자격으로 생산 과정에 참여하는 게 아니다. 토지가 사유재산인지 아닌지는 토지 자체와는 무관하며 토지 생산력에도 전혀 영향을 주지 않는다. 모래는 모래일 뿐이고 금은 금일 뿐이며, 비는 내리기 마련이며 태양은 비치기 마련이며, 사람이 부여하는 도덕적 의미와도 무관하다. 이것은 전화선을 통과하는 메시지의 영향을 전화선이 전혀 받지 않는 것과 같고, 바위가 그 위를 날면서 지저귀는 새 소리의 영향을 전혀 받지 않는 것과 같다.

내가 이렇게 말하는 이유는, 생산요소로서 토지에 대한 정의가 지금까지 설명한 바와 같은데도, 정치경제학계의 정평 있는 학설에서는 계속해서 토지소유자가 소유권을 통해 생산에 기여한다고 가정하는 경향이 있기 때문이다.

우리가 토지소유자라고 부르는 사람들도 당연히 자기 노동과 자본을 생산 과정에 투입할 수 있다. 그러나 이 사람들이 토지소유자이기 때문에 생산에 기여한다고 한다면 그것은 매우 우스꽝스럽고 또 있을 수 없는 일이다. 마치 달이 밝은 것은 자신이 달을 소유하기 때문이라고 믿는 정신이상자와 같다.

노동

인간의 모든 행위, 적어도 의식적인 행위의 동기는 욕구이고 목적은 욕구 충족이다. 인간이 투입하는 노력은 욕구와 욕구 충족을 연결하는 행위다. 이런 노력을 지칭하는 경제 용어가 바로 '노동'이다. 노동은 능동적인 요소이며, 인간의 관점에서 본다면 모든 생산의 일차적·주도적 요소다. 토지에 노동을 투입하면, 인간의 물질적 욕구를 충족할 수 있는 변화가 일어난다.

정치경제학에서 이러한 노력을 표현하는 용어는 노동 이외에는 존재하지 않는다. 노동이라는 용어는, 생산 방식과 무관하게, 부를 생산하는 데에 투입되는 모든 인간적인 노력을 포함한다. 일상 대화에서는 정신노동과 육체노동이 별개인 것처럼 말하기도 하고, 노동은 오로지 육체적인 노력만을 의미하기도 한다. 그러나 실제로는 부를 생산하기 위한 모든 형태의 노력은 육체도 필요하고 두뇌도 필요하다. 노동자에게서 정신 능력이 작용하지 않으면 노동은 불가능하다.

토지가 자연적인 생산요소 또는 수동적인 생산요소인 반면, 노동은 인간적인 생산요소 또는 능동적인 생산요소에 해당한다. 노동은 이처럼 주도적인 생산요소다. 모든 생산 결과는 토지에 노동을 투입해야만 얻을 수 있으므로, 노동이 모든 부의 생산자라는 말은 진리다.

자본

생산에서 일차적인 요소는 노동과 토지이고 두 요소를 결합함으로써 모든 생산이 가능하며 그렇게 구체화한 생산물을 부라고 한다. 부는 인간의 욕구 충족에 적합하도록 노동으로 토지를 변화시킨 것이다. 일반적으로 셋째 생산요소로 구별되는 '자본'은 부 가운데 생산에 쓰이는 부분이다.

자본은 자체적으로 독립된 생산요소가 아니며, 추가 생산을 위해 노동을 도울 뿐이다. 이 점은 항상 명심해야 할 사항이다. 자본은 일차적인 생산요소가 아니다. 생산은 자본 없이도 가능하며, 자본 없이 생산하는 사례도 많다. 또 자본이 맨 처음 등장하지도 않았다. 자본은 2차적인 생산요소이며, 노동과 토지가 결합하여 부를 생산한 후에 그 결과로 나타나는 결합적 생산요소이다. 자본의 핵심은 노동과 토지가 결합하여 더 큰 생산력을 갖추게 된 생산요소라는 점에 있다. 그러나 자본은 문명 생활에 필수적이며 중요하기 때문에 정치경제학에서 셋째 생산요소의 위치를 차지하게 되었다. 자본을 사용하지 않으면 인간은 동물 이상의 생활을 영위하기 어렵다.

자본 혼자서는 아무것도 할 수 없다. 자본은 언제나 보조적일 뿐 주도적인 역할을 하지 않는다. 주도적인 생산요소는 언제나 노동이다. 생산에서 언제나 노동이 자본을 이용할 뿐, 자본이 노동을 이용하지 않는다. 이러한 관계는 문자 그대로도 타당하고, 자본이라는 용어를 의인화하여 자본 소유자를 의미할 경우에도 타당하다. 순수하고 단순한 의미의 자본가는 단지 자본을 지배하는 사람이며 노동이 생산할 수 있도록 지원하는 힘을 가지는 사람이다. 그러나 오로지 자본가라는 자격만으로 그 힘을 행사할 수는 없다. 그 힘은 노동을 통해서만 행사할 수 있다. 그 힘을 행사하려면 최소한 스스로 노동 기능을 발휘하거나 아니면 그렇게 할 수 있는 사람에게 어떤 조건으로 자본을 맡겨야 한다.

내가 이렇게 말하는 이유는, 일상 대화에서뿐만 아니라 다수 정치경제학 저서에서도 습관적으로, 자본이 마치 주도적 생산요소인 것처럼 언급하며, 또한 자본이나 자본가가 노동을 고용하는 것처럼 언급하기 때문이다. 자본을 어떤 의미로 사용하더라도, 생산을 주도하는 것은 항상 노동이며, 자본은 노동을 지원할 뿐이다. 생산을 시작하는 것은 자본이 아니며 노동이 자본을 지원하는 일은 없다.

노동만이 부와 자본의 유일한 생산자라는 사실을 명심해야 한다. 소유권으로는 아무것도 생산하지 못한다. 다만, 생산을 저지할 수 있기 때문에 분배에 영향을 미칠 수 있을 뿐이다. 또 소유권은 다른 사람의 부나 자본을 소유권자에게 이전할 수는 있지만 소유권이 부를 생산하는 일은 없다.

제 6 장

부의 분배

1. 분배의 의미

정치경제학에서 부의 분배에는 운송과 교환이 포함되지 않는다. 정치경제학에서 교환을 별도로 다룰 논리적인 이유가 없는데도, 정치경제학을 부의 생산, 분배, 교환을 결정하는 법칙을 가르치는 학문이라고 정의하는 학자들 때문에 각종 오해가 널리 퍼지고 있다. 운송과 교환은 노동을 투입하여 자연물을 인간의 욕구 충족에 더 적합하도록 만드는 과정의 일부이기 때문에 당연히 생산에 포함된다.

조세와 소비도 정치경제학에서 별도 분야로 다룰 논리적 이유가 없다. 조세는 인간법에서 정하는 문제인데, 정치경제학의 연구 대상은 자연법이다. 생산의 목적은 분배가 이루어지면 완성되므로 소비 역시 정치경제학의 연구 대상이 아니다.

정치경제학에서 부의 분배를 연구하는 이유는 문명사회에서 부의 생산이 협동적인 성격을 갖기 때문이다. 미개한 상태에서는 고립된 생산 단위별로 생산하고 그 생산물을 직접 소유하기 때문에, 부의 분배가 발생하지 않고 따라서 분배 문제를 고려할 필요가 없다. 그러나 삶의 수준이 높은 상태에서는, 개별 생산 단위가 자기 욕구를 충족시키려는 동기에서 협동을 통해 생산하기 때문에 분배 문제가 필연적으로 발생한다.

분배는 생산의 연장이다. 하나의 과정에서 생산이 전반부이고 분배는 후반부다. 생산에 노력을 투입하는 것은 만족시켜야 할 욕구가 있기 때문이고, 분배란 생산의 결과가 욕구 충족의 단계, 즉 생산의 종점 또는 목표로 이동하는 과정이기 때문이다.

정치경제학을 논리적으로 구분한다면, 부의 분배는 마지막 부분이다. 정치경제학이 다루는 모든 행위와 움직임 가운데 시초는 인간의 욕구이며 그 종점이나 목표는 욕구 만족이기 때문이다. 여기에 도달하면 정치경제학은 종료되며, 그 마지막 과정이 부의 분배이다. 부가 분배된 이후에 그 부를 어떻게 사용하는지는 정치경제학과 전혀 상관없는 일이다. 정치경제학이 그 이후 단계에 관심을 둔다면, 부가 자본으로서 정치경제 영역에 다시 등장하는 경우에 국한되며, 이때는 별도의 새로운 생산 과정이 시작된다. 분배된 부로 무엇을 하는지는 개인적인 관심사가 되기도 하고 개인이 소속된 사회의 관심사가 될 수는 있겠지만, 정치경제학의 대상은 아니다.

부의 궁극적 처리에 관한 연구는 교훈적이고 유용하기도 하겠지만, 정치경제학 영역에 속하지는 않는다. 정치경제학은 모든 지식을 포괄하는 게 아니라, 분명하고 확실하게 정의된 자기 영역을 가진 독자적인 학문이다.

예를 들어 보자. 감자가 필요하다고 해서 나 스스로 땅을 파고, 심고, 김을 매고, 수확해야 하는 것은 아니다. 문명사회의 한 사람인 나는 나무를 베어 대패질을 하거나, 낚시나 사냥을 하거나, 바이올린을 연주하거나, 설교를 하거나 해서 타인의 욕구를 충족시키면, 그 대가로 감자를 직접 얻거나 아니면 감자를 살 돈을 얻을 수 있다. 이 전체 과정은 감자를 얻으려는 내 욕구에서 시작되어, 감자를 직접 취득하거나 내가 원하는 다른 곳에 둘 수 있을 때 종결된다. 그런 이후에는 감자를 삶아 먹든 구워 먹든 튀겨 먹든, 개나 돼지에게 주든 종자로 심든 썩게 내버려 두든, 다른 음식과 교환하든 다른 사람에게 선물로 주든 빌려주든, 이런 것은 감자에 대한 욕구에서 비롯된 일련의 과정과는 무관하다.

흔히 정치경제학에서 분배라는 용어는, 생산에 기여한 사람 또는 계층에게 생산의 결과를 나눈다는 의미로 사용된다. 그러나 아래에서 설명하듯이 이런 용법은 오해를 낳는다. 분배에 담긴 진정한 의미는 생산요소의 범주에 따라 나누는 것이기 때문이다.

분배 문제를 논의하기 전에 특별히 명심할 사항은, 정치경제학이 발견하려는 것은 인간법이 아니라 자연법이라는 점이다. 그렇다면, 부의 분배 법칙에 대한 탐구는, 특정한 상황에서 부를 어떻게 분배해야 하는가를 규정한 인간법에 관한 것이 아니라는 결론이 나온다. 실정법도 하나의 예로 참고할 수는 있겠지만 주된 관심사는 아니다. 우리가 탐구해야 하는 것은 자연 질서에 부합하는 부의 분배 법칙이며, 사회 유기체 또는 경제체를 형성하는 체계나 제도에 관한 법칙이다. 자연법은 문명에 의해 등장하고 진보에 따라 발전하는 정치체나 국가, 즉 거대한 리바이어던이 만든 법이 아니다. 우리가 찾는 자연법은 모든 시대와 장소에서 동일한 법이며, 실정법으로 훼손할 수는 있어도 무효화하거나 피해 갈 수는 없는 법이다.

이 점은 특히 명심해 두어야 한다. 정치경제학에서 대상으로 삼는 것은 인간법이 아니라 자연법이라는 사실이 오늘날 수준급 정치경제학 저서에서 철저하게 무시되고 있으며, 심지어는 완전히 거부되고 있기 때문이다.

2. 분배의 본질

밀(John Stuart Mill, 1806~1873)이 쓴 『정치경제학 원리』(*Principles of Political Economy*)는 학계에서 인정하는 정치경제학 서적 가운데 가장 우수하고 체계적인 업적으로 평가할 만하다고 생각한다. 이제, 정치경제학이 다루어야 하는 분배 법칙은 인간법이라고 전제하는 견해를 반박하려고 하는데, 가장 강력한 예로서 이 책을 인용해 보자.

> 부의 생산에 관한 법칙과 조건은 물리 현상에 관한 진리와 성격이 같다. 진리는 단 하나이며 자의적이지 않다. 인간의 모든 생산은 사물의 외적 조건과 인간의 신체적·정신적 구조라는 내적 특성에 의해 정해지는 방식과 조건을 따를 수밖에 없다.
>
> 그러나 부의 분배는 그렇지 않다. 부의 분배는 오로지 인간의 제도에 관한 문제다. 인류는 개인적으로든 집단적으로든 기존의 물자를 희망하는 대로 처분할 수 있다. 인류는 원하는 상대방과 조건을 정해서 처분할 수 있다. 사람이 혼자서가 아니라 사회 속에서 산다면, 물자의 처분에는 사회 또는 권력자의 동의가 필요하다. 심지어 다른 사람의 도움을 전혀 받지 않고 혼자 노력해서 생산한 물자라고 해도, 사회에서 허락하지 않는다면 부를 소유할 수 없다. 그런 물자를 사회가 차지할 수도 있고, 사회가 별다른 조치를 취하지 않으면, 즉 사회가 집단적으로 간섭하지도 않고 생산자의 소유에 대한 침해를 막기 위해 인력을 동원하지도 않으면, 다른 사람이 차지할 수도 있다. 그러므로 부의 분배는 사회에서 정한 법률과 관습에 달려 있다. 분배 제도는 지배층의 견해와 감정에 따라 결정되며, 시대와 국가에 따라서 매우 다른 양상을 보인다. 인류의 선택에 따라 그 차이는 더 커질 수도 있다.

> 인류의 의견과 감정은 우연히 형성되는 게 아니다. 인간 본성에 관한 근본 법칙이 당시의 지식과 경험, 사회 제도와 지적·도덕적 문화의 상황과 결합하여 만들어 낸 결과다. 그러나 인간의 의견 형성 과정에 관한 법칙은 여기에서 다룰 성질이 아니다. 이러한 법칙은 인간 진보에 관한 일반이론에 속하며, 정치경제학보다 훨씬 광범위하고 어려운 연구 주제다. 여기에서는 부의 분배에 관한 규칙을 형성하는 원인을 탐구하는 게 아니라 그 규칙이 낳는 결과를 탐구한다. 이 규칙은 적어도 자의적이지는 않으며, 생산 법칙처럼 물리적 법칙의 특성을 갖는다. 인간은 자기 행동을 통제할 수는 있지만, 자기 행동이 그 자신에게 또는 다른 사람에게 미치는 결과를 통제할 수는 없다. 사회 역시 가장 바람직하다고 생각하는 규칙에 따라 부를 분배하는 제도를 만들 수는 있겠지만, 그로부터 발생하는 실제적인 결과는 다른 물리적 진리나 정신적 진리처럼 관찰과 추론을 거쳐야 알 수 있다. 그런 후에야, 토지와 노동 생산물을 분배하는 여러 방식을, 실재했던 방식이건 이론상의 방식이건, 검토할 수 있다.

지금까지 내가 온갖 잡동사니 경제학 이론을 보았지만, 내가 극히 존경하는 밀이 쓴 위와 같은 인용문은, 내가 아는 한 정치경제학의 분배 법칙에 담긴 의미를 가장 잘 설명한 사례다. 이러한 설명이 꼭 필요하다고 생각한 것만 보더라도, 밀이 애덤 스미스 이래로 선배나 후배 정치경제학자 가운데 누구보다도 뛰어난 학자임을 알 수 있다. 그러나 바로 이 글은 과거나 지금이나 정치경제학으로 통용되는 학문에 내재한 비과학성을 뚜렷이 보여 준다. 이 글을 보면, 앞에서는 정치경제학이 탐구 대상으로 삼는 법칙은 자연법이라고 해 놓고 나중에 더 실제적이고 중요한 부분에 가서는 인간법이라고 말한다! 이렇게 일관성이 없다. 마치 머리는 순금으로, 발은 철과 진흙으로 된 형상이 느브가넷

살(Nebuchadnezzar, B.C.605~B.C.562)[21] 왕을 당혹스럽게 했던 것과 같다.

이 글을 신중하게 검토해 보자. 밀은 현재의 정치경제학을 대표하는 학자인데다가, 열두 살 때부터 체계적인 논리를 철저히 훈련받았으며, 이 책을 쓰기 전에 이미 논리학자로서 최고의 명성을 누리고 있었기 때문이다.

밀의 설명이 그럴듯하게 들리는 것은 첫 명제 덕분이다. "인류는 개인적으로든 집단적으로든 기존의 물자를 희망하는 대로 처분할 수 있다." 밀 자신이나, 그리고 밀이 쓴 저서 『정치경제학 원리』를 공부한 교수와 학생들은, 생산 법칙은 자연법이지만 분배 법칙은 인간법이라는 사실이 이 문장으로 인해 의심할 나위 없이 증명된다고 마음속으로 생각한다. 왜냐하면 이 명제 자체는 자명한 진리기 때문이다. "인류는 개인적으로든 집단적으로든 기존의 물자를 희망하는 대로 처분할 수 있다."라는 말처럼 명백한 사실도 없다. 곧 부가 일단 생산되고 나면 인간의 의지가 정하는 인간법에 따라 부를 분배하게 된다는 것이다.

이 명제 자체는 논박할 여지가 없지만, 이 명제 뒤에 이어지는 주장은 논리학자들이 말하는 '선결문제 요구의 오류'(petito principii, 또는 begging the question)의 뚜렷한 사례다.[22] 밀이 다루고 있는 문제는 '정치경제학에서 부의 분배가 자연법과 관련된 문제냐, 인간법과 관련된 문제냐'라는 것인데, 밀은 인간법에 따라 부를 분배하는 과정에서는 사람들이 원하는 대로 처분할 수 있다는 단순한 사실을 지적하고서

21 바빌론의 느브가넷살 왕이 꿈을 꾸었는데 "우상의 머리는 순금이요 가슴과 두 팔은 은이요 배와 넓적 다리는 놋이요 그 종아리는 쇠요 그 발은 얼마는 쇠요 얼마는 진흙"이었다고 한다.(구약 다니엘서 제2장)

22 '선결문제 요구의 오류'는 논증 대상을 전제에 포함시키는 오류.

는, 그로부터 경제적 의미에서도 부의 분배는 오로지 인간의 제도에 관한 문제, 즉 인간법의 문제라는 전제를 도출하였다.

이런 오류가 가능했던 이유는 정치경제학 연구에서 부의 분배에 관한 진정한 본질이 모호해지고, 부의 분배에 적용되는 자연법에 대한 문제의식이 철저히 배제되었기 때문이다. 그렇지 않다면 숙달된 논리학자인 밀이 그런 글을 썼을 리가 없고, 또 밀 이후에도 논리 훈련을 받은 학자들이 정치경제학을 연구하면서 그런 논리의 결함을 지적하지 않고 그냥 넘어갔을 리가 없다. 이제 문제를 정리해 보자.

분배라는 단어의 원래 의미는 나눈다는 것이다. 분배는 의지 작용을 전제로 하며 그 의지를 실현할 힘이 있어야 가능한 행위다. 물자가 이미 존재하면, 즉 이미 생산된 부가 존재하면, 분배는 전적으로 사람의 의지로 결정되고 사람의 힘으로 뒷받침된다. 자연은 이런 분배와는 아무 상관이 없다. 이미 존재하는 물자를 누가 소유하고 누가 즐길지는 순전히 사람 의지와 힘에 관한 문제이기 때문이다. 사람들은 원하는 대로 누구에게든, 어떤 조건으로든 분배할 수 있다.

따라서 이러한 의미의 분배, 곧 이미 존재하는 물자의 분배는 실제로 순전히 인간 의지와 힘의 문제다. 문명화된 사회에서 부가 누구에게 분배되어야 할지는 인간 제도를 통해 결정된다. 가령 파산 재산, 사망자가 남긴 재산, 다툼이 있는 소유권 분배에 대해서는 성문법, 판례, 관습 따위에 법적 근거가 있다. 분쟁이 생기면 법정에서 판결하며, 경찰이나 집행관이 집행한다. 집행은 몰수, 체포, 벌금, 징역, 사형 따위의 권한을 가진 국가의 강제력을 배경으로 한다.

그러나 과거부터 내려온 이런 노래가 있었다.

옛날부터 내려온 멋진 규칙,
… 그 단순한 원리여!
권력 가진 자가 취하고
능력 있는 자가 갖는다.

분배에 관한 인간법을 선포하고 집행하는 정교한 제도를 갖춘 사회에서 법은 인간의 의지와 권력에 의해 제정될 뿐이다.

그렇다면 어떻게 분배에 대해 자연법을 거론할 수 있을까? 자연법은 기록되지도 인쇄되지도 않고, 돌이나 청동 기둥에 새겨져 있지도 않다. 자연법은 의회가 제정하는 것도 아니고 자연법을 판단하는 재판관도 없고 공무원이 집행하는 것도 아니다. 그렇다면 부의 분배에 관한 자연법이란 무엇을 말하는가? 집행기관도 없는 자연법에 따라 여러 개인과 계층에 분배한다면 어떤 방식으로 하는가? 이런 어려움을 경제학 저서들이 분명하게 정리하지 못했고, 그로 말미암아 정치경제학이 다룰 수 있는 유일한 분배 법칙은 자연법이 아니라 인간법이라고 가정하게 되었다. 그래서 학문으로서 정치경제학은 부의 생산에서 끝난다.

'자연법'이라는 명칭은 외부 물질세계에서 볼 수 있는, 변하지 않는 공간적 및 시간적 관계에 부여한 이름이다. 자연법이라고 부르는 이유는, 인간 의지에 선행하는 우월한 의지의 증거가 그 속에 존재한다는 사실을 인간 이성으로 알 수 있기 때문이다. 정치경제학에서 가장 강력한 연구 방법인 '상상 속 실험'을 사용하여, 부의 분배에서 진정한 정치경제학의 연구 대상이 되는 자연법의 증거를 찾아보자.[23]

---

23 '상상 속 실험'에 대해서는 제2장 5절 참조.

사막의 유목민이 모래 속에서 반지, 동전, 팔찌, 귀금속, 정교하게 새겨진 대리석을 비롯하여 과거 문명이 생산한 부를 찾아냈다고 하자. 이런 물건은 이미 존재하는 물자이자 이미 생산된 물자다. 유목민은 개인적으로나 집단적으로나 원하는 대로 처분할 수 있다. 조건을 마음대로 정해서 누구에게든 줄 수 있다. 여기에 자연은 개입하지 않는다.

갓 생산된 물자나 일 세기 전에 생산된 물자나 이미 존재하는 물자라는 점에서는 같다. 그렇다면 왜 사람이 개인적이든 집단적이든 원하는 대로 처분할 수 없겠는가? 물자 처분에 대해서는, 물자 자체도 자연도 아무런 제약을 가하지 않는다. 베두인(Bedouin)[24]이 이집트 무덤을 약탈하는 데에도 아무런 제약이 존재하지 않는 것과 같다. 그렇다면 문명사회에서 농장, 광산, 또는 제분소에서 물건을 생산하는 즉시 약탈해서 안 될 이유가 있는가? 인간의 법으로는 그러한 집단행동을 반드시 금지해야 하는 것은 아니다. 인간법은 단지 인간 의지의 집단적 표현이며, 인간 의지가 변화하면 인간법도 변화하거나 소멸하기 때문이다. 자연법도 물리 법칙이라면 그런 행동을 금지하지 않는다. 물질과 에너지의 법칙은 어떤 경우에도 인간의 소유 문제와 무관하기 때문이다.

그러나 어느 나라에서든, 마치 베두인이 과거 문명에서 만든 생산물을 약탈하듯이 현 문명에서 만든 생산물을 약탈할 수 있게 한다면 문명에 치명적인 영향을 주어 가난과 기근과 죽음을 초래한다. 이런 사실은 경제학자가 아니어도 충분히 이해할 수 있다. 분명히 인간법

24 베두인은 아랍의 유목민 부족 이름.

과는 상관없이 이런 결과가 초래된다. 인간법이 금지하든 승인하든, 기존의 물자를 생산자의 의지와 상관없는 누군가가 취득한다면 같은 결과가 초래된다. 생산자가 자기 동의 없이 생산물이 처분될 수 있다는 사실을 알게 된다면 생산은 중단되고 굶주림이 시작될 것이다. 이것이 필연적인 결과라면 인간법이 아니라 자연법이 작용한 것이다. 이런 자연법도 물질과 운동에 관한 자연법처럼 절대 변하지 않는 법칙이다.

자연법은 물리 법칙에 국한되지 않는다. 물질과 에너지에 관한 자연법 이외에 사고와 의지에 관한 자연법도 존재한다. 그리고 우리가 농장, 광산, 제분소, 공장에서 나오는 현재의 생산물을 과거 문명에서 만든 생산물처럼 다루어 도덕 법칙을 위반한다면, 절대 변하지 않는 자연법의 경고를 반드시 느끼게 될 것이다. 이는 인간이, 개인이든 집단이든, 부를 분배하는 과정에 자연법이 간섭하거나 방해한다는 말이 아니다. 일단 현재 여기에 존재하는 부는 현재의 인류가 완전한 관리권을 갖게 되며, 밀의 설명처럼 "상대방과 조건을 정해서 처분할 수 있다." 도덕 법칙이 인간 행동에 보내는 경고는 처분되는 물자 자체에서 드러나는 게 아니다. 경고는 미래에 드러나며, 물자 생산을 제지하거나 방해하는 식으로 나타나게 된다. 분배에 관한 자연법이 영향을 끼치는 물자는 이미 생산된 게 아니라 현재 생산되고 있거나 앞으로 생산될 물자다.

정치경제학에서 생산은, 생산물인 부가 창출되면 중단해 버리는 활동이 아니고, 이미 종결된 생산을 의미하는 것도 아니다. 생산과 분배는 연속적인 활동이며, 비유하자면 두레박으로 물을 푸는 방식이 아니라 파이프를 통해 물을 끌어올리는 방식과 유사하다. 아니 그보다는 사이펀(siphon) 파이프로 높은 곳을 거쳐 물을 빼내는 방식에 비유하는 게 더 낫겠다. 이때 파이프에서 짧은 부분은 생산에, 긴 부분은 분배에 해당한다. 긴 부분의 정점 부근에 수도꼭지를 달면 이미 파이프 안에 있던 물을 빼낼 수는 있다. 그러나 그렇게 하는 순간 물 흐름은 중단되어 더 이상 흐르지 않게 된다.

생산과 분배는 관념상으로 구분할 수는 있지만, 사실은 분리된 두 개가 아니라 하나다. 둘 다 욕구 충족을 위한 노동 투입이다. 생산과 분배는 분명하게 구분할 수는 있지만 사이펀의 두 부분처럼 매우 긴밀히 연결되어 있다. 물이 짧은 파이프 쪽으로 들어가는 것은 긴 파이프로 물이 흘러나오기 때문이다. 이처럼 분배가 생산의 원인이지, 생산은 분배의 원인이 될 수 없다. 생산되었기 때문에 분배되는 게 아니라 분배를 위해 생산되는 게 보통이다. 따라서 부의 분배에 간섭하면 부의 생산에 간섭하게 되어 생산 감소라는 결과가 나타난다.

인간 신체에 비유해 보자. 혈액과 신체의 관계는 부와 사회의 관계와 비슷하다. 혈액이 신체 구석구석에 활력을 전달하는 것처럼 부가 사회 곳곳에 활력을 전달한다. 혈액을 분배하는 기관은 혈액을 생산하는 기관과 다르다. 그러나 두 기관의 관계는 매우 밀접해서, 혈액 분배에 간섭하면 필연적으로 혈액 생산에도 간섭하게 된다. 강력한 펌프 장치인 심장으로 흘러 들어가는 혈액에 대해 '혈액은 이미 생산되어 있다. 그러므로 기존의 혈액에 대해서는 우리가 원하는 대로 마음껏 처분할 수 있다.'라고 한다면 어떻게 될까? 혈액이 분배 기관으로 가는 흐름을 바꾸면, 심장은 곧바로 박동을 멈추게 된다. 혈액 생산 기관은 힘을 잃고 기능이 정지된다. 심장에 구멍을 내서, 생산된 혈액을 자연스러운 분배 과정으로부터 이탈시키면 신체 조직은 신속하게 확실한 죽음에 이르게 되듯이, 부의 분배라는 자연법에 간섭하면 사회 유기체는 죽음에 이르게 된다. 도시가 쇠락하고 문명이 사멸한 이유도 여기에서 찾을 수 있다.

3. 물리 법칙과 도덕 법칙

인간의 의지는 자유롭다. 그러나 의지는 자연법을 이용해야만 외부 자연에 영향을 줄 수 있다. 흔히 우리는 자연법이라는 이름에 인간의 의지보다 더 고차적이며 항구적인 의지라는 뜻을 부여하고 있다. 소년이 달을 향해 돌멩이 하나를 던지거나, 아니면 포병이 달을 향해 대포를 발사한다고 가정해 보자. 사람의 행동이 결과를 좌우한다면, 대포알은 물론 돌멩이도 달에 도달할 수 있다. 그러나 자연법이 계속해서 영향을 미치기 때문에 돌멩이와 대포알은 결국 땅에 떨어지고 만다. 돌멩이는 기껏해야 몇 피트도 못 가서 떨어지며, 대포알도 수천 피트를 날아갈 뿐이다.

정치경제학에서 연구 대상으로 삼는 자연법은 생산 법칙이든 분배 법칙이든, 물리 법칙과 동일한 증거, 동일한 구속력, 동일한 일관성을 가진다. 인간법은 늘 변하지만 자연법은 항상 그대로다. 어제나 오늘이나 내일이나, 영원토록 동일하다. 우리는 감각을 통해 자연법에 대한 직접적인 지식을 얻을 수는 없지만, 자연법은 졸지도 잠들지도 않고 일점일획 변하지 않는다는 것을 안다.

만약 정치경제학에서 탐구하는 분배 법칙이 인간의 의도와 무관하다는 사실을 증명한다면, 분배 법칙은 결국 인간법이 아닌 자연법임을 최종적·결정적으로 입증하게 된다. 이러한 입증을 위해서는 상식적인 사실을 생각해 보기만 하면 된다.

모든 경제학자들이 인정하는 세 가지 커다란 분배 법칙은, 때에 따라 순서가 달라지기는 하지만, 임금 법칙, 이자 법칙, 지대 법칙이다. 생산물은 자연법에 따라 세 가지 생산요소로 분배된다. 그러나 자연법에 따른 분배에 인간법이 간섭하지 않는다는 말은 아니다. 이미 언급했듯이, 모든 부는 생산되는 순간부터 전적으로 인간법의 처분에 내맡겨지기 때문이다. 내가 말하고자 하는 것은, 인간법은 분배를 직접 변경하는 힘이 전혀 없다는 것이다. 곧 노동자가 노동자로서 임금을 더 많이 또는 더 적게 받는다든가, 자본가가 자본가로서 이자를 더 많이 또는 더 적게 받는다든가, 토지소유자가 토지소유자로서 지대를 더 많이 또는 더 적게 받도록 할 수 없다는 것이다. 즉, 현재의 산업 상황에서 자연법에 의해 결정되는 분배 여건을 바꿀 수 없다는 것이다. 온갖 강력한 정부가 분배 여건을 바꾸려고 시도해 보았고 지금도 시도하고 있지만 그 결과는 언제나 실패다.

법률로 임금을 규제하려는 시도가 여러 번 있었다. 자연법을 통해 결정된 수준보다 낮거나 높게 임금을 인하하거나 인상하려고 해 보았다. 그러나 수요와 공급의 균형 관계에 따라 임금이 인상되는 경우, 어떤 법률도 노동자가 법정임금보다 더 높은 임금을 요구하는 것을 막을 수 없었고, 고용주가 법정임금보다 더 높은 임금을 지급하는 것을 막을 수 없었다. 또한 그 반대 상황에서 법률이 현실의 낮은 임금을 더 올리지도 못했다. 이자도 마찬가지다. 지금까지 이자를 내리기 위해 수없이 많은 시도가 있었으며, 비록 상당한 허점이 있기는 하지만, 뉴욕주에서는 오늘날까지 이자율 상한선을 6%로 제한하는 법률을 실시하고 있다. 그러나 법률이 이자율을 자연이자율보다 낮게 유지하는 데 성공한 적이 없었고 지금도 성공하지 못하고 있다. 법률이 금지하고 있는데도 공식 이자 이외에 편법으로, 예를 들면 매매, 프리미엄, 할인, 보너스 등의 편법으로, 금전대차의 쌍방이 이자를 주고받는다. 지대도 마찬가지다. 영국 의회는 최근 아일랜드 일부 지역의 농지 지대를 낮추기 위해, 소작인이 토지소유주에게 공정한 가격 즉 '적정 지대'(fair rents)를 내도록 담당 공무원이 조정할 수 있는 제도를 두었다. 이 제도를 통해 일부 지주의 수입을 감소시킨 사례는 많다. 그러나 그렇다고 지대가 하락한 것은 아니다. 이전에는 소작인이 지주에게 내던 금액이 분할되어, 일부는 소작인이 지주에게 지불하고, 일부는 새 소작인이 현 소작인에게 권리금으로 지불하게 되었다. 그래서 새 소작인이 부담하는 전체 금액은 지대 인하 조치가 없을 경우와 같다.

인간법으로 가격을 결정하고 규제하려고 할 때도 결과는 마찬가지였다. 여기에도 동일한 위대한 분배 법칙이 복합적인 형태로 작용한다. 생산에 대해서 인위적 영향을 미치려고 하면 인간법으로 그렇게 할 수 있다. 그러나 인간법은 분배에 직접 영향을 줄 수는 없고, 생산을 통해서만 분배에 영향을 줄 수 있을 뿐이다.

학계에서는 생산 법칙과 분배 법칙을 구분하여 전자는 자연법이고 후자는 인간법이라는 식으로 정치경제학을 잘못 가르치고 있다. 이 두 법칙은 모두 자연법이다. 진정한 구분은, 생산 법칙은 물리 법칙이고 분배 법칙은 도덕 법칙이라고 해야 정확하다. 이렇게 구분하면 정치경제학은 다른 어떤 학문보다 진리를 더 잘 보여 준다. 우주의 정부는 정의에 기초를 두는 도덕적인 정부다. 이 진리를 이해하기 쉽게 표현하자면, 창조주는 정의로운 존재라는 것이다.

부의 생산에 관한 연구에서 우리의 관심 대상은 자연법이다. 자연법이 어떻게 되어야 하는가가 아니라 실제로 어떠한가를 탐구한다. 그러나 연구 대상이 부의 생산 법칙에서 분배 법칙으로 바뀌는 순간부터 당위나 의무 관념이 우선하게 된다. 분배에 관한 모든 검토에서 윤리의 원칙이 적용된다. 필연적으로 당위나 의무를 검토하게 되고, 처음부터 정당성이나 정의 관념이 적용된다.

부의 분배는 소유권을 배정하는 과정이기 때문에, 분배 법칙은 당연히 생산물의 소유를 결정하는 법칙이 될 수밖에 없다. 좀 다르게 표현하자면, 소유권을 부여하는 원리는 부의 분배를 결정짓는 원리가 될 수밖에 없다. 정치경제학에서 재산권 법칙과 분배 법칙은 동일한 원리에서 나온 같은 종류의 법칙이라고도 하지만, 실제로는 동일한 기본 법칙을 다르게 표현한 것에 지나지 않는다. 따라서 재산에 대한 기원과 기초를 검토하다 보면 우리는 또다시 이러한 질문에 이르게 된다. 정치경제학이 탐구하는 것이 자연법인가 아니면 인간법인가? 부의 분배는 오로지 실정법의 문제라고 한다면 재산권은 인간법 이외에 다른 기초가 전혀 없다는 뜻이다. 반면 재산권의 기초가 자연법에 있다고 인정하면, 부를 분배하는 것도 자연법 문제임을 시인하는 것과 같다.

4. 재산권의 근거

존 스튜어트 밀의 논리적 탁월성을 보여 주는 증거가 또 하나 있다. 밀은 저명한 경제학자 가운데 분배 법칙과 재산권의 기원 사이의 필연적인 관계를 나름대로 인식했던 거의 유일한 인물이다. 밀은 앞(제6장 2절 '분배의 본질')에서 인용했던 '분배' 편 도입부 다음에 소유권의 기원을 고찰하고 있다. '분배' 편 첫 2장의 제목이 바로 '재산권에 대하여'이다.

그런데 밀은 계속 오류를 범한다. 분배를 오로지 인간 제도에 관한 문제로 간주하는 오류에서 벗어나지 못한 데 이어, 재산권도 역시 오로지 인간 제도에 관한 문제로 간주한다. 밀이 재산권에 관하여 고찰하면서도, 생산 법칙은 자연법이지만 분배 법칙은 인간법이라고 하는 자기 생각이 모순된다는 사실을 깨닫지 못한다. 오히려, 한 가지 오류가 또 다른 오류를 낳듯이, 자기 오류를 더 강화했다. 분배에 관해 보여 주었던 모순과 혼동이 재산권에 관해서도 고스란히 나타난다.

> 사유재산제의 기원은 공리(utility)에 대한 고려와는 무관하지만, 일단 성립된 제도가 지속되려면 그 제도에 공리성이 있어야 한다. 역사를 통해서나 현재의 미개 문명을 통해서나, 미개 사회에 대해서 상당히 많이 알려져 있다. 이런 사회에서 재판정은 항상 법률보다 먼저 존재했고 그 목적은 권리를 판정하는 데 있지 않고 폭력을 억제하고 분쟁을 종결하는 데 있었다. 이러한 목적을 감안한다면, 재판정이 선점자에게 법적 정당성을 부여하고, 폭력을 먼저 사용하는 자를 범법자로 규정하여 물리치는 것은 너무나 당연하다. 정부 존재의 본래 목적인 평화 유지는 이런 식으로 달성되었으며, 재산을 이미 소유

하고 있는 사람에게 노력한 결과가 아닌 것까지도 인정함으로써 부수적으로 당사자와 다른 사람들에게 기존의 상태가 보호될 것임을 보장하게 된다.

나는 위와 같은 밀의 주장을 모두 부정한다. 그의 주장은 완전한 모순이다. 독자들도 한번 신중하게 생각해 보시기 바란다. 인용문 가운데 첫 문장에서 밀은 사유재산제의 기원은 공리에 대한 고려와는 무관하다고 하였다. 둘째 문장에서는 "재판정은 항상 법률보다 먼저 존재했고 그 목적은 권리를 판정하는 데 있지 않고 폭력을 억제하고 분쟁을 종결하는 데 있었다."라고 하였다. 셋째 문장에서는 폭력을 먼저 사용하는 자를 범법자로 규정한다고 하였다. 넷째 문장에서는 평화 유지가 이러한 재판정이 존재하는 본래 목적이며 권리 없는 소유를 보호하면 권리에 근거한 소유도 부수적으로 보호하게 된다고 하였다.

이처럼, 첫째 문장에서는 사유재산권의 기원이 공리에 대한 고려와는 무관하다고 주장하다가, 다음에 이어지는 세 문장에서는 공리와 관계가 있다고 주장하였다. 권리에 대한 고려를 제외한다면, 폭력 억제와 분쟁 종결을 통해 평화를 유지할 이유로 공리에 대한 고려 이외에 무엇이 있는가? 학교 교장 가운데에는 이런 원칙을 세우는 사람도 있다. "싸움이 생기면 잘잘못을 묻지 않겠다. 먼저 주먹을 휘두른 학생을 가려내어 처벌한다. 학교가 무질서에 빠지는 것을 두고 보지 않겠다." 밀의 설명은 사회도 원래 이런 원칙에 따라 형성되었다고 말하는 것과 같다. 게다가 사회는 부당한 소유를 인정함으로써 정당한 소유를 보장한다고 덧붙인다. 이는 기차 두 대가 언젠가는 하나의 철길 위에서 교차한다고 주장하는 것과 마찬가지로, 성질상 전혀 불가능한 일이다.

밀은 재산권을 검토하면서, 정의라는 원리 대신 편의성이라는 원리를 추구하는 공리주의 철학에 사로잡혔다. 인간은 숨 쉬지 않고는 생존할 수 없듯이, 언제까지나 정의를 편의성으로 대체할 수는 없다. 밀은 재산권 제도의 기초가 인간법에 있다고 주장하다 보니, 자기도 모르게 도덕법을 인정하였고 옳고 그름, 해야 할 것과 하지 말아야 할 것, 정의와 불의에 대해서도 언급하게 되었다. 이러한 용어는 도덕에 관한 자연법에 어울린다. 편의성이 재산권의 기초이고 인간법에서 재산권을 보장한다고 하면 이런 용어 자체가 무의미해진다.

이 글에 담긴 모순은 그 뒤로 이어지는 재산권 검토 부분 전체에서 반복된다. 밀은 재산권을 오로지 인간 제도에 관한 문제로 간주하려고 했지만, 거듭 반복해서 그러한 자기 견해를 포기하고 인간 제도보다 고차적인 무엇, 곧 권리와 정의에 호소하고 있다.

위의 인용문 다음에 이어지는 대목에서, '재산권은 편의성에 그 기원을 두고 있으며 실정법에 따라 판단된다.'라는 관념과는 완전히 모순된 문장을 볼 수 있다. 재산권 제도의 기원은 정의가 아닌 편의성이며, 권리 판단보다는 폭력 억제에 있다는 내용 바로 다음에 다음과 같은 문장이 나타난다.

> 근대 유럽의 사회 제도는 공정한 분배나 근면에 의한 획득이 아니라 정복과 폭력에 의한 재산권 분배로부터 시작되었다. 힘으로 형성된 결과를 수정하려고 수 세기에 걸쳐 노력해 왔지만, 그렇게 발생하여 내려온 흔적은 사회 제도에 상당히 많이 남아 있다. 지금까지 재산법은 사유재산의 정당성을 뒷받침하는 원리에 부합한 적이 없다. 재산법은 사유재산이 될 수 없는 것을 사유화하도록 인정했으며, 조건부 재산권만 인정할 수 있는 경우에 절대적 재산권을 부여하였다.

앞의 문장에서 밀은, 인간이 만든 재산법은 폭력을 억제하기 위한 편의성이 아니라 폭력 그 자체에서 기원했다고 말한다. 또 인간법은 우리가 알고 있는 자연법에 부합하는 게 아니라 오히려 사유재산이 아닌 것을 사유재산으로 간주함으로써 자연법을 위반했다고 말한다. 인간법은 입법기관이 제정하는 법과 달라야 한다는 말은 인간법을 검증하는 자연법이 존재한다는 말과 같다. 인간법을 검증하는 자연법이 무엇인가에 대해서는 밀도 알고 있었음이, 그 뒤에 이어지는 설명에 나타난다.

> 사유재산권을 옹호하는 어떤 논리에서도 그 근거는 개인에게 노동과 절제의 결과를 보장하는 데 있다.

밀은 사유재산에 관한 자연권의 근거, 곧 각종 실정법에 따라 영향을 받지 않는 독립적인 권리에 대한 근거를 더 확실하고 분명하게 서술해 나간다.

> 사유재산제는, 본질적인 요소에 국한해서 볼 때, 자기 노력으로 생산한 것 또는 생산자로부터 폭력이나 사기 없이 증여 또는 공정한 계약을 통해 취득한 것을 각자 배타적으로 처분할 수 있는 권리를 인정하는 데서 비롯된다. 사유재산제 전체의 근거는 생산물에 대해 생산자가 가진 권리다.

밀은 이처럼 전적으로 자연법을 인정해 놓고는 다시금 인간법에 신경 쓴다. 칸트의 정언명령(定言命令, categorical imperatives),[25] 곧 도덕

25 정언명령은 행위의 결과와 상관없이 행위 자체가 곧 선(善)이자 목적으로서의 가치를 지니기 때문에 무조건적으로 수행해야 하는 명령이다.

법의 당위성에 호소하면서도, 특정한 상황에서는 인간법을 인정해야 한다고 주장한다.

> 상당한 세월 동안 법적인 의문이 제기되지 않은 소유에 대해서는, 모든 나라의 실정법이 그렇듯이, 완전한 권원(權原)을 부여해야 한다.

그런 후 다시, 인간법에 따른 소유와 자연법에 따른 소유는 다르다고 설명한다.

> 오래된 잘못을 방임하는 것이 부당한 제도 자체를 정당화하는 게 아니라는 점은 굳이 언급할 필요가 없을 것이다. 악한 법과 관습은 먼 과거에 발생하고 지나가 버린 잘못이 아니라, 그 법과 관습이 지속하는 한 계속해서 반복되는 잘못이기 때문이다.

밀은 항상 재산권을 일종의 사회 제도로 다루었으며, 이는 옳다. 또 밀은 현존하는 사유재산제에 대한 근원은 폭력과 무력이기 때문에 자신이 보기에 불의하고 악한 제도라고 주장하였다. 곧 자연법이나 도덕법에 어긋나는 사유재산제는 취득시효를 근거로 방어할 수 없다는 사실을 간명하게 이야기하고 있다. 이것은 완벽한 진리이며, 재산권이 인간법의 문제라고 주장하는 생각과는 완전히 반대된다.

5. 재산권에 관한 혼동과 그 원인

밀의 견해를 더 검토하기 전에 잠시 멈춰서 한번 곰곰이 생각해 보자. 밀처럼 논리의 대가이자 정직한 심성을 가진 인물이 재산권의 근거를 모색하는 과정에서 이런 엄청난 모순과 혼란에 빠지게 된 이유는 무엇인가? 그 이유는, 밀의 선후배를 막론하고 모든 전문 경제학자들이 분배 법칙이나 재산권의 기원에 관해 분명하고 일관되게 설명하지 못하는 이유와 같다. 어떤 전제에서 벗어나지 못하기 때문이다. 토지는 사유재산의 범주에 포함되어야 하며, 분배 법칙에는 지주 소득에 대한 근거가 있어야 한다고 전제하기 때문이다. 자연법은 토지소유권을 인정하지 않기 때문에, 이 전제를 유지하려면 어쩔 수 없이 분배와 재산권을 오로지 인간 제도에 대한 문제로 취급할 수밖에 없다.

밀은 공리주의 철학 때문에 모호한 태도를 보이기도 하지만, 여러 가지 면에서 가장 뛰어난 학자다. 그런데 밀도 이런 전제를 깔고 분배와 재산권을 다룬다. 밀만이 아니라 위대한 애덤 스미스 이후 최근 영어권, 독일어권에서 잘못된 이론을 전파하는 경제학자에 이르기까지 모든 경제학자는 토지 재산권이야말로 가장 분명하고 뚜렷하고 확실한 재산권이라고 간주하는 습관에 젖어 있다. 법률가들은 토지를 '진정한 재산'(real property, 부동산)이라고 부르는데, 일상 대화에서 이 용어는 소유에 대한 가장 좋은 표현으로 인식된다. 밀이 제시한 논리는 뛰어났지만, 자신과 같은 시대, 같은 계층에 속한 영국인이 최고 신성한 제도라고 인식했던 대상에 손을 댈 만큼 굳건하지는 못했다. 밀이 재산권에 대해 제기한 의문은 이런 계층을 곤란하게 만들 수 있었고 그래서 당시 사람들은 희미하게나마 진리를 인식하던 밀을 급진파 중의 급진파라고 불렀다. 그러나 밀은 언제나 뒤로 물러서고 말았다.

분배의 진정한 기초와 근본적인 분배 법칙은 너무나도 분명해서, 이 문제를 탐구하는 사람이라면 이 법칙을 철저히 그리고 시종일관 무시할 수가 없다. 그 근본 법칙이란 바로, 생산물은 생산자에게 준다는 자연법이다. 그러나 토지재산권에는 이 법칙을 적용하지 못했다. 그 때문에 재산권의 기원을 인간법에서 찾고, 재산권의 기초를 편의성에서 찾으려고 끈질기게 노력하였다. 지금까지 보았듯이 밀은 재산권 전체를 다루고 있는데, 밀이 모순과 혼동에 빠진 진정한 이유는 토지재산권을 항상 염두에 두었기 때문이다. 생산물에 대한 권리는 생산자에게 있다고 주장하는 재산권 정당화 근거를 토지재산권에 적용하려고 시도하자, 실패가 너무나도 선명하게 드러나고 말았다. 밀이 주장한 견해를 좀 더 검토해 보면 재산권이 편의성에서 나왔다는 주장과는 완전히 다른 진리를 인정하는 말을 늘어놓고 있다.

> 재산권의 근거는 인간의 자기 자신에 대한 권리에 있다.… 재산권의 핵심 원리는 모든 사람에게 자기 노동으로 생산한 것과 절제를 통해 축적한 것을 보장하는 것이기 때문에, 이러한 원리를 노동 생산물이 아닌 지구상의 가공되지 않은 물자에는 적용할 수 없다.

절제는 무엇인가를 하는 게 아니라 하지 않는 것을 말한다. 곧, 소비를 억제하는 것을 말한다. 재산권에서 핵심 원리를, 모든 사람에게 자기 노동으로 생산한 것을 보장하는 것이라고만 해도 된다. 노동에 따른 생산물 가운데 일부가 나중에 절제를 통해 축적된다고 해도 여전히 이 원리만으로 충분하다. "절제를 통해 축적한 것"이란 표현은 필요 없지만, 어쨌든 위에서 인용한 문장은 자본이 아니라 노동이 생산의 능동적 요소임을 인정한다는 것을 의미한다.

불필요한 표현이 섞여 있기는 하나, 밀의 주장은 옳고 또 명료하다. 밀은 마음속에서 계속 갈등하면서도, 재산권의 원리가 토지에는 적용될 수 없다는 점을 인정하였다. 밀은 이처럼 재산권의 기초와 자연법을 제대로 인식하여, 재산권의 기초가 인간법에 있다는 관념과 그러한 관념의 근원이 된 전제를 극복한 것으로 보인다.

그러나 이것도 얼마 가지 못한다. 밀을 혼동하게 만든 전제는 다시금 위력을 드러내어, 바로 다음 대목에서 재산권에 대한 원리가 토지에도 적용된다고 주장하고 있다. 밀은 분명히 자신도 모르는 사이에 언어 혼란에 빠져 그렇게 된 것이다. 밀이 설명한 내용은 경제학계에서 표준이라고 할 수 있으므로 전문을 인용해 보자. 바로 위 인용문에 이어지는 문장은 이렇다.

> 만약 토지의 생산력이 자연에서만 나오고 근면에서는 전혀 나오지 않는다면, 또는 두 근원에서 비롯된 결과를 구분하는 수단이 있다면, 자연이 주는 선물을 사유하는 것은 불필요할 뿐 아니라 최악의 불의가 된다. 농업용 토지 사용에서는 일정 기간 배타성이 보장되어야 한다. 땅을 갈고 씨를 뿌린 농민이 당연히 수확할 수 있어야 하기 때문이다. 그러나 고대 게르만인 사이에서 그랬던 것처럼 농사철에만 토지 점유를 한 차례 인정할 수도 있고, 인구가 증가하면 정기적으로 재배분할 수도 있다. 또한 토지소유자는 국가로 하고,

경작자는 국가로부터 임대차 등의 방법으로 토지를 사용할 수도 있다.

그러나, 토지는 근면의 산물이 아니지만 그것의 가치 있는 특성의 대부분은 근면의 산물이다. 노동은 토지를 사용하고 변형하기 위한 필수 요소다. 토지를 처음 개간하여 경작하려면 상당한 노동이 필요하다. 개간이 이루어진 이후에도 토지 생산력은 전적으로 노동과 기술을 투입한 결과인 경우가 많다. 베드포드 저지대(The Bedford Level)는 인위적으로 배수 시설을 갖추기 전까지는 생산이 거의 이루어지지 않았다.[26] 아일랜드 습지 역시 마찬가지여서 배수 시설이 갖추어지기 전까지는 땔감 외에는 생산이 거의 이루어지지 않았다. 경작을 위해 필요한 건물과 울타리는 완전히 노동 생산물이다. 이러한 근면의 결실은 짧은 시간 안에 회수되지 않는다. 노동과 비용은 당장 들어가는 반면, 그 혜택은 여러 해에 걸쳐, 때로는 미래에 장기간에 걸쳐 나타난다. 자신이 아닌 다른 사람이 혜택을 누리게 된다면 토지소유자가 노동과 비용을 들이면서 애쓰지 않는다. 자신이 토지를 개량하려면 앞으로 충분한 시간 동안 개량 혜택을 누릴 수 있어야 한다. 토지사용 기간이 충분하다는 확신을 가지려면 기간이 영구적인 게 최선이다.

이것이 경제적 관점에서 토지재산권을 정당화하는 이유다.

밀은 처음에는 재산권의 원리가 토지에는 적용될 수 없다고 역설하고는 마지막에 가서는 토지에 적용된다고 주장하였다. 밀이 사용한 용어는 느슨하다. 용어 사용에서 정확성이 필요한 부분에서는 경제학 용어를 다른 말로 바꾸어 사용하였는데, 이것은 굉장히 위험한 일이다. 예를 들어, 밀은 토지 대신 "지구상의 가공되지 않은 물자" 또는 "자연이 주는 선물"이라는 표현을 사용하였고, 노동 대신 "근면", 생

---

26 베드포드 저지대는 영국 동부의 농촌 지역으로, 원래 습지였으나 물기를 제거하고 농지로 바꾸었다.

산력 대신 “가치 있는 특성”이라고 표현하였다. 그러나 정당하지 않은 것을 정당화하기 위해 갖다 붙인 이유를 주의 깊게 살펴보면 마술사가 손목시계를 회중시계로 바꾸는 식이라는 것을 알 수 있다. 곧 사람들의 관심을 다른 곳으로 돌리고 난 뒤에 어떤 물건을 다른 물건으로 바꿔치기한다는 것이다. 밀은 동일한 용어를 때에 따라 다른 의미로 바꾸어 사용하였다.

토지라는 용어는 두 가지 의미가 있다. 하나는 물이나 공기와 구별되는 지구상의 건조한 표면을 말한다. 또는 바위, 모래, 얼음이나 습지와 달리 경작이 가능한 지표면을 가리키기도 한다. 이러한 의미에서 우리는 종종 ‘개량된 토지’ 또는 ‘조성된 토지’라는 표현을 쓴다. 둘째로는 경제학적인 의미로, 생산에서 자연적인 또는 수동적인 요소를 말한다. 여기에는 외부 세계에 있는 모든 힘, 특성, 자연의 산물이 포함된다. 이러한 토지는 인적·능동적 요소인 노동과 구별되며 그 하위 요소인 자본과도 구별된다. 이런 의미의 토지에 대해서는 ‘개량된 토지’ 또는 ‘조성된 토지’라고 말할 수 없다. 그런 용어는 자체에 모순을 내포하고 있다.

위에 인용된 글을 보면 밀은 동일한 맥락뿐만 아니라 동일한 문장에서까지 토지가 갖는 두 가지 의미 사이를 오락가락한다. 심지어 독자가 눈치채지 못하는 사이에 그리고 밀 자신도 모르는 사이에, 명사와 그 대명사를 다른 의미로 쓰고 있다.

이처럼 의미 바꿔치기를 시도한 예가, 위 인용문에서 “만약”으로 시작하는 첫 문장에 나온다. “만약 토지 생산력이 자연에서만 나오고 근면에서는 전혀 나오지 않는다면, 또는 두 근원에서 비롯된 결과를 구분하는 수단이 있다면", 토지의 사유는 최악의 불의에 해당한다고 하였다. 여기에 왜 "만약"이 필요한가? 밀은 정치경제학자로서 이 책을 쓰고 있으며 제목도 『정치경제학 원리』이고, 이 대목에서는 토지재산권이 경제적 관점에서 정당화되는지에 대해 논하고 있다. 정치경제학 용어로서 토지는 노동과는 전혀 무관하게 자연에서 나오는 생산력 요소를 의미한다. 다른 의미로는 쓰이지 않으며, 쓰여서도 안 된다. 정치경제학에서 가장 중요한 원리는 전적으로 자연에서 나오는 생산력 곧 학술용어로 '토지'와, 인간 노력에서 나오는 생산력 곧 학술용어로 '노동'을 구분하는 것이다. "두 근원에서 비롯된 결과를 구분하는 수단"을 찾을 수 없다면 정치경제학은 불가능하며, 이런 구분을 혼동하면 정치경제학을 포기하는 것과 같다.

밀은 그다음 문단 첫째 문장에서 "토지는 근면의 산물이 아니지만 그것의 가치 있는 특성의 대부분은 근면의 산물이다."라고 하였는데, 이것은 정치경제학을 포기한 것과 같다. 여기서 대명사 "그것의"는 명사 "토지"가 갖는 의미에서 벗어나 무의식중에 일상적인 대화에서와 같은 모호한 의미로 사용한다.[27] 토지가 근면의 산물이 아니라고 할 때는 토지를 경제학적인 의미로 사용하면서도, 토지의 가치 있는 특성이 노동의 산물이라고 할 때는 우리가 '개량된 토지'라고 표현할 때처럼 느슨한 일상적인 의미로 사용한다. 경제학적 의미의 토지라면, 토지의 가치 있는 특성 가운데 단 한 가지라도 노동의 산물이 있는

27 헨리 조지가 지적한 밀의 문장을 소개한다. But though the land is not the produce of industry, most of its valuable qualities are so. 문제의 명사는 land, 대명사는 its이다.

가? 중력이 노동의 산물인가? 면적이 노동의 산물인가? 위치가 그런가? 물질의 인력과 척력이 그런가? 생물의 발생, 발아, 성장이 그런가?

밀은 토지라는 용어에서 경제학적 의미를 버리고 우리가 일상 대화에서 '토지 개량'이라고 할 때 쓰는 의미로 사용하였다. 밀이 토지의 가치 있는 특성이 노동을 통해 얻어졌다고 말하는 것은 토지를 '개량된 토지' 또는 '조성된 토지'와 같은 의미로 사용한 것이다.

구체적인 예를 하나 들어 보려고 한다. 밀이 범한 혼동은 수많은 소위 '정치경제학 교수'들을 통해서 청년들 생각 속에 주입되고 있기 때문이다.

나는 지금 롱아일랜드 해변에서 이 글을 쓰고 있다. 이곳은 뉴욕만(灣)으로 들어가는 좁은 입구인 내로우스 해협(Narrows)이라는 곳이다.[28] 건너편에는 허가받은 강도인 세관원이 입항하는 기선에 올라 승객들에게 미국인이 되겠다는 첫 선서를 시킨다. 나는 타자기에서 고개를 돌려 창밖을 바라본다. 아무리 보아도 물리지 않는 아름다운 풍광을 바라본다.

"무얼 보고 계시나요?" 만약 누군가 일상적인 대화에서 물어 온다면, 당연히 "지금 땅과 바다와 하늘, 배와 집과 작은 구름과 해를 보고 있습니다. 해는 스태튼 아일랜드(Staten Island)의 낮고 푸른 언덕 너머로 서서히 지면서 주위 전체를 불타는 듯이 물들이고 있네요."라고 이야기할 것이다.

그러나 질문이 정치경제학에 관한 것이라면, "토지와 부를 보고 있습니다."라고 대답할 것이다. 토지는 생산의 자연 요소이고, 부는 인

28 내로우스 해협은 뉴욕항으로 통하는 해협이며, 스태튼 아일랜드(Staten Island)와 롱 아일랜드(Long Island) 사이에 있다.

간이 욕구를 충족시키기 위해 인간 요소인 노동을 투입함으로써 자연 요소가 변화한 것이다. 우리가 일상 대화에서 좁게 말하는 건조한 지표면은 물론이고 물과 구름, 하늘과 태양, 해가 지면 나타나는 별들은 정치경제학 용어로 모두 토지에 해당한다. 그리고 내가 내다보고 있는 창문, 정원에 있는 꽃, 과수원에 심어 놓은 과목, 그 밑에서 풀을 뜯고 있는 소, 창 아래의 해변도로, 부두에서 닻을 내리고 있는 배, 뻗어 나온 작은 선창, 증기를 내뿜으며 해협을 통과하는 대서양 횡단 정기선, 승객을 잔뜩 싣고 지나가는 유람선, 내로우스 해협 건너편에 있는 요새와 가옥, 코니아일랜드(Coney Island)에 있는 커다란 목각 코끼리, 좀 더 높은 곳에서 볼 수 있는 브루클린 다리(Brooklyn Bridge)의 우아한 곡선, 이러한 모든 것을 경제학 용어로 부라고 부른다. 모두 인간의 욕구를 충족시키기 위해 노동을 투입하여 토지를 변화시킨 것이다. 이곳에 사람들이 거주하기 전에 이미 존재하였고 사람이 가더라도 계속 남아 있을 풍광 속에 있는 모든 것은 경제학 범주의 토지에 속한다.

반면 노동으로 생산된 모든 것은, 인간 욕구를 충족시킬 수 있는 능력이 있는 한, 경제학 범주의 부에 속한다. 그러나 창을 통해 보이는 건너편 해변에 조그만 직사각형 모양인 마른 땅이 있는데, 돌과 흙으로 바다를 메워 만든 게 분명하다. 일상 대화에서는 이것을 바다와 구별하여 토지라고 부를 수 있는데, '조성된 토지'(made land)라고 표현하면 훨씬 더 명료하게 그 기원을 알 수 있다. 그러나 정치경제학 범주에는 '조성된 토지'라는 용어가 들어설 자리가 없다. 왜냐하면 토지라는 용어는 오로지 자연으로부터 나오는 생산력을 의미할 뿐이기에, 사람의 노력으로 생기는 것은 전혀 토지가 아니며 노동을 통해 토지로부터 나오는 모든 것은 부이기 때문이다. 돌과 흙으로 바다를 메워 만든 땅은 경제학적 분류에서 토지가 아니라 부에 해당한다. 매립지는 그 아래와 주변에는 토지가 있고 근처의 토지로 만든 것이지만 정치경제학 용어로는 부에 해당한다. 내가 지금 바라보고 있는 배는 그 아래와 주변에 토지가 있으며 배도 토지에서 나온 재료로 만든 것이지만, 배는 분명히 부에 해당한다.

밀이 이처럼 명백한 사실을 혼동한 것은, 정치경제학 용어를 포기하고 일상 대화에서 사용하는 용어를 사용했기 때문이다. 베드포드 저지대는 습기를 제거한 토지이며, 아일랜드 습지도 흙을 덮어씌워 식물 재배가 가능하도록 조성한 토지다. 밀이 언급한 개량된 농장은 노동을 통해 개간되고 거름을 준 토지인데, 이 모든 게 지금 창밖으로 보이는 자그마한 '조성된 토지'와 마찬가지로 경제학 분류상 부에 속한다. 그 이유는 인간이 그 자연 요소에 어떤 특성을 부여했기 때문이 아니라 재산권에 관한 자연법 때문이다. 그 자연법이란 노동으로 생산한 자에게 그 소유권을 부여한다는 내용이다.

밀은 자신이 토지 재산권의 정당성을 증명했다고 생각하는 것처럼 보인다. 그러나 밀의 논리는 단지 노동 생산물에 대한 재산권을 정당화했을 뿐이다. 그러므로 이 경우에도 밀은 자신이 앞에서 기술했던 원리가 옳다는 사례를 하나 더 보탰을 뿐이다. 즉 "사유재산권을 옹호하는 어떤 논리에서도 그 근거는 개인에게 노동의 결과를 보장하는 데 있다."

보론

화폐에 관한 헨리 조지의 견해*

1. 화폐에 관한 혼동
2. 화폐에 대한 상식적 이해
3. 교환의 매개물, 가치의 척도
4. 신용의 역할
5. 화폐의 변천
6. 실물화폐와 신용화폐

★ 원저에 나오는 저자의 설명에 따르면, '화폐' 부분은 '제4장 부의 본질'에 대한 보충적인 성격으로서 제4장 1절 또는 2절과 관련된 내용이다. 그러나 화폐를 제4장에서 다루면 그 부분이 너무 길어지므로 바로 '제5장 부의 생산'과 '제6장 부의 분배'로 이어지는 것이 더 논리적이고 전체를 이해하기 쉽다고 보아 화폐 부분을 뒤로 돌렸다.

1. 화폐에 관한 혼동

문명사회에서 화폐는 매우 친숙한 개념이자 수단이다. 어린 시절부터 노년에 이르기까지 우리는 생각에서, 대화에서, 거래에서 두루 화폐를 사용하기 때문에 화폐인 것과 화폐가 아닌 것을 구별하는 데에는 현실적으로 별다른 어려움이 없다. 그런데도 화폐가 정말로 무엇이며 또 어떤 기능을 담당하는지에 관해서는 일반인이든 전문 경제학자든 의견이 분분하다.

최신판 미국 백과사전(*Johnson's American Cyclopedia*, 1896)에서는 화폐를 이렇게 정의하고 있다. "화폐란 내재적 가치를 지닌 통화이며, 따라서 통화로 사용되지 않더라도 여전히 부의 속성을 가지고 있다." 이처럼 화폐는 실제로 귀금속으로 만들기도 하고 또 어느 지역, 시기, 범위에서든 화폐로 통용되는 것은 귀금속을 대표한다고 보는 사람이 있다. 이 사람들은 현재 대다수 문명국에서 사용되고 있는 지폐가 명시적이든 묵시적이든 귀금속과 태환(兌換)할 수 있다는 보장에 근거해 가치를 갖게 되며, 태환을 보장하기 위해 정부와 은행이 귀금속을 다량 보관하고 있다고 주장한다.

반면에 어떤 것이 화폐로 통용되는 이유는 정부에서 법령에 의해 화폐로 인정하기 때문이라고 보는 사람도 있다.

그 밖에도, 교환 과정에서 물물교환 대신 사용되는 것은 모두 화폐이며, 이러한 의미에서는 정부나 은행이 발행한 주화, 지폐 이외에도 민간이 발행한 어음, 수표, 환어음 등도 완전한 화폐라고 하는 사람들이 있다.

일반인의 모순과 혼동은 대체로 채권자와 채무자 관계에서 생기는 개인적 이해관계의 압력에서 나온다. 그러나 전문 경제학자들 사이에 퍼져 있는 혼동의 근원은 더 깊은 곳에 있다. 부의 본질과 가치의 원인에 관한 혼동이 경제학 사상과 학습에 두루 영향을 미치고 있기 때문이다. 화폐는 공통의 가치척도이며 부의 공통적 표현이자 교환 수단이다. 가치의 의미와 부의 본질에 대해 분명하게 이해하지 못하면 화폐의 본질과 기능에 대해서도 분명하게 이해할 수 없다. 그러나 우리는 앞에서 가치와 부라는 용어의 의미를 분명하게 제시하였기 때문에 이제는 화폐의 본질, 기능, 법칙을 탐구할 수 있다. 이 주제에 관해 현재의 경제학은 사실을 모순되게 서술하고 주장도 일관성이 없는데, 이런 것들을 모조리 검토하려고 시간을 낭비할 필요가 없다. 모든 경제학 탐구에서는 지금 우리에게 분명하게 드러나는 여러 사회 현상의 관계를 관찰하고 추적하는 것만으로 충분하다. 경제 법칙은 물리 법칙과 마찬가지로 절대 변하지 않기 때문이다. 화학자나 천문학자가 지금 눈앞에 존재하는 것만 관찰해도 이전에 존재했거나 앞으로 존재하게 될 현상을 추론할 수 있듯이, 정치경제학자도 그렇게 하면 된다.

2. 화폐에 대한 상식적 이해

어떤 경제학 용어의 진정한 의미가 혼동될 때는 그것이 실제로 무엇인지, 곧 그것이 실제로 어떤 기능을 하는지에 대한 일치된 견해를 찾는 방식이 가장 좋다. 화폐가 과연 무엇이며 어떤 기능을 담당하는지를 알아본 다음에, 가장 좋은 화폐 형태는 어떤 것인지를 판단할 수 있다.

만약 내가 화폐를 지불하기로 합의하고는 화폐 대신 거의 동등한 가치를 지닌 다른 것, 가령 목재, 벽돌, 서비스, 금괴나 은괴 등을 준다면, 화폐에 대한 공통의 이해를 바탕으로 볼 때, 약속을 충실하게 이행하지 않은 결과가 된다. 채권자에 따라서는 화폐 대신 그런 물건을 받을 수도 있을 것이다. 그러나 대체로 받지 않고 이렇게 항변할 것이다. "당신이 나에게 지불하기로 합의한 것은 화폐이고, 화폐로는 다른 물건을 살 수 있고 빚을 갚을 수도 있습니다. 그런데 지금 주시는 것은 그런 화폐가 아닙니다. 이런 품목은 내가 직접 쓸 일이 있을 때만 받고 싶은데, 난 지금 그럴 일이 없습니다. 주시는 품목으로 내가 원하는 물건을 구하려면 그 품목이 필요한 사람을 찾아내어 물물교환해야 합니다. 따라서 당신이 내게 그걸 준다면 애초 합의 때 예상하지 못했던 고생과 위험과 손실이 생깁니다." 공정한 사람이라면 채권자의 이런 항변을 타당하다고 인정할 것이다.

채무를 청산하거나 소유권을 이전하는 과정에서 손쉽게 주고받을 수 있다는 점이 바로 화폐의 독특한 특성이다. 화폐의 핵심은 화폐의 내재 가치가 아니라 화폐의 용도라는 것이다. 이 특성이 화폐와 다른 물건과의 차이다. 어린이도 이 점을 알고 있다. 내가 네다섯 살짜리 어린이를 사귀어 사탕을 보여 주면서 "이것은 뭐 하는 거니?"라고 묻는다면 어린이는 "먹는 것"이라고 대답할 것이다. 모자나 신발을 보여 주면, 아이들은 "쓰는 것, 신는 것"이라고 대답할 것이다. 그런데 돈을 보여 주면 "다른 물건을 사는 데 쓰는 것"이라고 대답할 것이다.

어린이가 내린 화폐에 대한 정의는, 화폐 이론이야 어떻든 간에, 우리 모두의 실제 인식과 같다. 화폐의 고유한 용도, 곧 화폐의 목적은 다른 물건을 사는 것이다. 화폐는 모두 이런 용도로 쓰인다. 다른 용도로 쓰일 수 있어도 그것은 중요하지 않다. 어떤 물자가 다른 물건을 사는 용도로 정해진 경우에는 이와 일치하지 않는 용도는 배제된다.

예를 들어, 사탕을 물건 구입 용도로 쓸 수도 있지만, 사탕을 식용으로 사용해 버리면 물건 구입 용도는 끝난다. 마찬가지로, 지폐를 담뱃불 붙이는 용도로 사용하면 화폐로서의 용도는 파괴된다. 주화도 장식용으로 사용하면 그동안에는 화폐로서 용도가 정지된다.

결론적으로, 화폐를 만든 소재가 무엇이든 간에 화폐의 용도는 욕구를 직접 만족시키는 게 아니라 다른 물건과의 교환을 통해 욕구를 간접적으로 만족시키는 것이다. 우리는 화폐를 먹지도, 마시지도, 입지도 않는다. 우리는 화폐로 다른 물건을 산다. 화폐를 소중히 여기고 추구하는 이유는 화폐 그 자체 때문이 아니라 화폐로 살 수 있는 물자 때문이다. 화폐를 그냥 가지고 있는 경우에도 마찬가지다. 화폐를 가지고만 있어도 즐거운 이유는 내가 원하는 물자를 언제든지 곧바로 살 수 있다는 것을 알기 때문이다.

위에서 예로 든 어린이는 '교환'이라는 단어가 물건을 얻는 대가로 다른 물건을 자발적으로 이전한다는 뜻인 줄을 잘 모를 수도 있다. 그러나 어린이끼리 작은 교환, 예를 들면 구슬을 주고 사탕이나 장난감을 얻는다거나 "나는 너에게 이것을 해 줄게, 너는 나에게 저것을 해 줘."라는 식으로 거래를 해 보면 교환에 대해서 잘 알게 된다. 어린이는 이런 행위를, '바꾼다' 또는 '주고받는다'라고 표현할 것이고, 화폐를 이용한 교환은 '산다' 또는 '판다'라고 표현할 것이다.

이 어린이의 표현은 사려 깊은 학자들의 표현과 일치한다. 일상 대화에서나 정치경제학에서나 일반적으로 산다 또는 판다라는 말은 실제로 화폐를 지불하거나 지불하기로 약속하는 경우에만 사용하고, 화폐가 등장하지 않는 교환은 물물교환, 바꾸기, 또는 그저 교환이라고 표현한다. 곧 어떤 거래를 구입이나 판매라고 표현할 때는 교환의 한 품목이 화폐일 경우다.

화폐와 화폐 아닌 품목을 교환하는 경우, 우리는 화폐 쪽이 더 중요한 것처럼 생각하는 습관이 있다. 곧 화폐가 교환을 주도하는 것처럼 생각한다는 것이다. 이런 습관을 보여 주는 언어 사용례가 또 있다. 교환 거래에서 돈을 받는 사람이 "감사합니다."라면서 혜택이나 도움을 받았다는 느낌을 표시하는 게 적절한 예절이라고 생각하는 사람이 많다.

이런 현상은 소득이나 이윤이 흔히 화폐로 측정되며 화폐는 다른 물건과 교환할 수 있는 가장 손쉬운 물자라는 사실에서 생긴다. 화폐에 대해 면밀하게 고찰하지 않는 사람들이, 교환에서 추구하는 것은 화폐이며 물건을 주고 화폐를 받는 쪽이 화폐를 주고 물건을 받는 쪽보다 유리하다고 생각하는 이유가 바로 여기에 있다.

화폐가 교환 또는 구매의 수단이 되는 다른 품목과 어떻게 다른지를 생각해 보기 위해, 여러 사람이 낯선 나라를 여행한다고 가정해 보자. 화창한 날 뉴욕에서 출발하여 큰길을 따라 200마일(약 320km) 정도 여행을 떠난다. 여행 경비에 충당하기 위해 서로 다른 교환 가능한 품목을 가져간다. 한 사람은 값비싼 말을 가져가고, 어떤 사람은 담배나 차처럼 자기 고장에서 나오는 특산품을 가져가고, 어떤 사람은 금괴와 은괴를, 어떤 사람은 수표나 수표책을, 어떤 사람은 현금을 가져간다. 이런 상황에서 각 품목이 모두 같은 가치를 가지고 있다고 해도, 첫 휴식을 취하기 위해 머무는 지점에서부터 지불의 편리성에서는 커다란 차이가 드러난다.

말을 가져간 사람이 필요 물자의 비용을 지불하려면, 말을 아주 팔거나 다른 품목으로 물물교환하지 않는 한, 값이 덜 나가는 말로 바꾸는 게 유일한 방법이다. 이런 식으로는 절대로 멀리 갈 수 없다. 말을 교환하는 데 드는 시간은 제쳐 두고서라도, 이 사람이 계속해서 말을 교환해 나간다면 얼마 가지 않아 제대로 움직이기도 어려운 형편없는 말이 남을 것이기 때문이다.

담배와 차 같은 특산품은 분할하기도 쉽고 가지고 다니기도 쉽지만, 이러한 물건으로도 여행 경비를 계속해서 지불하기는 어렵다. 물건을 한꺼번에 팔아 화폐를 마련하지 않는다면 즐거운 여행이 아니라 물건 파는 여행이 되고 만다. 연방법이나 지방법상 판매 면허가 필요한 경우에는 범죄행위로 체포될 위험성도 있고, 그렇지 않다고 해도 특산품을 여행에 필요한 물자와 교환할 사람을 물색하다 보면, 여행은 늦어지고 손실도 생기고 여러모로 굉장히 번거로울 것이다.

금과 은은 모든 품목 가운데서 품질과 가치가 가장 균일한 편이지만, 여행자가 금괴와 은괴를 가지고 일단 뉴욕을 떠난 뒤에는, 금은의 가치를 판단하는 사람이나 상품과 서비스를 제공한 대가로 금은을 기꺼이 받으려는 사람을 찾기가 쉽지 않다. 금은을 합당한 가치로 교환하기 위해서는 그 마을에서 보석상을 찾아내어 금은의 순도를 측정하고 무게를 재야 할 것이고, 또 보석상은 시계 장식품을 주거나 시계를 수리해 줄 수는 있어도 여행자가 필요한 상품이나 서비스를 제공하지는 못할 것이다. 화폐를 사용하지 않고 금과 은으로 원하는 물건을 얻기 위해서는 중간 단계에서 여러 교환 과정을 거치지 않을 수 없다.

수표책과 수표를 가지고 가는 여행자의 경우는 최악에 해당한다. 그 여행자는 자기 존재가 알려지지 않은 지역에서 자기의 신용도를 인정해 주는 사람이나 최소한 전보로 신용도를 확인해 볼 사람을 만나지 못한다면, 수표는 백지와 다름없게 된다. 여행을 계속하려면 머무는 곳마다 이런 일이 수없이 반복될 수밖에 없는데, 보통 사람은 견뎌 내지 못할 것이다.

그러나 화폐를 가지고 있는 사람은 처음부터 끝까지 아무런 어려움도 겪지 않는다. 상품을 팔거나 서비스를 제공하는 사람들은 모두 기쁘게 화폐를 받고 "감사합니다."라고까지 말할 것이다. 화폐를 가진 여행자만이 시간의 지체, 번거로움, 손실 없이 계획했던 여행을 마칠 수 있다.

위와 같은 소규모의 상상 속 실험을 통해 도출할 수 있는 결론은, 화폐가 모든 품목 가운데 가장 가치 있다는 게 아니다. 이런 생각을 막연히 수용하는 사람이 많지만, 이건 납 1파운드가 깃털 1파운드보다 무겁다는 식의 오류를 범하는 것이다. 위 실험에서 도출할 수 있는 안전한 결론은, 모든 교환 가능한 품목 가운데 화폐의 교환성이 가장 높다는 것 그리고 교환이 쉽다는 점은 화폐의 본질적인 특성이라는 것이다. 앞서 든 예를 확대하여, 여행자가 자기 나라 안에서는 쉽게 교환되는 화폐를 가지고 다른 나라를 여행하는 경우를 생각해 보자. 그러면 화폐는 하나가 아니며 시대와 장소에 따라 다르다는 사실을 알게 될 것이다. 미국에서 사용되는 화폐는 영국에서 사용되는 화폐와 다르다. 외국 여행자가 많이 다니는 일부 지역에서는 두 나라 화폐가 함께 쓰이기도 한다. 버뮤다에서는 미국 화폐와 영국 화폐가 같이 쓰이고, 나이아가라 폭포 인근에서는 캐나다 화폐와 미국 화폐가 같이 쓰인다. 그러나 화폐 국경선을 통과한 이후에 필요한 물건으로 신속하게 교환하려면 반드시 여행국 화폐를 마련해야 한다. 자기 나라에서 쓰던 화폐는 화폐 국경선을 통과하자마자 그저 하나의 상품으로 변해 버리기 때문에, 환전상을 통해 그 나라 화폐로 교환하는 게 편리하다.

그렇다면 화폐는 정부가 정하기 나름인가? 말하자면, 오늘날 흔히 나오는 주장처럼, 정부가 법령으로 화폐를 정하고 화폐의 통용 가치를 지정할 수 있는 것인가?

1862년과 1879년 사이에 캘리포니아에 살았거나 이 지역을 방문했던 사람들은, 다른 나라와 다른 시대를 살펴볼 필요도 없이, 정부 법령으로 화폐를 지정할 수 없다는 사실을 알 것이다. 이 시기에 미국의 다른 지역에서 사용한 화폐는 다소간 평가절하되던 지폐였으나, 캘리포니아를 비롯한 태평양 연안 지역에서 사용하는 화폐는 금과 은이었다. 연방정부가 발행한 지폐는 우표 구입, 세금 납부, 연방법원 또는 특별한 제한이 없는 주 법원의 소송비용 납부, 동부 지역으로 보내는 송금 따위에 사용되었다. 그러나 개인 사이나 일상 거래에서 지폐는 그저 상품에 지나지 않았다.

이런 경우에 대해, 정부 권력이 제대로 효과를 내지 못했다든지, 연방 정부가 채권 구입이나 관세 납부에 금화만을 사용하게 하여 스스로 연방 지폐의 권위를 실추시켰다든지, 캘리포니아 계약법상 주 법원이 사실상 금과 은만을 인정했기 때문이라는 등의 이유를 댈 수는 있을 것이다. 그러나 남부 통화(Confederate currency), 대륙 통화(Continental currency)도 있었고 독립 전쟁 전에는 식민지 통화(Colonial currencies), 프랑스에서는 아시냐(assignats)도 있었다는 점을 생각할 필요가 있다.[29]

정부는, 언어 사용에 상당한 영향을 미칠 수 있듯이, 화폐 사용에도 상당한 영향을 미칠 수 있다. 정부는 정부 문서 작성, 재판 진행, 공립학교 교육에서 사용할 언어를 지정할 수 있듯이, 공무원이 수납하고 법원이 인정하는 화폐를 지정할 수 있다. 그러나 엄마가 아기에게 말을 가르칠 시기를 정부가 지정할 수 없듯이, 개인끼리 상호 동의에 따라 거래에 사용할 교환 매개물을 정부가 지정할 수는 없다. 부분적으로나 전면적으로 지정하려고 한 적도 있었으나 정부 권력은 분명히 실패하고 말았다.

그렇다면 정부 지정이 효력을 나타내지 못한다고 해서, 화폐란 궁극적으로 그 내재 가치에 따라서만 결정된다고 볼 것인가? 전 세계적으로 통용될 수 있는 진정한 화폐, 참되고 자연스러운 유일한 화폐는 오직 금과 은이라고 보아야 하는가?

---

29 남부 통화, 대륙 통화, 식민지 통화, 아시냐는 모두 정부가 지정한 지폐였지만 유통 능력을 급속하게 상실한 사례다. 이 가운데 앞의 세 가지 통화는 미국에서 한때 사용된 화폐이며, 아시냐는 프랑스 혁명 당시 정부가 파산 위기를 모면하기 위해 몰수한 교회 재산을 증권화한 것이다.

이런 견해는 정부 지정론보다 더 사실과 어긋난다. 금과 은은 가장 오랜 시간 동안 광범위한 지역에서 화폐를 만드는 소재로 사용되었고 지금도 사용되고 있다. 또 특정 지역, 특정 시기에는 그 자체가 화폐로 통용되었고 지금도 통용되고 있다. 초기 캘리포니아에서 실제로 있었던 사례를 보자. 모든 상인, 호텔 주인, 도박꾼, 또는 바텐더는 질산이 담긴 병과 저울을 가지고 있었으며,[30] 사람들은 금가루나 금괴가 들어 있는 가죽 주머니를 가지고 다니면서 상품, 음식, 숙박, 음료수를 구입하기도 했고 빚을 갚기도 했다. 그러나 금과 은이 세계 화폐인 것은 아니다. 세계를 여행하면서 금괴와 은괴로 여행 경비를 지불하려는 사람은 커다란 어려움에 봉착하고 만다. 이 여행자가 금괴와 은괴 대신 금전과 은전을 지니고 다니더라도 어려움을 완전히 피할 수 없다. 우리가 알고 있는 한 세계 공통어가 없었듯이, 세계 공통 화폐는 현재도 없고 과거에도 없었다.

내재 가치에 대해서 언급하자면, 내재 가치가 없는 지폐도 화폐 기능을 잘 수행하고 있으며 어떤 면에서든 내재 가치를 지닌 주화와 다름없는 진정한 화폐다. 심지어 주화조차도, 그 통용 가치나 화폐 가치는 내재 가치와 무관하며, 이 점은 일반 지폐와 크게 다르지 않다.

정부의 법령, 개인의 행위, 소재의 특성, 내재 가치를 비롯하여 그 어떤 것도 화폐가 되도록 또는 되지 못하도록 할 수가 없고, 화폐의 통용 가치를 높이거나 낮출 수 없다. 다만 교환의 매개물로 수용하는 태도에 영향을 줄 수 있을 뿐이다.

---

30 금에 질산 한 방울을 떨어뜨려 아무 반응이 없다면 진짜 금일 가능성이 높다.

여러 시대, 여러 지역에서 각종 품목이 화폐로 사용되어, 정도 차이는 있지만 나름대로 교환의 편의를 도왔다. 그래서 초기 샌프란시스코의 경우, 금광에서 채굴한 금이 갑자기 넘쳐나게 되자 화폐 수요가 폭증했는데, 이때 사제 주화(私製 鑄貨, bogus coins)가 나와 화폐로 통용되기도 하였다. 뉴욕에서는 남북전쟁(1861~1865) 초기에 사람들이 금은을 내놓지 않아 유통 매개물이 대량으로 부족하게 되자, 우표, 차표, 식권, 심지어는 사제 지폐가 화폐로 통용되기도 하였다.

그렇다면 화폐의 진정한 정의에는 물물교환을 제외한 교환에서 사용될 수 있는 모든 것이 포함된다고 할 것인가? 화폐와 신용의 실제적이고도 매우 중요한 차이점을 무시하지 않는다면, 그런 정의는 적절하지 않다. 조금만 생각해 보아도, 오늘날 상업계에서 화폐 대신 사용하는 수표, 환어음, 양도성 어음, 양도성 환증서, 채무 증서는 화폐와는 달리 다른 무엇이 수반되어야 통용된다는 점을 알 수 있다. 다른 무엇이란 바로 신용이다. 신용은, 물물교환의 경우가 아니라면, 화폐 대신 통용되는 모든 수단과 도구가 갖추어야 할 필수적인 요소다. 각종 수단이 화폐를 대신할 수 있는 것은 바로 신용 덕분이다.

내가 물건을 사고 화폐를 건네주는 것은 빚을 갚는 것이다. 이로써 거래는 완결된다. 그러나 물건값으로 수표를 주게 되면 빚을 갚는 게 아니다. 나는 단지 나 대신 지불해 달라고 다른 사람에게 요구하는 서류를 건네준 것에 지나지 않는다. 만약 다른 사람이 지불하지 않으면 도덕적·법적 책임은 여전히 나에게 있다. 사실상 나를 신뢰하지 않는 사람은 내 수표를 받으려고 하지 않을 것이다. 내가 정직한 표정과 말끔한 의복 차림을 하고 소액 수표를 건네주면, 나를 모르는 사람도 자기가 아는 제3자의 보증 없이 내 수표를 받는 특별한 경우는 있겠지만, 차라리 그 사람이 나를 직접 신용하도록 만드는 게 더 쉬울 것이다. 그와 마찬가지로, 나를 알거나 내 신용도를 인정하는 사람이 아니라면, 제3자가 발행한 수표를 내가 배서하지 않은 채 넘길 때 순순히 받지 않을 것이다. 설령 받는다고 해도 내가 대가를 지불한 것으로 볼 수 없다. 단지 지불 요청서를 내가 보증하여 건넸을 뿐이다.

이 같은 경우를 유심히 살펴보면, 화폐와 다른 신용 수단을 분명하게 구분하는 한 가지 특질이 있음을 누구나 알 수 있다. 화폐를 지불하는 경우에는 그것으로 거래가 종결된다. 화폐는 실정법상 교환의 매개물로 인정되기 때문이다. 그러나 수표, 환어음, 어음 등은 화폐 사용을 대신할 수 있지만 신용이 있어야 가능하다. 신용은 교환의 촉진자로서 화폐보다 더 오랜 역사가 있으며 지금도 화폐보다 더 중요하다. 물론 금이 화폐가 될 수 있듯이 신용도 화폐가 될 수 있다. 그러나 금 자체가 화폐가 아닌 것과 같이 신용 자체도 화폐가 아니다. 또 화폐의 본질과 기능을 오해하지 않는 한, 신용을 화폐로 볼 수 없다.

그렇다면 화폐란 무엇인가?

분명히 화폐의 본질적인 특성은 화폐의 형태나 재료에 있는 게 아니라 화폐의 용도에 있다. 화폐의 용도는 소비되는 게 아니라 계속 교환되는 데 있다. 화폐는 매개물로 참여하여 다른 물자의 교환을 촉진한다. 도박장에서 편리하게 계산하고 쉽게 주고받기 위해 칩(chip)이 흔히 사용되는데 화폐는 더 넓은 범위에서 사용되는 칩으로 보면 된다. 이런 용도는 사람들이 교환 과정에서 화폐를 수령하겠다는 공통의 동의나 의향에서 생긴다. 화폐는 무언가를 대표하거나 약속하는 게 아니라 교환을 완결 짓는 매개물이다.

교환에서 돈을 받는 사람이 마음속으로 제기할 수 있는 유일한 질문은 자기도 다른 교환에서 이 화폐를 동일하게 사용할 수 있느냐이다. 만약 의심할 여지가 없다면 화폐를 순순히 받아들일 것이다. 그 사람 처지에서 화폐의 용도는 교환에 사용하는 것이기 때문이다. 이 점에 의심이 있다면 의심의 정도만큼 화폐 가치를 할인해서 받거나, 아니면 아예 받지 않을 것이다.

그러면 화폐의 성립 조건은 공통의 교환 매개물로 수용하겠다는 공통의 동의나 의향이다. 어느 품목이 어느 지역, 어느 시대에 이러한 본질적인 특성을 갖춘다면, 다른 특성이 없다고 해도, 그 품목은 그 지역, 그 시대의 화폐로 자리매김하게 된다. 이 품목이 어느 지역, 어느 시대에서든 이 본질적인 특성이 없다면, 다른 특성을 갖춘다고 해도 그 지역, 그 시대에는 화폐로 자리매김하지 못한다. 따라서 화폐를 다음과 같이 정의할 수 있다.

어느 시대, 어느 지역에서든 공통의 교환 매개물로 사용되는 것은 그 시대, 그 지역의 화폐이다.

전 세계적으로 통용되는 공용 화폐는 없다. 화폐 사용 자체는 언어처럼 거의 세계적이고, 언어처럼 일반 법칙을 따른다. 그러나 언어가 시대와 지역에 따라 다르듯이 화폐도 역시 다르다. 다음에 살펴보겠지만, 화폐의 여러 가지 기능 가운데 사실은 언어적인 기능도 포함되어 있다. 곧 화폐는 가치를 표현하는 언어다.

3. 교환의 매개물, 가치의 척도

화폐의 가장 중요한 특성은 공통의 교환 매개물이라는 용도에 있다. 그러나 이와 밀접한 관련을 갖는 다른 용도가 있는데, 바로 공통의 가치척도라는 용도다.

화폐가 가치척도가 되는 이유는, 화폐가 공통의 교환 매개물로서 소비용이 아닌 교환용으로 사용되며, 따라서 문명사회에서 다른 어떤 물자보다 더 빈번하게 교환된다는 데 있다. 가령, 목재나 석탄을 생산자가 직접 사용하면 교환은 전혀 이루어지지 않는다. 또 교환이 이루어질 때도 벌목, 채탄에서 최종 소비자에게 도달할 때까지 한 번 또는 많아야 대여섯 번 정도 교환이 이루어진다. 감자, 밀, 옥수수도 비슷하다. 말도 일을 시킬 수 있는 시기에는 대체로 교환되지 않으며, 평생 여섯 명 정도 새 주인을 만나는 경우는 드물다. 면, 모, 마는 의복과 밧줄로 가공되기 전에 한 번 또는 많아야 대여섯 번 정도 교환이 이루어진다. 의복과 밧줄로 가공된 이후에 최종 소비자에게 도달하기까지는 두 번에서 대여섯 번 정도 교환이 추가로 이루어진다. 목재, 철, 종이, 육류, 가죽도 마찬가지다. 이런 물자를 교환하는 궁극적인 목적은 소비하여 없애는 것이며, 또 소비되지 않는다고 해도 오래지 않아 닳거나 썩는 성분으로 구성되어 있다.

반면 화폐는 소비가 아니라 교환을 위한 것이다. 소비하지 않는다는 것, 이것이 바로 화폐의 용도다. 화폐는 쉽게 닳거나 부식되지 않는 소재로 만들 뿐만 아니라 잠시 소지하는 사람도 조심해서 간직하는 게 보통이다. 부에 속하는 일반적인 품목이 소모되기 전에 교환되는 횟수보다 화폐가 단 하루 동안 거치는 사람 수가 더 많을 것이다. 그뿐만 아니라 생각이나 언어에서 화폐를 가치의 상징으로 사용하기 때문에 실제로 화폐를 잘 만지지 않는 사람들도 화폐에 대해 끊임없이 관심을 두게 된다. 그래서 공통의 교환 매개물로 사용되는 화폐의 가치는 그 사회에서 다른 어떤 물건의 가치보다 더 잘 알려져 있고, 사람들이 여러 물건의 가치를 비교하는 수단으로 기꺼이 그리고 상시로 화폐를 사용한다.

여기에서 제기될 수 있는 한 가지 의문이 있다. 철저히 검토해 보자. 앞에서 보았듯이 가치가 노동과 비례관계가 있다면, 노동 자체를 공통의 가치척도로, 더 나아가 정확하고도 최종적인 척도로 사용하면 안 되는가?

미국에서 발표된 수많은 화폐론은 이 의문 앞에 무색해진다. 그러나 앞에서 보았듯이 진정한 가치척도인 노동이 공통의 가치척도로 사용될 수 없는 이유는 명백하다. 인간 본성이 그렇기 때문이다. 우리는 '고생과 수고'를 통해 노력의 정도를 파악한다. 곧 애를 쓴다는 느낌, 계속하면 지루하고 싫증이 난다는 느낌으로 그 정도를 안다는 것이다. 느낌은 개인적인 인식이나 심리이며, 인식이란 오로지 행동을 통해 객관적으로 드러나는 것만을 대상으로 한다. 심지어 엄마도 아기 행동을 보아야 아기의 느낌을 알아챌 수 있다. 아기가 배고프거나 졸리거나 고통을 느낀다거나, 아니면 만족하고 기뻐하는지는 오로지 아이 행동을 보고 판단할 수 있다.

우리가 이미 보았듯이, 노동은 진정한 그리고 궁극적이고 보편적인 가치척도다. 교환의 대가는 대상물을 취득할 때 덜게 되는 노력 또는 안 해도 되는 고생과 수고의 평가에 기초를 둔다.

언제나 노력이 진정한 가치척도이기 때문에 모든 공통의 가치척도는 노력을 반영해야 한다. 그러나 노력한 양과 질, 곧 시간과 강도를 모두 객관적으로 표현하려면 노력의 구체적 결과를 공통의 가치척도로 삼을 수밖에 없다. 마치 열, 빛, 팽창력, 중력을 객관적으로 표현하려면, 그런 에너지가 구체적으로 표현된 결과를 공통의 척도로 삼을 수밖에 없는 것과 같다. 노력의 결과인 물자가 노력의 구체적 표현이기 때문에 그런 물자가 일반적으로 자연스럽게 공통의 가치척도로 사용된다.

노력이 시간 단위로 표시될 때도 노력의 결과와 무관하지 않다. 과거 내 동료 선원 한 사람은 풀베기 철에 샌프란시스코에서 하선하여 하루에 5달러를 받기로 약속하고 농장에 취업하였다. 농사일에 경험이 없는 이 친구는 낫을 들고 일을 시작하자마자 낫이 땅속에 너무 깊이 박혀서 망가질 뻔하였다. 그는 화를 내며, 자신은 최신 특허품 낫에 익숙하다고 말하면서 연장이 구식이라고 불평하였다. 그러나 농민이 그 사람에게 임금을 못 주겠다고 해도 속았다고 생각하지는 않았을 것이다. 왜냐하면 이 친구도 하루 노동 계약은 결국 그만한 양의 풀을 베는 계약임을 알고 있었기 때문이다. 사실상, 시간 단위로 노력을 측정하는 형식을 취하더라도 그 밑바닥에는 결과를 측정한다는 뜻이 들어 있다.

결론적으로, 분량과 강도가 다 반영된 노력이야말로 언제나 진정한 최종 가치척도이지만, 공통의 가치척도는 노력의 결과를 통해서만 정할 수 있다. 이런 이유로, 노력의 구체적인 표현인 물자가 가장 손쉬운 가치척도가 된다. 인간 사회가 시작되면서 늘 그래 왔다.

어떤 물자든, 또 같은 맥락에서 어떤 서비스든, 공통의 가치척도로 사용될 수는 있지만, 많은 사람이 쉽게 가치를 인식할 수 있는 물자라야 그런 목적으로 사용될 수 있다. 그리고 공통의 교환 매개물로 사용되는 물자는 그 기능상 가장 빈번하게 교환되고 많은 사람이 그 가치를 쉽게 알 수 있다. 그래서 공통의 교환 매개물로 기능하는 것은 무엇이든 공통의 가치척도로, 곧 다른 물품을 이 가치척도로 표현하고 비교하는 용도로 사용될 수 있다. 어느 수준의 문명 단계에 도달한 사회에서 공통의 가치척도는 항상 화폐다. 그래서 우리는 화폐의 이런 기능에 주목하여, 어느 시대 어느 지역에서든 공통의 교환 매개물이자 공통의 가치척도 구실을 담당하는 것이 화폐라고 정의할 수 있다.

그러나 꼭 기억해야 할 것은 이러한 두 가지 용도 중에서 공통의 교환 매개물이라는 용도가 우선한다는 점이다. 공통의 교환 매개물이기 때문에 공통의 가치척도가 되는 것이지, 그 반대는 아니다.

그러나 애덤 스미스가 말한 대로 노동, 곧 노력은 "모든 상품의 교환가치를 측정하는 진정한 수단"이며 "유일하게 보편적이고 유일하게 정확한 가치척도이고 모든 시대, 모든 지역에서 모든 상품의 가치를 비교할 수 있는 유일한 표준"이라는 점은 여전히 명백한 사실이다. 애덤 스미스도 말했듯이, "어느 상품을 취득하려는 사람의 관점에서 그 상품의 진정한 가치는 그 상품을 얻는 데 드는 수고와 고생"이기 때문이다. 또 상품을 획득한 이후에 처분하거나 교환하려는 사람의 관점에서 그 상품의 진정한 가치는, 자신이 그 상품을 가지고 있으면 수고와 고생을 얼마나 덜게 되는지, 그리고 상대방이 그 상품을 획득하려면 수고와 고생을 얼마나 들여야 하는지에 달려 있다.

이처럼 노동은 실질적이고 보편적인 가치척도이기 때문에, 각국이 사용하는 공통의 가치척도가 서로 다른 경우에도 나라 사이의 교역에는 별 어려움이 없다. 또 한 나라 안에서 공통의 가치척도를 바꾸어도 별문제가 생기지 않는다. 그러나 신용에는 영향을 줄 수 있다. 신용은 현재 소위 '화폐 문제'(money question)라는 이름으로 벌어지고 있는 논쟁과 혼동의 주요 원천으로 작용하고 있다.

논의를 더 진행하기 전에, 화폐의 개념과 관련되는 범위에서, 신용과 교환의 관계를 고찰하는 것이 좋겠다.

4. 신용의 역할

한번 상상해 보자. 항해 도중에 배가 난파되어 알몸으로 헤엄쳐서 무인도 해변에 상륙했는데, 마침 기후는 온화해서 생명을 유지하기에는 충분한 상황이다. 무인도에 상륙한 사람들이 처음으로 서로 교환하는 것은 결국 이런 식이 되지 않을까? "당신이 이것을 해 주거나 이 물건을 구해 준다면, 나도 저것을 해 주거나 저 물건을 구해 주겠소." 이 세상에 처음 출현한 사람들이 맞닥뜨린 처지는, 어느 곳에 어떤 식으로 출현했든, 분명히 무인도에 상륙한 사람들과 다름없었을 것이다. 또 우리가 상당히 확실하게 추론할 수 있는 것은, 그 사람들도 본질적으로 우리와 동일한 부류의 인간이라는 점이다.

신용과 물물교환 사이에 우선순위가 있다면, 교환의 매개라는 면에서 신용은 본질상 분명히 물물교환보다 앞섰고 물물교환을 처음부터 뒷받침했을 것이다. 사슴 한 마리를 사냥했거나 물고기를 많이 잡은 사람이 있다고 가정하자. 식량이 남아도는 이 사람은, 이웃 사람이 자신에게도 그런 행운이 찾아오면 꼭 갚겠다고 약속한다면 자연스럽게 식량을 나누어 주지 않을까? 신용 체계는 문명 발달과 함께 점점 더 정교한 형태를 취하게 되지만, 틀림없이 인간 사회의 초기부터 신용이 교환을 도왔을 것이다. 교환 과정에서 직접적인 신용이 상대적으로 더 중요한 역할을 하는 곳은 대도시보다는 산간벽지나 새로운 정착지라고 하겠다.

애덤 스미스는 화폐의 기원과 이용에 관해 설명하면서 물물교환이 어렵다는 점을 너무 과장하였고, 그 뒤의 거의 모든 저술가도 비슷하게 서술하였다. 금속을 화폐로 이용하기 전의 상황에 관하여 스미스는 다음과 같이 설명한다.

> 한 사람은 특정 품목이 필요 이상으로 많고, 다른 사람은 적다고 가정해 보자. 많이 가진 사람은 기꺼이 자기 품목을 처분하려고 할 것이고, 적게 가진 사람은 더 구하려고 할 것이다. 그러나 적게 가진 사람이 많이 가진 사람에게 필요한 품목을 전혀 가지고 있지 않다면 이 사람들 사이에서는 교환이 이루어질 수 없다. 정육점에는 주인이 소비할 수 없을 정도로 많은 고기가 있고, 양조업자나 제과업자는 그 고기를 좀 사려고 한다. 그러나 양조업자와 제과업자는 자기 생산물 이외에는 교환해 줄 것이 전혀 없으며, 정육점 주인은 이미 자기에게 필요한 빵과 맥주를 충분히 확보한 상태다. 이럴 때는 이 사람들 사이에 교환은 전혀 이루어질 수 없다. 정육점 주인이 양조업자와 제과업자를 위한 공급자가 될 수 없을 뿐만 아니라, 이 사람들 역시 정육점 주인의 고객이 될 수 없다. 따라서 이 사람들은 서로 별로 도움이 되지 못한다.

물물교환의 어려움을 이런 식으로 설명하는 것은, 애덤 스미스 이후의 저술가들이 다소간 누그러뜨리기는 했지만, 과장이 지나쳐서 웃음을 자아내기까지 한다. 정육점, 양조장, 제과점처럼 직업이 분화되어 있고, 이 사람들이 자기가 소비할 수 있는 분량 이상을 늘 생산한다는 사실은 이미 분업이 존재한다는 것을 의미한다. 애덤 스미스가 전제하는 상황에서 교환이 불가능하다면 분업이란 있을 수 없다. 또 아직 화폐가 사용되지 않던 시대라고 해도 교환이 아주 어렵지는 않았을 것이 분명하다. 고기를 처분하려는 정육점 주인이 당분간 소비할 맥주와 빵을 이미 가지고 있다고 해도, 양조업자와 제과업자가 제안하는 교환을 무시하지는 않았을 것이다. 오히려 정육점 주인은 다음과 같이 말할 것이다. "현재는 빵과 맥주가 필요하지 않지만, 내가 필요할 때 빵과 맥주를 고기의 가치만큼 주겠다고 약속한다면 고기를 드리겠소." 게다가 정육점 주인이 제과업자와 양조업자에게 약속 이행을 요구하는 시점이 자신이 가진 빵과 맥주를 모두 소비한 이후여야 하는 것도 아니다. 인간은 고기, 빵, 맥주 외에도 필요한 게 많기 때문에 정육점 주인은 재봉사에게서 옷을, 목축업자에게서 소를, 목수에게서 집을 구하게 될 것인데, 이 사람들은 상하기 쉬운 고기를 일시에 교환의 대가로 받을 수는 없다. 그래서 정육점 주인은 제과업자와 양조업자가 자신에게 약속한 빵과 맥주를 재봉사, 목축업자, 목수에게 주도록 하면 교환을 더욱 쉽게 할 수 있다.

곧, 교환이 반드시 양 당사자 사이에 그리고 즉시 이루어져야 하는 것은 아니다. 교환에서 한쪽 당사자가 즉시 물자를 제공하더라도 다른 쪽 당사자는 신뢰나 신용을 통해 미래에 또는 제3자에게 그 대가를 제공할 수 있다. 신용이라는 단순하면서도 자연스러운 수단을 통해, 소금을 맥주나 양고기와 교환할 때, 상하기 쉬운 맥주와 양고기를 가족의 소비에 적당한 분량만큼만 받을 수 있다. 사실상 애덤 스미스가 과장되게 표현했던 물물교환의 어려움은 신뢰가 있는 경우에는 언제 어디서나 얼마든지 피할 수 있다. 화폐가 꼭 필요한 경우는 교환 당사자가 서로를 모르고 다시 만날 일도 없는 경우다. 여행자가 화폐를 가지고 다니게 되자, 휴대도 쉽고 필요한 물건도 쉽게 구할 수 있어 여행이 훨씬 쉬워졌다. 그러나 환어음, 신용장, 여행자 수표, 보증수표책 등을 화폐 대신 많이 사용하는 시대가 되면서 다시금 신뢰가 중요해졌다.

신뢰나 신용은 진실로 교환을 돕는 모든 장치 중에서 가장 우선적인 것이다. 신용은 화폐 사용보다 선행했고, 인간의 출현과 때를 같이하여 등장했음이 틀림없다. 진실, 사랑, 배려는 인간의 본성이다. 이런 본성이 아니라면 인간은 야만 상태에서 벗어날 수 없었을 것이고, 야만 상태에서 자립하는 것조차 어려웠을 것이다. 인간이 이런 본성 없이 세상에 태어났다면, 야수가 인간을 멸종시켰거나 아니면 인간 스스로 멸종을 자초했을 것이다.

교환을 촉진하는 요소 중 신뢰나 신용은 등장 순서에서 첫째일 뿐 아니라, 과거나 지금이나 중요성에서도 첫째가 된다. 교환에서 화폐가 광범위하게 사용되고는 있지만, 신용에 비하면 비중이 크지 않다. 국제적 교환에서는 화폐가 전혀 사용되지 않으며, 모든 문명국에서는 국내에서도 엄청난 양으로 이루어지는 교환이 신용을 주고받는 식으로 이루어진다. 화폐의 첫째 용도는 교환의 매개물이라는 데 있지만 오늘의 현실에서 화폐의 가장 중요한 용도는 그렇지 않다. 가장 중요한 용도는 공통의 가치척도라는 둘째 용도다. 그뿐만 아니라, 문명 발전과 더불어 신용이 화폐로 사용되는 경향이 있다. 말하자면 신뢰가 통화로 기능한다는 것이다. 이렇게 해서 신용은 각종 상황에서 금속 화폐보다 더 쉽게 통용되는 교환의 매개물이 되었다. 모든 문명국가에서 광범위하게 사용되고 있는 지폐는 실제로 신용이나 신뢰로 만들어진 화폐다.

5. 화폐의 변천

화폐는 발명된 것이 아니라 문명 발달 과정에서 공통의 인식과 필요에 의해 자연적으로 성장·발전하였다. 최소의 노력으로 욕구를 충족하려고 한다는 인간 본성의 기본 법칙에 따라 교환이 발생·확장하는 과정에서 가장 노동 절약적인 수단을 교환 매개물로 삼게 되었다.

모든 교환 대상은 서비스나 물자이다. 그러나 물자 역시 형체가 있는 서비스라고 볼 수 있으므로 물자는 처음부터 교환의 매개물로 적합했고, 다른 물자와 무형의 서비스 모두에 대한 교환 매개물이자 가치척도로 사용되었다.

원시사회 또는 물자가 귀한 문명의 외곽 지대에서는 가죽, 조개, 소금, 구슬, 담배, 차, 담요 등 여러 품목이 공통의 교환 매개물과 공통의 가치척도로서 그 시대 그 지역의 화폐가 되었다. 그런데 금속 특히 귀금속이 교환의 매개물이 되기 위해 필요한 모든 조건을 충족했기 때문에, 그 특성을 잘 알고 있던 지역에서는 금속이나 귀금속을 교환의 매개물로 사용하게 되었다. 처음에는 이런 화폐가 손에서 손으로 이전할 때마다 반드시 무게를 쟀을 것이고 순도를 측정하는 경우도 많았을 것이다. 그러나 금속을 교환 목적으로 사용하는 것이 일반화되면서 일정한 무게와 순도를 지닌 금속 조각을 만들어 매번 무게와 순도를 측정하는 수고를 거치지 않고서도 거래할 수 있게 되었다. 금속 가공 기술이 발달하여 금속을 화폐로 사용하게 된 지역에서는 금속 조각을 유통이 가능한 형태로 만들고 성분이 제대로 함유되어 있다는 증거를 양면과 가장자리에 표시하게 되었다. 이처럼 화폐 사용이 자연스럽게 발전함에 따라 교환용으로 사용되는 특정 금속이 주화 형태로 제작되어 다른 모든 재화와 서비스에 대한 교환 매개물 및 가치척도로 이용되었다.

주화를 이용하게 된 첫째 목적은 공통의 교환 매개물로 사용되는 금속의 무게와 순도를 측정하는 수고를 덜기 위해서였지만, 주화가 무게와 순도를 보장하는 용도로 널리 사용되다 보니 교환의 매개로 사용되던 다른 품목도 주화로 점차 교체되었다. 금속의 무게와 순도를 측정하던 관행은 사라지고, 대다수 주화 사용자는 주화에 들어 있는 금속 분량에 대해 잊어버리거나 무관심하게 되었고, 주화는 형태, 크기, 색깔, 무늬에 따라 유통되었다.

주화의 성분보다는 그 외양을 중시하는 경향을 보여 주는 재미있는 증거로 미국 역사의 '무역 달러'(trade dollar)가 있다. 여러 해 동안 은이 멕시코 달러 형태로 중국에 수출되었고, 멕시코 달러에 새겨진 무늬는 중국에서 일정한 양의 은이 함유되어 있다는 것을 증명하는 것으로 알려져 있었다. 그래서 미국 정부는 중국에서 멕시코 주화를 대체하려는 목적으로 1874년에 '무역 달러'라고 하는 주화를 만들었다. 이 주화는 멕시코 주화보다도 정교하고 보기도 좋았으며 은 함유량도 더 많았다. 그러나, 새로 나온 주화가 더 많은 내재 가치를 가졌음에도, 중국인은 생소한 주화보다는 친숙한 주화를 선호했다. 결국 미국의 노력은 실패로 돌아갔으며, 무역 달러 주조는 마침내 중단되었다.

교환을 쉽게 하는 기능이 실물에서 주화로 이전하였고, 주화를 사용하게 되면서 교환에서 다른 물자가 담당했던 기능을 주화가 갖게 되었는데, 이는 매우 중요한 변화로서 궁극적으로 화폐의 성격에 완전한 변화를 초래하였다.

귀금속으로 화폐를 주조하면서, 실물을 교환 매개물로 이용하는 최고 단계에 이른 것으로 보인다. 그런데 모든 물자 중에서 귀금속이 교환 매개물의 용도로 가장 적합하다는 바로 그 특성이 훨씬 높은 차원으로 발전하면서, 무형적인 것도 사람과 지역 사이에 유통될 수 있게 되었다. 이렇게 하여 부피나 무게, 사고로 인한 손실 위험, 마모, 부식 등의 염려 없이 기능하게 되었다. 이 무형적인 것은 바로 신용이나 채무를 말한다. 최소의 노력으로 욕구를 충족하려는 경향으로 인해, 문명이 진보하면서 실물화폐를 활용하게 되었고 나아가서는 신용을 화폐로 이용하게 되었다는 것이다.

신용은 모든 화폐가 등장하기 전부터도 교환을 촉진하였을 뿐 아니라, 화폐의 발달로 사회가 진보했듯이 신용의 확장도 사회 진보에 기여하였다. 일부 교환에서는 화폐가 신용을 대체하는 경우가 있기는 하지만, 이는 신용을 활용하기가 어렵고 불편한 경우에 국한된다. 화폐의 일차적인 기능은 공통의 교환 매개물이지만, 오래지 않아 화폐의 이차적 기능인 공통의 가치척도라는 기능이 더욱 중요해졌다. 그리고 현대 문명에서는 교환의 매개물로서, 화폐보다 신용이 더욱 두드러지며 또 중요하다. 교환의 매개물로서 특정 화폐는 아직도 국지적으로만 사용되며 특정국 통화는 타국에서는 매우 제한적으로만 사용된다. 그러나 신용 발달은 대단해서 신용을 수단으로 해서 상품 교환이 지구 끝까지, 그리고 서로 다른 화폐를 사용하는 사람들 사이에서까지 이루어진다.

금속에 대한 수요도 처음에는 다른 품목처럼 소비를 목적으로 한다. 그리고 금속의 교환가치 또는 교환율은 시장성 있는 금속을 만드는 데 드는 생산 비용에 따라 결정된다. 일부 금속이 교환의 매개물로 사용되기 시작하더라도 이런 금속에 대한 수요는 당분간은 대부분 소비를 목적으로 한다. 따라서 처음에는, 화폐로 사용되는 금속의 가치가 소비를 목적으로 하는 같은 금속의 가치보다 더 크지 않았다. 그러나 화폐 주조를 본격적으로 시작하자 정교하게 무늬를 넣고 마감 처리하는 노동이 가미되어 상품용 금속보다 생산비가 더 들게 되었다.

따라서 주화의 교환가치에는 두 가지 요소가 있다. ① 내재 가치, 즉 금속 자체의 가치. 가치는 상품용 금속을 생산하는 데 드는 비용에 따라 결정된다. ② 금속을 정교한 주화 형태로 전환하는 데 드는 비용. 이 비용은 세뇨리지(seigniorage)라고 부르는데, 이 용어의 기원은 초기부터 화폐 주조가 사회나 국가를 대표하는 통치자인 세뇨(seignior) 또는 영주의 권한으로 간주한 데 있다.

알곡을 음식이나 가루로 만들어 주면 가공비 또는 알곡을 받듯이, 금속을 주화로 전환할 때도 그 비용을 치르게 된다. 이러한 가공비 또는 세뇨리지는 실제 주조 비용과 다소간 차이가 날 수 있다. 그 차이, 즉 화폐 재료의 구입 금액과 주조된 화폐의 액면 금액의 차이는 화폐 주조 권한을 독점하는 영주나 국가가 정한다.

만약 화폐 주조 업무를 기업의 자유 경쟁에 맡긴다면, 수요를 충당하기에 충분한 양의 화폐를 주조하는 데 드는 비용은 최소화될 것이다. 그러나 우리가 아는 한, 기업에 맡긴 예는 없다. 화폐를 주조하는 가장 우선적인 목적은 무게와 순도를 보증하는 데 있는데, 이런 보증은 최고 권력을 가진 통치자나 국가가 검인(鈐印)함으로써 가장 분명하고도 확실하게 할 수 있다. 화폐 주조를 통치자가 독점하는 경우, 통치자가 조폐창에서 취득하는 금속을 고스란히 주화로 만들어 돌려주기로 약속하거나 그렇게 돌려주는 관행이 있다면, 화폐 가치 가운데 세뇨리지 부분은 하나도 없게 된다. 오늘날 일부 국가에서는 일부 금속에 대해 이런 식으로 처리하기도 한다. 반면, 주화 가치의 두 요소 가운데 세뇨리지 부분이 대부분을 차지하도록 할 수도 있다. 통치자가 다른 방식으로는 화폐를 주조하지 않겠다고 하면 그렇게 된다. 진실로, 주화를 만드는 소재로 아주 저렴한 금속을 선택하게 되면, 세뇨리지가 실질적으로 화폐 가치에서 거의 유일한 요소가 될 것이다. 리카도(David Ricardo, 1772~1823)가 지적했듯이, 지폐의 교환가치는 전부 세뇨리지로 볼 수 있다.

화폐 발행을 독점할 때 화폐의 내재 가치 가운데 일부 또는 전부가 없어져도 화폐의 효용성이 상실되지 않는 이유는 화폐가 쓰이는 특별한 용도에서 찾을 수 있다. 다른 물자의 용도는 소비인 데 반해, 화폐의 용도는 교환이기 때문이다. 따라서 화폐를 받는 사람은 화폐의 내재 가치에 신경을 거의 쓰지 않고 다시 화폐를 유통한다. 화폐 보유자가 갖는 유일한 의문은 자기가 받은 화폐를 다른 사람에게 유통하려고 할 때 다른 사람이 주저 없이 받겠느냐는 것이다. 주화가 공통의 교환 매개물로 통용되는 지역에서 사람들이 주화를 주저 없이 받는 이유는, 주화에 유통을 보증하는 표식이 들어 있기 때문이다.

초기 단계의 주화는 실물화폐였기 때문에 한동안 실물화폐 수요 가운데 적어도 일부분은 소비를 위한 수요였을 것이다. 주화 제조 기술 발달의 초기 단계에는 주화를 두드리거나 녹여서 식기나 장신구 등을 만드는 일이 지금보다 더욱 빈번히 일어났을 것이다. 그리고 더 중요한 사실은, 실물화폐도 다른 나라와 교역하는 과정에서는 상품의 하나로서 취급되었을 것이라는 점이다. 또 국제무역이 지금처럼 활성화되지 않았던 시대에 영향력이 큰 나라에서 만든 주화는 더 광범위한 지역에서 유통되었을 것이다. 당시에는 교역 범위가 지금만큼 넓지는 않았지만, 자체적으로 주화를 만들지 못하는 국가가 상대적으로 더 많았기 때문이다. 또 신용이 국제적인 교환 매개물로 광범위하게 발달하기 전에는, 쉽게 휴대할 수 있는 주화의 용도가 지금보다 더 중요했기 때문이기도 하다.

외국에 보내는 주화 수요는, 미국에서 영국으로 수출되는 금처럼 또 예술 분야의 주화 수요처럼 소비를 위한 수요이며, 주화의 상품 가치가 줄어들면 수요 총량이 급속하게 줄고 결과적으로 총액도 줄어들 것이다. 통치자가 주화의 함량을 줄이려고 할 때 그랬듯이, 조폐창 직원에게 철저히 비밀을 지키도록 지시한다고 해도 소용없는 일이다.

그러나 더욱 중요한 사실은, 주화의 내재 가치를 감소시키면서도 사용가치를 유지하기 위해서는 공급을 엄격하게 제한할 필요가 있다는 것이다. 그러나 왕정이건 공화정이건, 통치자가 주화의 내재 가치를 줄이려고 할 때, 그 목적은 같은 화폐 총액을 유지하면서 금속을 적게 사용하려는 게 아니라 같은 양의 금속으로 주화를 더 많이 만들려는 데 있었다. 또 그럴 기회가 생길 때는 유혹을 이기지 못했다.

따라서 화폐 주조권을 독점했던 통치자를 보좌하는 신하와 자문위원들은 화폐 가운데 일부를 저렴한 금속으로 대체하면 주조 비용을 간단히 또 안전하게 줄일 수 있음을 알았을 것이다. 그리하여 주화 가치는 수없이 반복하여 감소하였으며, 이것은 모든 화폐 역사에서 두드러지게 나타나는 특징이다. 영국 화폐 1파운드에 들어 있는 귀금속이 1파운드어치보다 훨씬 적어졌으며, 다른 나라에서는 그 차이가 더 벌어졌다.

매우 중요한 주화의 경우에는 이런 시도가 흔히 재앙으로 끝나기도 했다. 내재 가치가 줄어든 주화는 유통이 중단되기도 했고, 더 흔한 경우로는 주화의 유통 가치가 내재 가치 수준으로 내려가서, 결국에는 유통 가치와 내재 가치가 일치하기도 하였다. 그러나 일반적인 추측과는 달리, 주화의 내재 가치 감소가 반드시 이런 결과를 낳는 것은 아니다. 주화에 더 낮은 가치를 지닌 금속을 사용하더라도 유통 가치가 저하되지 않을 수도 있다.

그러나 여기에는 필수조건이 있다. 새 화폐를 취득하기가 옛 화폐만큼 어려워야 한다는 조건이다. 좀 달리 표현하자면, 신구 화폐가 대표하는 노력의 정도가 동일해야 한다는 것이다. 왜냐하면 모든 교환은 실제로는 노동을 교환하는 것으로서, 물자 사이의 교환율은 해당 물자를 얻는 데 필요한 상대적인 어려움에 따라 결정되기 때문이다. 미국 정부가 발행하는 5달러짜리 지폐는 내재 가치가 없고 5달러짜리 은화는 2.5달러 정도 내재 가치를 가지고 있으며 5달러짜리 금화는 5달러의 내재 가치를 가지고 있지만, 이러한 화폐는 화폐끼리도 교환되며 동일한 가치의 재화나 서비스와도 교환된다. 이렇게 되는 이유는, 어떤 화폐든 보통 그 화폐를 취득하는 데 들어가는 노력의 양과 질이 완전히 같기 때문이다. 특정 화폐를 얻는 데 노력이 좀 더 든다면 그 차이가 교환율 변화에 반영될 것인데, 이런 경우에 특정 화폐는 할증(premium)이, 다른 화폐는 할인(discount)이 발생한다고 표현한다.

지폐나 내재 가치가 적은 주화가 금화와 동일한 교환가치를 갖는 것은, 자국의 화폐 발행권을 독점하는 정부가 각 화폐 사이에 차이를 두지 않고 각 화폐를 취득하는 데 들어가는 어려움을 같게 만들기 때문이다.

6. 실물화폐와 신용화폐

가치는 항상 교환에서 타인의 노동 또는 노동 생산물을 요구할 수 있는 힘을 나타낸다. 가치에는 두 종류가 있다. 하나는 생산에서 나오는 가치고 다른 하나는 채무에서 나오는 가치다. 화폐는 독특한 가치 표현 수단이다. 물자의 가치를 나타내서 공통의 교환 매개물로 작용하는 동시에 공통의 가치척도로 작용한다. 오늘날처럼 고도로 문명화된 사회에서는 두 종류의 가치에 상응하여 화폐도 두 종류가 사용되고 있음을 알 수 있다. 하나는 '실물화폐'라고 부를 수 있는 것으로 그 가치는 생산에서 나오며, 다른 하나는 '신용화폐'라고 부를 수 있는 것으로 그 가치는 채무에서 나온다.

이러한 구분은 영국 파운드, 프랑스 프랑, 그리고 미국 달러 같은 화폐 단위의 차이와는 무관하다. 이것은 화폐 명칭의 차이에 지나지 않기 때문이다. 또 이러한 구분은 금속화폐나 지폐 같은 화폐 소재의 차이와도 일치하지 않는다. 모든 지폐는 신용화폐이지만 모든 금속화폐가 실물화폐인 것은 아니기 때문이다. 실물화폐는 소재의 상품 가치에 따라 교환되는 화폐를 말하는 것으로, 그 내재 가치, 곧 사용된 소재의 가치 이상으로는 통용되지 않는다. 반면 신용화폐는 사용된 소재의 가치 이상으로 교환되는 화폐다. 따라서 실물화폐의 교환가치는 화폐 소재의 상품 가치와 같다. 반면 신용화폐의 교환가치는 화폐 소재의 상품 가치보다 크므로, 결과적으로 신용화폐의 교환가치 가운데 일부는 신용이나 신뢰로 충당된다.

어느 한 사람이 10달러 상당의 밀과 10달러 상당의 금으로 주조한 금화를 교환한다면 이것은 물물교환이다. 어떤 품목을 동등한 가치의 다른 품목과 교환하는 데에는 신용이나 신뢰가 필요 없다. 받은 금화는 화폐로서의 용도와 무관하게 그 자체로, 건네준 물건과 동등한 가치를 가진다. 그러나 10달러에 상당하는 밀을 10달러짜리 지폐와 교환하는 사람은 상품 가치로 보면 10달러에 상당하는 물자를 주고 겨우 종잇조각 가치만을 갖는 물자를 받는다. 이 사람이 10달러짜리 지폐가 밀과 동등한 가치가 있다고 여겨 기꺼이 받아들일 수 있는 이유는, 그 사람도 역시 다음에 이루어지는 교환에서 이 지폐를 동일한 가치로 사용할 수 있다는 믿음이나 신용 때문이다. 만약 금화를 바다에 떨어뜨린다면 개인도 10달러에 상당하는 손실이 생기고 부의 총액도 그만큼 줄어든다. 그러나 지폐를 불태워 버린다면, 개인에게만 10달러만큼 가치의 손실이 생길 뿐이고, 부의 총액은 줄어들지 않는다. 지폐는 사실상 수표, 개인어음, 기업어음의 속성과 동일하며, 다만 지폐가 더 널리 손쉽게 사용할 수 있는 신용이라는 점이 다를 뿐이다. 완전한 내재 가치를 지닌 금화의 가치는 밀의 가치처럼 생산에서 나온다. 그러나 지폐의 가치는 수표나 어음의 가치처럼 채무에서 나온다.

처음 등장한 화폐는 의심할 여지 없이 실물화폐였다. 일부 국가에서는 지금도 실물화폐가 여전히 중요한 화폐이며, 지역에 따라서는 유일한 화폐이기도 하다. 그러나 문명이 발달한 나라에서는 신용화폐가 실물화폐를 압도하고 있다. 미국의 경우, 현재 유통되는 화폐 중 상품 가치 또는 내재 가치를 지닌 화폐는 연방에서 발행하는 금화뿐이다. 다른 주화는 내재 가치가 크게 떨어진다. 이런 주화가 금화와 동일한 가치로 유통된다는 것은, 교환가치와 내재 가치가 서로 무관함을 보여 준다. 이러한 주화는 사실상 지폐와 같은 신용화폐다. 차이점이라면 신용을 보장하는, 따라서 유통을 보호하는 검인(鈐印)이 종이가 아닌 금속에 찍힌다는 것뿐이다. 현재 가장 저렴한 금속이나 철, 또는 내재 가치가 거의 없는 다른 소재로 바꾼다 해도 주화의 유통가치는 전혀 줄어들지 않을 것이다.

부록

1. 저자 서문
   (헨리 조지, 1894)
2. 출판 경위
   (헨리 조지 2세, 1898)
3. 원저와 축약 번역본의 구성 비교
4. 헨리 조지 연보

1. 저자 서문(헨리 조지, 1894)[31]

나는 『진보와 빈곤』에서 정치경제학 중 당시 절실했던 주제에 대한 새로운 견해를 제시하였다. 비판이 제기되기도 했지만 오히려 이 책의 견해가 정당함을 보여 주었을 뿐이다.

그러나 『진보와 빈곤』은 정치경제학의 전 분야를 다룬 책이 아니었기 때문에 논쟁이 생길 수밖에 없었다. 하지만 당시에는 내가 더 무언가를 할 시간 여유가 없었다. 또한 꼭 그럴 필요도 없다고 보았다. 내가 밝히려고 했던 단순한 진리를 온 힘을 다해 반대하는 세력이 엄청나기는 했지만 그래도 『진보와 빈곤』이 크게 주목받았으므로 전문 경제학자 중 적어도 일부는 내가 밝히려고 했던 숨겨진 진리를 인정하고 기존의 경제학 체계에 반영할 것으로 기대했었기 때문이다.

『진보와 빈곤』 발간 이후 여러 해 동안 나는 저서, 팸플릿, 잡지 기사, 신문 관련 일, 강의와 강연을 통해 『진보와 빈곤』의 진리를 전파하려고 노력하였다. 그런 가운데 15년 전에는 내가 감히 기대하지 못했던 큰 성공을 거두었고 또 기득권에 대항하여 그런 큰일을 시도한 사람 중에서 그래도 나는 상당한 지지 여론을 얻어 낸 편이라고 할 만한 근거도 있었다.

영어 사용권만이 아니라 세계 도처에서 사람들이, 『진보와 빈곤』이 시작한 거대한 운동의 최종 승리를 위해 일어나고 있다. 이 거대한 흐름

---

31 원저자인 헨리 조지가 쓴 서문으로서, 집필을 시작한 지 3년이 지난 1894년에 쓴 것으로 되어 있다. 책을 다 마무리하기 전에 타계한 탓인지 서문의 완성도가 좀 부족한 느낌이다. 그래도 헨리 조지가 집필할 당시의 동기와 심정을 이해하는 데 도움이 된다고 보아 번역하였다.

은 아직 끝나지 않았지만 이미 시작되었고 결코 후퇴할 수 없을 것이다.

내가 『진보와 빈곤』 집필을 완성한 날 밤에 나에게 부여된 재능이 길을 찾았다고 느꼈다. 지구상의 모든 왕국이 내 발아래 놓인 것보다 더 만족스러웠고, 더 깊이 감사한 마음이었다. 그 후 몇 년간의 변화가 내 믿음의 정당성을 입증했지만 아직도 내게는 할 일이 남아 있다.

정치경제학을 재구성하는 작업은 완성되지 않았다. 그래서 내 사상을 전파하는 일을 가능한 한 줄이고 이 작업에 매진하는 게 절대 필요하다고 생각하게 되었다.

2. 출판 경위(헨리 조지 2세, 1898)[32]

저자는 진정한 정치경제학의 원리를 간략히 정리한 소책자를 집필하려는 소망을 오래 가지고 있었고, 1891년 강연 차 호주에 다녀온 후 작업을 시작하였다. 여기에서는 정확하고 분명한 학문의 주요 원리를 짧은 강의 형식으로 집필하고, 학술적인 내용은 다음에 더 두꺼운 책에서 다룰 계획이었다.

그러나 작업을 본격적으로 추진하기 전에, 용어의 의미에 대해 혼동이 존재하는 상황에서는 원리를 단순하게 서술하기가 어렵다는 사실을 알고는 원래의 계획을 바꿀 수밖에 없었다. 그래서 정치경제학을 재구성하면서 용어와 원리를 검증·해설하고, 책의 앞부분에서 정치경제학이 한 세기 전에 시작되어 발전해 온 과정을 살펴본 다음, 학문이 점차 쇠퇴하면서 결국 전문 학자들마저 포기하는 데 이르는 모습을 서술하였다. 이와 함께 정치경제학이 학계 외부로 확산하는 추이를 살피고 특히 '단일세'(single tax)라는 이름으로 세계적으로 번지고 있는 자연 질서의 철학에 주목하였다.

저자는 집필 작업을 일시 미루고 가톨릭 교황의 '노동 회칙(回勅)'(Rerum Novarum)에 답하는 소책자 『노동 빈곤과 토지 정의』(*The Condition of Labor*, 1891)를 집필하였다. 또 허버트 스펜서(Herbert Spencer)가 토지 문제에 대한 자신의 소신을 바꾸자 『갈피를 잃은 철학자』(*A Perplexed Philosopher*,

---

32 헨리 조지의 장남인 헨리 조지 2세(Henry Gerge, Jr.)가 부친의 유고를 정리하여 출판하면서 쓴 글이다.

1892)를 집필하기도 하였다. 두 책의 집필, 신문과 잡지의 기고, 강의나 정치 연설 이외에는 계속해서 이 책에 온 힘을 다 바쳤다. 그러던 중 뉴욕 시장 선거에 출마하게 되었고 캠페인 도중인 1897년 10월 29일에 임종을 맞았다.

이 책이 저자의 계획대로 완성되었다면 제5권 화폐 부분이 더 길었을 것이고, 제4권의 임금·이자·지대 법칙의 본질과 기능 부분도 더 상세하였을 것이다.[33] 그러나 저자의 견해로는 현재의 내용으로도 핵심은 다 다루어졌다고 한다. 저자는 타계하기 며칠 전에, 미완성 부분도 "내 사상이 지향하는 방향"이 담겨 있다고 하였다.

저자 서문은 미완성이며, 원고에는 연필로 "1894년 3월 7일"이라고 적혀 있었다. 저자가 계획했던 집필 내용을 요약하여 목차에 장별로 수록해 두었다. 원저는 모두 5권, 64장으로 구성되어 있는데, 목차의 각 장 제목 밑에 그 장의 핵심 내용이 소제목처럼 자세하게 나와 있다.

원고를 정리하면서 장의 제목 네 곳에 내용 요약을 보충하였고, 색인을 추가하였으며, 몇 군데 사소한 교정을 한 외에는 모두 저자가 남겨 둔 원본대로 출판한다. 저자가 세상에 남긴 것을 다른 사람이 손대지 않고 그대로 내놓자는 것이 저자와 친밀했던 사람들의 소망이다.

헨리 조지 2세(Henry George, Jr.)
뉴욕, 1898년 2월 1일

33 원저의 제4권은 이 번역서의 제6장, 제5권은 보론에 해당한다.

3. 원저와 축약 번역본의 구성 비교

원저는 서문, 목차, 색인 외 총론과 다섯 권으로 구성되어 있다. '권'(Book)은 별도로 제본된 책이 아니고 단지 같은 책 내의 구분이다. 원저와 축약 번역본의 구성을 비교하면 다음과 같다.

원저	축약 번역본
General Introduction	총론
Book Ⅰ (14 chapters) The Meaning of Political Economy	제1장(5절) 인간과 문명 제2장(6절) 정치경제학이란?
Book Ⅱ (21 chapters) The Nature of Wealth	제3장(6절) 정치경제학의 발전과 붕괴 제4장(6절) 부의 본질
Book Ⅲ (17 chapters) The Production of Wealth	제5장(7절) 부의 생산
Book Ⅳ (6 chapters) The Distribution of Wealth	제6장(5절) 부의 분배
Book Ⅴ (6 chapters) Money—The Medium of Exchange and Measure of Value	보론(6절) 화폐에 관한 헨리 조지의 견해

4. 헨리 조지 연보

* 괄호 속의 숫자는 그해의 생일(9월 2일)에 맞은 연령임.

1839년 9월 2일 미국 필라델피아에서 영국계 부모의 열두 남매 중 둘째로 태어남. 부모는 독실한 복음주의적 신앙인으로서 부친은 교회 관련 영세한 출판업자, 모친은 전직 교사.

1852년(13세) 중학교(High school)에 입학하였으나 부친의 사업이 기울어 5개월 만에 자퇴하고 이후 갖가지 직업에 종사.

1855년(16세) 선원이 되어 호주까지 항해. 샌프란시스코로 가서 인쇄공 등 닥치는 대로 일함.

1858년(19세) 캘리포니아의 프레이저 강(Frazer River)에서 사금을 채취하다가 실패.

1860년(21세) 성년이 되자 즉시 인쇄노동조합에 가입. 호주 태생으로 부모를 여의고 부유한 삼촌 밑에서 자라면서 로스앤젤레스의 수녀원 학교에 다니던 17세의 애니 팍스(Annie Corsina Fox)와 연애. 팍스는 집안에서 결혼에 반대하자 1861년에 집을 나와 결혼식을 올림. 조지는 새크라멘토 신문사 인쇄부서에서 일하다가 3년 후 상사와의 불화로 사직.

1862년(23세) 맏아들(Henry George, Jr.) 출생.(후일 하원의원이 됨) 이듬해 샌프란시스코로 돌아가서 절망적인 가난의 세월을 보냄.

1865년(26세) 가난이 극에 달한 시기에 둘째 아들(Richard Fox George) 출생.(후일 저명한 조각가가 됨) 일간지 인쇄부서에 일하면서 간간이 글을 실기 시작. 링컨 대통령 피살 소식에 격분하여 신문 『알타 캘리포니아』(*Alta California*)에 기고한 글이 편집인의 인정을 받아 보수를 받는 기자가 됨.

1866년(27세) 셋째 아이이자 맏딸(Jane Teresa George) 출생. 샌프란시스코 『타임즈』(*Times*)의 기자가 됨. 1867년 편집국장이 됨.

1868년(29세) 반년 동안 샌프란시스코 『헤럴드』(*Herald*)의 뉴욕 특파원으로 일함. 번영하는 뉴욕에서 극도의 사치와 지독한 빈곤이 공존한다는 사실을 보고는 충격을 받아, 진보 속에 빈곤이 존재하는 원인을 찾아 이를 제거하는 일에 신명을 바치기로 결심.

1871년(32세) 팸플릿 『우리 토지와 토지정책』(*Our Land and Land Policy*) 발간. 이 내용은 후일 『진보와 빈곤』(*Progress and Poverty*)으로 발전됨. 샌프란시스코 『이브닝 포스트』(*Evening Post*)를 창간하여 4년간 편집인으로 일함. 정치적으로 독자 노선을 취하면서 부정부패를 과감히 고발하여 성공을 거둠.

1877년(38세) 『진보와 빈곤』 집필 시작. 막내딸(Anna Angela George) 출생.(유명한 안무가 드밀(Agnes de Mille)의 어머니)

1879년(40세) 『진보와 빈곤』을 탈고하고 벅찬 감동에 휩싸여 울었다. 처음에는 출판사의 거부로 자비 출판하였으나 그 후 폭발적인 주목을 받아 4년간 영미 두 나라에서만 수십만 부가 팔렸으며, 10여 개 나라에서 번역되고, 19세기 말까지는 영어로 쓰인 논픽션 분야에서 성경 다음으로 많이 보급된 책이 됨.

1881년(42세) 샌프란시스코에서 뉴욕으로 이사. 『아일랜드의 토지 문제』(*The*

	Irish Land Question) 출간. 이 책의 제목은 후에 『토지문제』(*The Land Question*)로 개칭되었음. 뉴욕의 아일랜드계 최대 신문인 『아이리쉬 월드』(*Irish World*)의 특파원으로 아일랜드와 영국에 파견되어 1년간 강연 등을 통해 수많은 청중을 열광시키고 영향력 있는 지지자도 얻음.
1883년(44세)	『사회문제』(*Social Problems*) 출간.(번역서 제목은 '사회문제의 경제학')
1884년(45세)	영국 토지개혁연맹(Land Reform Union)의 초청으로 영국에 강연 여행. 옥스포드에서 가진 강연회에서 마샬(Alfred Marshall)과 논쟁.
1886년(47세)	165개 노동조합 등으로 결성된 연합노동당(United Labor Party)의 추대로 뉴욕 시장에 출마. 민주당의 애브럼 휴윗(Abram S. Hewitt), 공화당의 루즈벨트(Theodore Roosevelt)와 대결하여 휴윗에 이어 2등. 당시 정치의 부패로 인해 "투표에 이기고 개표에 졌다"는 평이 있음. 관세 철폐와 자유무역을 역설한 『보호무역과 자유무역』(*Protection or Free Trade*) 출간. 주간지 『스탠더드』(*Standard*)를 창간하여 1890년까지 일함. 이 잡지는 토지가치 단일세, 완전 자유무역, 호주형 자유선거를 주장.
1889년(50세)	유럽 강연 여행.
1890년(51세)	호주와 뉴질랜드에 강연 여행.
1891년(52세)	교황의 회칙(回勅) 「노동헌장」(*Rerum Novarum*)을 비판하는 『노동자의 상태, 교황 레오 13세께 드리는 공개서한』(*The Condition of Labor, an Open Letter to Pope Leo XIII*) 출간.(번역서 제목은 '노동 빈곤과 토지 정의')

1892년(53세) 『갈피를 잃은 철학자』(*A Perplexed Philosopher*) 출간. 이 책은 허버트 스펜서(Herbert Spencer)의 『사회정학』(*Social Statics*) 개정판을 비판한 것으로서 스펜서가 처음에는 토지 사유에 반대하였다가 개정판에서 견해를 바꾸자 헨리 조지가 분개하여 이 책을 집필함.

1897년(58세) 뉴욕 시장에 다시 출마. 출마 전부터 건강이 나빴으나 무리하게 선거운동을 함. 투표일을 4일 앞두고 10월 29일에 사망. 장례식에는 10만여 명이 조문.

1898년(사후) 『정치경제학』(*The Science of Political Economy*) 출간.